Mujeres victoriosas

JESSICA DOMÍNGUEZ

Mujeres victoriosas

10 poderes para renovar tu vida y fortalecer tu fe

ORIGEN

Mujeres victoriosas
Primera edición: noviembre de 2017

© 2017, Jessica Domínguez
© 2017, Penguin Random House Grupo Editorial USA, LLC.
8950 SW 74th Court, Suite 2010
Miami, FL 33156

www.librosorigen.com

Foto de la autora: Starla Fortunato
Maquillaje: Elena Vásquez
Peinado: Leo Silva
Diseño de portada: Jessica Paredes

ISBN: 978-1-945540-78-3

Printed in USA

Penguin
Random House
Grupo Editorial

*Porque yo sé muy bien los planes que
tengo para ustedes —afirma el Señor—,
planes de bienestar y no de calamidad,
a fin de darles un futuro y una esperanza.*

JEREMÍAS 29:11

CONTENIDO

INTRODUCCIÓN

¿Alguna vez te has ido a dormir exhausta, pero con la sensación de que no has logrado mucho durante el día? Corriste de un lado a otro, pero todavía tienes demasiado por hacer. Lo que resulta aún más frustrante es que dudas que al próximo día dispongas del tiempo suficiente para llevar a cabo tu lista de tareas pendientes. Y a pesar de tu vida súper ocupada, ¿te sientes infeliz, desenfocada y frustrada?

Bienvenida al club. Muchas mujeres se encuentran permanentemente buscando la manera de superar las batallas que enfrentan en esta vida apresurada y cambiante. Intentan sacar fuerza de sus posesiones, posiciones, actividades, profesiones, relaciones y agendas completas, creyendo que estas cosas superficiales y fugaces las harán sentirse completas, realizadas y satisfechas. Sin embargo, el resultado es decepción y agotamiento, porque las personas y las posesiones son temporales y soluciones poco confiables.

Según los usuarios de *Harris Poll* en el 2013, dos tercios de estadounidenses afirmaron que no son "muy felices".[1] Esto no me sorprende. Una vez leí: "Sé amable, pues cada persona con la que te cruzas está librando su ardua batalla".[2] ¿Acaso no es verdad? ¿No estamos tú y yo librando batallas cada día? Luchamos para protegernos a nosotras mismas, a nuestros matrimonios y nuestras relaciones; luchamos en nombre de nuestros niños, luchamos por el bienestar de nuestras familias, nuestros hogares y nuestras carreras y a favor de los que cuentan con nosotros. La lista es interminable. Luchar constantemente las batallas de la vida puede ser agotador. No obstante, existen mujeres que enfrentan esas batallas y parecerían sentirse realizadas al final del día. Se acuestan sintiéndose satisfechas y se levantan a la mañana siguiente con energías y agradecidas por un nuevo día. Son mujeres que no desperdician tiempo acongojadas por sus pasados, ni tampoco viven preocupadas por lo que traerá el futuro. Estas mujeres saben que su presente es un regalo y por eso aprovechan cada día.

¿Qué es lo que marca la diferencia entre estas mujeres y aquellas que apenas están sobreviviendo, aquellas que se encuentran al borde de rendirse y conformarse con una existencia insatisfecha? ¿Qué es lo que hace que sus corazones y almas irradien felicidad?

He conocido a miles de mujeres profesionales, desde madrecitas que ejercen la profesión honorable de quedarse en casa a tiempo completo, o como les digo yo *ingenieras* del hogar 24-7, y empresarias que preparan tamales en sus casas para venderlos hasta líderes de empresas de *Fortune 500*. En todos estos encuentros he podido descubrir dos tipos de mujeres. Aquellas que valientemente pelean sus batallas, mantienen sus cabezas en alto y viven con una sensación de realización. Y aquellas que, aun antes de comenzar el día, ya se levantan cabizbajas y viven constantemente sintiéndose vacías, incompletas, insatisfechas y decepcionadas. ¿Qué es lo que marca la diferencia? ¿Por qué algunas viven en victoria y otras en derrota?

He descubierto que las mujeres victoriosas viven de manera diferente. Saben cómo vencer las mentiras que las atacan cada día —mentiras tales como que son insignificantes, incompetentes e insuficientes— y saben cómo usar sus recursos fundamentales, los cuales las revisten de fortaleza para poder vivir la vida impactante para la que fueron creadas. Estas mujeres están convencidas de que no hay tiempo que perder. Saben que cada minuto de ellas es valioso porque tienen un propósito en sus vidas y misiones por cumplir. Y por eso viven con propósito y con intención.

La historia de tu vida

¿Recuerdas la última película que viste? Si bien desconozco el título o sobre qué trataba, puedo afirmar con seguridad que tiene un comienzo y un final. Tiene un actor o actriz principal, actores de reparto y una trama. Sé que docenas de personas participaron en su elaboración: un guionista, un director, productores, diseñadores de vestuario, maquilladores y muchos otros. Te preguntarás qué tiene que ver esto con una vida victoriosa.

Desde que mis hijos eran pequeños, les he dicho que todo lo que hacemos, cada acción que realizamos, cada palabra que pronunciamos se graba como parte de una película. Les he dicho que algún día, cuando ya no estemos en esta tierra, cada uno de nosotros verá la película de su vida. Creo que esa película contendrá escenas desde el nacimiento hasta el último momento de nuestra existencia en esta tierra. En nuestra película, seremos el personaje principal. Creo que todas contamos con una historia. Hemos tenido éxito, hemos fracasado, reído, llorado, hemos gozado, sufrido, amado, odiado, cuidado de otros, nos han cuidado, hemos herido y sido heridas, hemos amado y sido amadas. Y todas estas experiencias se unen para contar la historia de nuestra vida.

Aunque algunas de nuestras experiencias puedan resultar similares, nuestras historias no terminarán de la misma manera.

Algunas tendrán finales felices, y otros finales serán tristes. Nuevamente, ¿qué es lo que hace la diferencia? ¿Por qué algunas mujeres que parecerían tenerlo todo terminan suicidándose o muriendo de una sobredosis de droga? ¿Y por qué otras que han enfrentado tantas luchas y aflicciones dejan legados maravillosos de éxito, fuerza y valor? En mi humilde opinión, basándome en personas verdaderamente exitosas que he tenido el privilegio de conocer, aquellas que gozaron de una sensación de realización y un final positivo en las películas de sus vidas tienen un común denominador: ¡todas eligieron luchar sus batallas cotidianas como mujeres victoriosas!

Sí, tú eres una mujer victoriosa

¿Qué significa ser una mujer victoriosa? Comencemos con las definiciones del *Merriam-Webster's Dictionary*. El término *victorioso* se refiere a alguien que ha conseguido una victoria o a algo que ha terminado en victoria.[3] Por lo tanto, una mujer victoriosa es una luchadora que ha desarrollado la habilidad de ganar batallas en muchos campos diferentes.

Quizá no pienses o te sientas como una guerrera, pero lo eres, ya que luchas las batallas de la vida cada día. Puede encantarte tu empleo, disfrutar de un matrimonio maravilloso y estar criando niños adorables, pero eso no significa que no te enfrentes a batallas. Es inevitable. Debemos luchar para creer que somos lo suficientemente buenas, lo suficientemente listas o capaces de cumplir nuestros sueños. Debemos luchar contra las mentiras que nos hacen creer que carecemos de un propósito en la vida. Debemos luchar para perseverar y alcanzar nuestras metas.

Nuestras batallas pueden no ser exactamente las mismas, pero todas coinciden en algo: cada una de nosotras puede convertirse en una mujer victoriosa. Para lograrlo, debemos contar con un plan de batalla sólido y desarrollar los poderes para contraatacar las situaciones negativas que enfrentemos y resistir las mentiras que nos ataquen a diario. Esta es la razón por la cual escribo este libro: deseo brindarte una estrategia, un plan de batalla para obtener la victoria, que consta de diez poderes que he usado diariamente por muchos años, y que continuaré usando por el resto de mi vida. Estos poderes no funcionan únicamente conmigo, sino que ayudarán también a cualquier mujer a convertirse en victoriosa.

Como abogada reconocida, esposa y madre de dos jóvenes, me suelen hacer dos preguntas: "¿Cómo encuentras el equilibrio para todo?" y "¿Cómo haces todo?". Mi respuesta a ambas preguntas es: "No lo hago". Leíste bien. No encuentro el equilibrio para todo ni hago todo. He aprendido que tratar de hacerlo todo y de tenerlo todo no conduce a una vida plena y mucho menos satisfactoria. Creo firmemente que no he nacido en esta tierra para hacerlo todo ni tratar de "equilibrar la vida". Eso me hace pensar en una mujer que a duras penas logra pasar el día o que está caminando insegura en una cuerda floja.

Te pido, por favor, que no me malinterpretes. No estoy diciendo que debemos vivir vidas desequilibradas. Creo que cada una de nosotras fue creada para caminar con la seguridad de una mujer victoriosa. Pero para lograrlo, necesitamos la estrategia de batalla correcta y los recursos adecuados a nuestra disposición. Nuestro plan de batalla y nuestros poderes son los que nos ayudan a finalizar el día sintiéndonos realizadas y deseosas de afrontar un nuevo día. Son los que nos hacen sentir satisfechas.

No hago todo. Intentar hacerlo me dejaría con un sentimiento de frustración, porque no tendría el tiempo suficiente para perseguir con pasión mi propósito en la vida. Creo firmemente que la idea de que podamos tenerlo todo o hacerlo todo es una mentira que nos impide disfrutar de una vida gratificante. En lugar de tratar de hacer todo, te animo a que elabores un camino con propósito, en el que puedas dar pasos firmes para realizar aquello que te haga sentir verdaderamente completa, realizada y satisfecha.

De ninguna manera esto es algo sencillo, pero las batallas se vuelven más fáciles de luchar cuando cuentas con la estrategia correcta y los diez poderes cruciales. En el presente libro te contaré la manera en que los uso cada día, a fin de poder vivir en victoria. Usar estos poderes a diario no significa que gano cada batalla, pero los poderes me atribuyen la fuerza para continuar luchando día tras día, y eso marca toda la diferencia entre la victoria y la derrota.

Una ventana a mi alma

Me encuentro muy agradecida de poder conectarme con miles de personas a través de las redes sociales cada semana, y también por el cariño y el apoyo que recibo de todas ustedes. Sus comentarios en mis redes sociales son vitaminas para mi alma y aprecio a cada una de ustedes. Esta es la razón por la que empiezo esta nueva etapa en la cual poco a poco iré compartiendo historias de mi vida. Ya ha transcurrido algún tiempo desde que sentí que Dios hablaba a mi alma y me pedía salir de mi zona de confort para anunciar lo que significa caminar de la mano del que nunca duerme por cuidar de mí. El hacerlo significa que poco a poco abriré las ventanas de mi alma; ventanas que te proporcionarán una visión real de quién soy, de lo que he vivido y cuáles poderes he utilizado y continúo utilizando para ser la mujer victoriosa que soy hoy. En este mi primer libro contaré algunas historias que he guardado en privado en mi corazón y mi alma por años.

Con mis próximos libros comunicaré un poquito y poquito más. Será como pelar una cebolla y encontrar capa tras capa. Contar mi vida será, de la misma manera, una etapa a la vez. En este nuevo camino, conocerás poco a poco sobre las batallas que he ganado y otras muy dolorosas que he perdido. Como verás, al igual que tú, soy una obra en proceso, todavía en proceso de construcción.

Ahora he decidido empezar, y aunque puedan hacerme sentir vulnerable, espero que te animen a contar tu historia y vencer las mentiras que te atacan a diario. Al hacerlo, esto demuestra, sin lugar a duda, que ya no vivo con vergüenza, culpa y dolor, sino más bien por el poder de la gracia de Dios. Estas historias también contribuirán al proceso continuo de curar cada una de las heridas espirituales en mi alma.

Decidí escribir este libro porque creo que es justo que conozcas cómo enfrento mi vida cotidiana, cómo peleo mis batallas. Tú me conoces como la abogada que nunca se rinde mientras defiende los derechos de las familias, como la defensora que lucha para mantener a familias unidas y como alguien en la televisión que es la voz de los que no tienen voz. También me conoces, gracias a las redes sociales, como la mujer maravillosamente bendecida con mi propia familia. Quien ha estado casada por más de treinta y un años con su apuesto príncipe y tiene dos hijos a quienes absolutamente ama y admira. Una vida perfecta, ¿cierto? No exactamente.

Cuando tenía apenas seis años, me convertí en la niña de un hogar destrozado a causa del divorcio de mis padres. En mi juventud, estaba rodeada por parejas de familiares que estaban o separadas o divorciadas o infelizmente casadas, y al menos el noventa por ciento de ellas ya no están juntas. Si bien también tuve muchos buenos ejemplos a medida que iba creciendo, pude observar violencia doméstica, ira, promiscuidad, infidelidad y el uso constante de lenguaje inapropiado por parte de algunos adultos. ¿Cómo alguien que fue expuesta a tantas situaciones negativas durante su infancia puede convertirse en una mujer victoriosa y vivir como una persona emocionalmente sana, en vez de alguien quebrantada? ¿Quieres saber la respuesta? ¡Continúa leyendo!

Mi madre vino a los Estados Unidos cuando yo todavía era una niña. Así que me quedé con mis abuelos en Perú. Tuve que enfrentar las luchas que cualquier niña que crece sin sus padres enfrenta. Pero a la edad de catorce años llegué a los Estados Unidos con solo una mochila pequeña y grandes sueños en mi corazón y en mi alma. Viví en este país durante siete años sin tener un estatus legal migratorio. Tan pronto como llegué, me era necesario trabajar y contribuir económicamente. Trabajé en fábricas de galletas, fábricas de cosméticos, tiendas, restaurantes y en estaciones de gasolina.

Mientras trabajaba a tiempo completo en esos empleos durante el día, tomaba clases de inglés, como segundo idioma, por la noche. Cuando me mudé a California, asistí a la escuela secundaria menos de un año. Por tener que trabajar durante el día, abandoné la escuela después de finalizar el undécimo grado.

A la edad de dieciocho, conocí y me enamoré del hombre que se convertiría en mi mejor amigo, mi compañero y estudiante de vida, Javier. Planeábamos esperar algunos años antes de comenzar nuestra propia familia, a fin de poder cumplir mi sueño de ir a la universidad para convertirme en abogada. Dios se habrá reído mucho cuando oyó nuestros planes porque nos envió a nuestros dos hijos dentro de los primeros cuatro años de matrimonio. Aunque estaba casada y criando a mis hijos, tomaba además una clase de educación general en el colegio comunitario, con el propósito de algún día poder alcanzar mi sueño de ser abogada.

Soy la niña de un hogar destruido. Crecí rodeada de personas disfuncionales. Abandoné la escuela secundaria y fui una madre adolescente. Había tantas estadísticas en mi contra. De hecho, si hubiera creído aquello que las estadísticas predecían sobre las personas en mi situación, probablemente no habría alcanzado mucho en la vida.

¿Cómo llegué hasta aquí? Queridas, abróchense sus cinturones y emprendamos este viaje juntas. Seguramente será con risas, algunas lágrimas y algunos momentos de profunda introspección. Dichos momentos te animarán a tomar decisiones y a adoptar medidas inmediatas que transformarán tu vida sin perder otro valioso segundo. En este viaje también expondré áreas de mi vida que te mostrarán la manera de usar estos diez poderes que me ayudaron a convertirme en la mujer que soy hoy.

¿Cómo se me ocurrió ser una mujer victoriosa? Mientras hacía uno de mis devocionales matutinos, leí un pasaje que se refería a Dios como un guerrero victorioso.[4] Me complace saber que Dios no es solamente un guerrero, sino un guerrero victorioso. Porque yo no quiero ser solo alguien que pelea sus batallas cotidianas con la cabeza baja y temerosa del porvenir. Quiero luchar mis batallas con la convicción de que no estoy luchando para obtener la victoria, sino sabiendo con todo mi ser que yo ya estoy posicionada en un lugar de victoria. Yo ya sabía que era una guerrera, pero saber que puedo ser una mujer victoriosa en todas las batallas que enfrente realmente me llena de energía.

Repito que ser una mujer victoriosa no significa que ganaremos cada una de nuestras batallas diarias, sino que al final de cada día sabremos que hemos luchado con propósito y con honor. Significa que cuando nos vayamos a dormir, podremos cerrar nuestros ojos sintiéndonos satisfechas, sabiendo que dimos

Ojo —*Sidebar*—

Cuando veas la palabra *ojo* a lo largo de este libro, quisiera que sepas que para mí es como cuando en inglés decimos *sidebar*. Es como decirte: ven, acércate a la página y escúchame claramente. Te estoy pidiendo toda tu atención sobre lo que estoy por decir. En los tribunales de los Estados Unidos se aplica este término cuando los abogados se acercan al estrado para hablar con el juez sin que el jurado pueda escuchar la conversación y/o para que puedan hablar de manera extraoficial.

Usaré estos comentarios para poder dirigirme a ti con franqueza. *Sidebar* también es un término que escucho casi todos los domingos cuando mi pastor, Michael Yearley, lo emplea durante su mensaje para asegurarse de contar con nuestra completa atención. Así que esta es nuestra primera llamada de atención. Si estás ahora escuchando la voz de la crítica que invade tu mente con pensamientos tales como: "Oh no, todo este libro se trata acerca de Dios" o "Este libro solo trata sobre las creencias espirituales de Jessica Domínguez". ¡Te pido que te *detengas*! Por favor, no pierdas la oportunidad de crecer en sabiduría. No juzgues sin las pruebas suficientes para tomar una decisión. Te desafío a que dejes de lado tus prejuicios y me acompañes en este viaje.

lo mejor de nosotras, y podremos esperar con alegría el comienzo de un nuevo día.

Mi vida está lejos de ser perfecta. Llevo una vida ocupada, llena de numerosas responsabilidades. Por medio del uso de estos diez poderes que exploraremos en este libro es que he aprendido a disfrutar de la etapa de mi vida en la que me encuentro. Constituye un esfuerzo diario y constante poder vivir con intención y con propósito. He tenido que pasar por muchas batallas, y estoy muy agradecida de saber que puedo continuar luchando con mis diez poderes cada nueva batalla que se me presenta. Me han ayudado a disfrutar plenamente de mi familia, mis amigos y de mi llamado profesional.

Una gran transformación te espera

Tengo buenas noticias para ti. El que estés leyendo esta página significa que no es demasiado tarde para cambiar tu vida. Nunca es demasiado tarde mientras vivas. No importa dónde has estado o dónde te encuentres ahora. Lo más importante es a dónde te estás dirigiendo. Naciste para ser una mujer victoriosa, equipada con poderes infalibles para vivir una vida más plena. Estos poderes nunca fallarán ni se echarán a perder ni te traicionarán ni te abandonarán.

La vida es como una entrevista de televisión en vivo. ¿Recuerdas cuándo fue la última vez que viste a alguien dar una entrevista en vivo? Al igual que en la vida, el entrevistado se siente presionado, debe responder preguntas que le hacen en ese momento. No existe la posibilidad de cortar y volver a grabar. Aquello que diga en la televisión en vivo quedará para siempre en la memoria de sus espectadores. No pueden volver el tiempo atrás, las respuestas no se pueden editar. Las películas de nuestras vidas están llenas de entrevistas en vivo, y nunca podremos retroceder esos segundos.

Si estás preparada para usar de manera total e intencional cada uno de los segundos que te fueron concedidos, este libro te otorgará un plan de acción revelador para tomar las riendas y confrontar tus batallas diarias, con el objetivo final de vivir como una mujer victoriosa. A fin de ejecutar este plan, debes decidir completar los pasos sugeridos para cada capítulo. El simple hecho de leerlos no te dará la respuesta. Estar informada es bueno solo si empleas aquello que has aprendido para tomar acción y alcanzar una transformación en ti.

Te desafío a que uses mi historia como una prueba empírica de que esto es posible, que podemos hacer que la película de nuestra vida sea la más grandiosa que hayamos visto, para que podamos disfrutar de un final feliz y dejar un legado perdurable.

Después de leer cada capítulo, te recomiendo dirigirte al Apéndice A: Cuaderno de ejercicios para una mujer victoriosa y completar los ejercicios correspondientes, para poder comenzar a poner en práctica el tema desarrollado. Puedes escoger leer el libro sin completar los ejercicios en el cuaderno, pero el verdadero cambio tendrá lugar en la medida en que pongas en práctica esos principios, y no solamente leas acerca de ellos. Por ejemplo, ¿leerías cientos de artículos sobre cómo llevar una vida saludable, comenzarías una dieta nueva e irías al supermercado para conseguir las mejores opciones alimenticias, solo para dejar que esos productos saludables junten polvo en tu despensa? Peor aún, ¿comenzarías tu dieta, pero todavía continuarías comiendo comida chatarra y tomando decisiones poco saludables, mientras que las opciones más sanas están allí en tu cocina? Si hicieras eso, estarías desperdiciando minutos valiosos de tu vida y exponiéndote a la frustración y a problemas de salud. Sé que eres una persona ocupada. También yo lo soy. Pero si verdaderamente deseas ser diferente, deberás encontrar un momento y un lugar para trabajar en el Cuaderno de Ejercicios para una mujer victoriosa.

Mientras lees este libro, también te invito a visitar mi canal de YouTube, JessicaDominguezTV. Allí encontrarás videos relacionados con cada uno de los capítulos de este libro, los cuales te permitirán aprender más sobre el uso de estos diez poderes. Asimismo, me encantaría conectarme contigo a través de Facebook, Twitter e Instagram y conocer sobre tu viaje para convertirte y vivir tu vida diaria como una mujer victoriosa.

Querida, este será un paseo divertido que no te querrás perder. Quiero desafiarte una vez más a usar este libro para algo más que solo recaudar información. Si aplicas los principios expuestos en estas páginas, transformarán tu vida. La transformación implica más que la decisión de cambiar; se requiere de una decisión seguida de una acción inmediata y muchas otras acciones más. ¡Poner en práctica estos diez poderes desatará tu potencial, te librará para ser imparable y te dará fuerza para vivir una vida plena como una mujer victoriosa!

Parte I

El fundamento para la victoria

A fin de obtener la victoria en las batallas que enfrentes en la vida, debes edificar un fundamento sólido al tomar el escudo de la fe 24/7 y ejercer tu verdadera identidad y tu verdadero llamado.

Muchas mujeres corren de aquí para allá todo el día para *hacer*, en lugar de *ser*, sacrificando sus esperanzas y deseos por otros y nunca deteniéndose para preguntarse a sí mismas quiénes son en realidad, qué esperan de la vida y cuáles son las misiones por las que están en este mundo. Las mujeres victoriosas saben que una vida plena no puede obtenerse a menos que tengan fe en Dios, saben cómo ejercer su verdadera identidad y viven una vida intencional para cumplir su propósito. Ser una mujer victoriosa implica no solamente creer *en Dios* sino *creerle a Dios,* con la firme convicción de que Él tiene planes perfectos para tu vida.

En esta primera parte, analizaremos los elementos claves necesarios para edificar un fundamento sólido, el cual te preparará para adoptar medidas y experimentar la vida que estás destinada a vivir.

Poder N° 1: La fe

Una mujer victoriosa derrotará las mentiras del temor cuando se pare firme por medio de la fe.

Poder N° 2: La verdadera identidad

Una mujer victoriosa vencerá sus inseguridades al conocer y ejercer su verdadera identidad.

Poder N° 3: El propósito

Una mujer victoriosa destruirá todo sentimiento de inferioridad al vivir una vida con propósito.

CAPÍTULO UNO

El poder de la fe

Toma el escudo de la fe para vencer el temor

Estamos doblemente armados si luchamos con fe.

—Autor desconocido

Tú libras batallas cada día. A veces se trata de conflictos menores, tales como un compañero de trabajo irritante o una llanta desinflada. Sin embargo, otras batallas son mayores, tales como ser despedida de un empleo, los resultados de una biopsia que pueden cambiarnos la vida (y son potencialmente mortales) o un hijo joven que se está rebelando en contra de todo lo que le fue enseñado en su hogar. Luchamos en contra de las consecuencias de las decisiones que hemos tomado o aquellas que nuestros padres, parientes o cónyuges hayan tomado. Y a veces nos encontramos tan plagadas de desafíos que involucran las relaciones, la salud o las finanzas que pareciera que no pudiéramos avanzar.

¿Suena bastante terrible, no? Y aun así, a pesar de las luchas diarias de la vida, habitualmente nos levantamos de la cama y a duras penas sobrevivimos cada día. ¿Por qué? A veces se debe a que queremos evitar una consecuencia, como llegar tarde al trabajo o que los niños lleguen tarde a la escuela. Más a menudo, nos levantamos y nos esforzamos cada día por una razón mucho más optimista (y por naturaleza humana): esperanza.

La esperanza es la anticipación de un resultado favorable. Podemos esperar por una variedad de hechos: que hoy sea un mejor día que ayer, que obtengamos ese aumento por el que hemos estado luchando, que la reparación del auto no sea tan costosa o que no perdamos nuestro vuelo. La lista continúa. La esperanza es la que nos mantiene en movimiento. Es el combustible que nos lleva a levantar nuestra cabeza de la almohada cada mañana, incluso en los días más difíciles.

La esperanza requiere que pensemos de manera positiva, que resistamos la derrota y creamos que lo mejor está por venir. Es una tarea difícil, ¿cierto? Para serte honesta, permanecer esperanzada es agotador. Las batallas que enfrentamos a diario pueden dejarnos cansadas y heridas, y a menudo parece más fácil someternos a las dudas y a la negatividad. Estoy segura de que sabes a qué me refiero. Puede parecer más fácil escuchar esa persistente voz en tu interior que te mantiene despierta en la noche, diciendo: *¿Qué sucederá si mañana las cosas no salen bien? ¿Y si te despiden? ¿Y si tu vida se desmorona? ¿Y si pierdes todo lo que tienes? ¿Y si? ¿Y si? ¿Y si?* No debes concederle ni siquiera un minuto de tu tiempo a esa voz persistente porque se trata de la voz del temor.

El enemigo llamado temor

Piensa en cuántas de nuestras acciones se basan en el temor. Adquirimos miedo de decepcionar a alguien; miedo de no ser lo suficientemente buenas, inteligentes o atractivas; miedo de perder, de quedar últimas o de ser abandonadas. Noticia de última hora: todos estos temores se basan en mentiras. De hecho, una definición del término *temor* que me agrada dice que es la Falsa Evidencia

Aparentemente Real (FEAR significa temor en inglés). ¿Sabes qué hacen los jueces cuando se presentan pruebas falsas en el tribunal? ¡Las desestiman! No las pueden tomar en serio. Sin embargo, la mayoría de las veces permitimos que este gran mentiroso llamado temor nos gobierne.

El temor te hará creer que tú no importas y que no vales nada, y luego menospreciar tu propósito y quien eres como persona. Si continúas oyendo y creyendo las mentiras del temor, antes de darte cuenta, la mayoría de las decisiones que tomes llevarán la marca del temor. Incluso si no dices en voz alta aquello que estás pensando, el temor influenciará tus pensamientos e inconscientemente afectará tus acciones. El temor te impedirá realizar acciones difíciles, correctas y verdaderas. Más importante aún, el temor te impedirá alcanzar tu verdadero potencial.

¿Sabías que el temor se encuentra mayormente en nuestra mente? Es un comportamiento adquirido, muy similar a la ira y a la ansiedad. Lo alarmante sobre los comportamientos adquiridos es que pueden convertirse en hábitos difíciles de romper y pueden volverse paralizantes. Los comportamientos basados en el temor impiden nuestro crecimiento y nos mantienen indefensos.

Sin embargo, tú tienes la habilidad de triunfar sobre el temor. Imagina tu mundo sin todos esos momentos de dudas paralizantes y desesperantes. ¿Cómo te ves? Como alguien que ha experimentado el efecto debilitante del temor, permíteme decirte: tú no quieres que el temor dicte tu manera de proceder. Te hará vivir en inferioridad e indefensa, y esa no es la clase de vida a la que fuiste llamada. Fuiste creada con un propósito mayor: ser una mujer victoriosa.

¿Por qué te llamo victoriosa? Porque como abogada me han capacitado para analizar pruebas y tomar una decisión al

observarlas; y como alguien que pelea batallas grandes y pequeñas cada día, yo analizo y declaro que tú eres una mujer victoriosa
por definición. Quizá estés sentada allí con incredulidad, pensando que estás lejos de ser una victoriosa, porque el polvo de tu
última batalla debilitante yace aún en tus manos. Tal vez estés
pensando que es imposible volver a reunir las fuerzas necesarias
para luchar otro día. Pero tú puedes y lo lograrás. Aunque en este
momento no lo creas, has sido equipada con todo lo que necesitas para pelear cada una de tus batallas, aunque ahora puedas
sentirte débil.

Si notas que ya no puedes luchar las batallas de la vida, intenta recurrir a ese concepto pequeño llamado esperanza, al que
ya me referí. Algo bueno va a suceder, algo mejor de lo que actualmente estás experimentando. Y si sientes que no puedes luchar
contra los temores que atacan tus pensamientos, existe otro poder
sobrenatural que sobrepasa nuestras habilidades y razonamientos
del cual puedes sacar fuerzas. Un escudo que no tiene mucho que
ver con la razón, pero sí mucho que ver con el corazón. Se trata de
la fe. ¡La esperanza combinada con la fe te permitirá enfrentar tus
temores y perseverar!

El escudo de la fe

La Biblia describe la fe como "la garantía de lo que se espera, la
certeza de lo que no se ve".[1] Sin importar cuál sea la religión o camino espiritual que sigas, la mayoría de las personas del mundo
creen en algo más allá de sí mismas, un Ser superior a ellos. Tu fe
solo puede ser tan fuerte como la entidad en la cual depositas tu
confianza. Como leíste en la Introducción, mi fe personal en Dios
ha desempeñado una función esencial en mi historia de vida, ha

sido el fundamento de mi manera de pensar como guerrera. He aprendido que uno viene a la fe porque está cansada de vivir en temor. La fe trae como consecuencia la derrota del temor.

A diferencia de la esperanza, la fe es la confianza absoluta y la certeza de algo, a diferencia del simple deseo de que algo suceda. La fe sobrepasa la razón y te ayuda a creer con todo el corazón. La fe es realmente poderosa. Implica reconocer que la vida y sus partes en constante movimiento están fuera de tu control, pero dentro del control de Dios. La fe te conecta con Dios al reconocer su mano poderosa en el mundo y en tu vida. Cuando la esperanza falla, la fe es infalible ya que continuamente te asegura que eres una persona amada y valiosa y que tu vida importa. La fe hace que el temor se detenga de inmediato.

Entonces, ¿cómo funciona la fe exactamente? La fe te protege de los dardos de fuego y misiles persistentes que de manera constante te son arrojados. Permíteme poner esto en contexto al traer a la memoria las mentiras que alimentan tus miedos; mentiras que te susurran que Dios te ha abandonado. Toma tu escudo implacable de fe para bloquear el ataque al llamar a ese pensamiento lleno de miedo como lo que realmente es: una mentira. Dile que conoces que su propósito es mantenerte insignificante e indefensa y que no lo aceptarás. De inmediato remplaza la mentira con la verdad. Recuerda, Dios nunca te abandonará. Si te es de ayuda, repite esa verdad en voz alta o escríbela en un lugar visible, a fin de que puedas recordártela.

A continuación verás algunas mentiras comunes basadas en el temor y las verdades con las que se pueden remplazar mediante la fe:

Mentiras basadas en el temor	Verdades basadas en la fe
Dios no me ama porque he cometido muchos pecados.	Dios es fiel para perdonar y su amor es incondicional.[2]
No soy amada ni importante.	Soy una creación admirable, y soy hija de Dios.[3]
No he hecho lo suficiente para agradar a Dios.	El Señor conoce mi corazón y mi amor por Él y se deleita con gozo por mí.[4]
He ofendido a Dios y ya no tengo su favor.	Dios es lento para la ira y grande en amor.[5]

Si bien tu escudo de la fe ha sido un regalo que Dios te dio, elegir utilizar esa pieza de armadura es una *decisión* que nadie puede tomar por ti.

Un día en el que levanté mi escudo

Nada suscita más el temor y las mentiras como la responsabilidad de ser madre, de criar a nuestros hijos. Aprendí esto de primera mano con mis propios hijos. Un día que estará por siempre en mi memoria fue cuando enfrenté uno de mis temores más grandes y aprendí lo que realmente significa levantar el escudo de la fe.

Era una tarde de fin de semana común y corriente. Mi esposo, Javier, y yo estábamos sentados en la sala jugando con nuestros dos niños. Nuestro hijo mayor, Jean Pierre, tenía tres años, y Joshua (o Joshi como se lo conoce en la familia) tenía apenas algunos meses. Recuerdo vívidamente aquel momento. Yo vestía unos pantalones cortos y podía sentir las suaves piernitas de mi Joshi reposando en las mías, mientras lo tomaba en mis brazos. De repente, sentí el pequeño cuerpo de mi bebé temblar sin control. Miraba horrorizada cómo la piel de Joshi se volvía azulada y sus ojos se dieron vuelta quedando visible solamente la parte blanca.

Puedo afirmar con seguridad que esa fue la primera vez en que comprendí lo que era entrar en pánico, la clase de pánico que consume el cuerpo, que aplasta el aire sobre el pecho tornando difícil la respiración. Recuerdo los ojitos de Jean Pierre llenos de temor mientras miraba desde el otro lado de la sala. Todo parecía moverse en cámara lenta. A pesar de la conmoción inicial, reaccioné como cualquier madre y le grité a mi esposo que nuestro bebé estaba en peligro.

Javier corrió hacia mí y levantó a Joshi, meciéndolo y asegurándole que mamá y papá estaban consiguiendo ayuda. Prácticamente volé hasta el teléfono y llamé al 911, el número para emergencias. Una operadora me preguntó si mi hijo respiraba e hizo otras preguntas para determinar con mayor precisión la condición de mi bebé. Le repetía cada una de las preguntas a mi marido y le repetía la respuesta a la operadora. Nunca sabré por qué no se me ocurrió darle el teléfono a Javier. Gracias a Dios, para ese momento Joshi había parado de temblar y comenzaba a respirar con normalidad. Sin embargo, aún permanecía pálido y no podía enfocar sus ojos en nosotros.

Cuando los paramédicos llegaron, de inmediato se hicieron cargo de la situación. Rodearon a mi pequeño bebé como ángeles guardianes. Recuerdo sentirme un poco (solo un poco) aliviada cuando se arrodillaron para asistirle. La esperanza y su caballería habían arribado.

Después de controlar los signos vitales de Joshi, los médicos lo colocaron en una camilla muy pequeña y me dijeron que podía viajar junto a él en la ambulancia. Mientras que Javier y Jean Pierre se dirigían al auto que nos acompañaría, subí a la ambulancia y partimos hacia un futuro incierto. Antes de cerrar la puerta de la ambulancia, mi marido me tomó la mano y me dijo: "Cariño, ten fe. Dios tiene el control". Esas fueron las palabras perfectas. De alguna manera alumbraron ese momento caótico y aterrador y me recordaron la verdad que también estaba presente en ese instante. Javier nunca sabrá cuánto significaron para mí esas palabras. (Bueno, quizá ahora lo sepa.)

Aunque ya han transcurrido veintisiete años, recuerdo los hechos de aquel día como si hubiese sido ayer. Aún recuerdo mis piernas descubiertas pegándose al asiento de vinilo, mientras me sentaba indefensa al lado de mi bebé en la ambulancia. Su carita preciosa estaba cubierta por una máscara de oxígeno, y todo el trayecto parecía un sueño. Sostuve su pequeña mano en la mía con la esperanza de fortalecerlo con pura voluntad y amor. No podía detener el torrente de lágrimas que corrían por mi rostro, volviendo borrosa mi visión y apenas visible la pequeña silueta de mi Joshi entre el equipo médico que lo rodeaba.

También recuerdo mi clamor silencioso pero desesperado hacia Dios. Le rogaba que me transfiriera el dolor de mi hijo y que no permitiera que mi bebé sufriera. Más que nada, le rogaba que dejara vivir a mi hijo. En medio de las lágrimas y las oraciones, también le hablaba a mi bebé: "Joshi, te amo", le decía. "Te *amamos*, y creo sin lugar a duda que Dios te trajo a nosotros con un gran propósito. Sé fuerte, hijito. Necesitamos que seas fuerte". Todavía puedo acordarme del sentimiento de desesperación en la boca de mi estómago. Solo quería que mi bebé estuviera bien.

No existe nada como una crisis, o un "momento de ambulancia" como ahora lo llamo, para poner tus creencias a prueba. Mis abuelos me enseñaron a creer que Dios me amaba. Me enseñaron que Dios tiene un propósito y planes de bien para mi vida. En esa incómoda ambulancia, debía tomar una decisión. A pesar de las ruidosas sirenas chillando sobre mi cabeza, permanecí enfocada en la pregunta que resonaba en mi mente: *¿Voy a permitir que el temor me gobierne o voy a escoger clamar a Dios para que sea fiel a sus promesas?* Dios prometió que no me haría daño[6] y que todo saldría bien.[7] Mi Dios amoroso prometió que jamás me abandonaría,[8] y esta era su oportunidad de mostrarme su fidelidad.

No tenía idea de lo que nos esperaría en el hospital a nuestra llegada, pero confiaba en que Dios cuidaría de mi bebé. Sabía en lo profundo de mi corazón que Él nos había dado a Joshi y que tenía un propósito para él. Los momentos de desesperación pueden tornarse una bendición porque lo fuerzan a uno a poner toda su confianza en que Dios tiene el control (y no nosotros). Figurativamente, tienes que soltar las riendas. Aquel momento en la ambulancia cambió mi vida para siempre, ya que alimentó mi deseo de algún día poder convertirme en la mujer de fe que soy hoy.

Fue en ese momento cuando tomé mi escudo de la fe y lo utilicé para detener los misiles de temor y de duda que venían hacia mí a toda velocidad. El temor quería que me desmoronara, que entrara en pánico y que con furia gritara: "¿Por qué, Dios?". En cambio, enfoqué mis pensamientos en el Dios que conocía y que amaba, el Dios en quien podía confiar con todo mi corazón. No solo tomé mi escudo de la fe, sino que en aquel momento también aprendí a usarlo. Un guerrero que sabe usar un arma es digno de ser tenido en cuenta. Ahora era peligrosa para el temor porque había descubierto su identidad: es un mentiroso.

Como seres humanos, deseamos que lo significativo importe —que nuestra vida importe, que nuestros sufrimientos importen, que todas las batallas que peleamos importen—. Le tememos al dolor, a las dificultades y a la muerte, todo lo que llenaba mis pensamientos aquel día en la ambulancia. Me aterraba pensar que el sufrimiento de mi Joshi y el mío no importaran. Tuve que escoger entre creerle a mis temores o tener fe en el Dios que me enseñaron a amar y en el que confiar. Elegí esto último.

Una vez que la ambulancia llegó al hospital, el juego de la espera comenzó. Pasé horas en la sala de espera, mientras mi bebé era sometido a múltiples estudios y exámenes para determinar la causa de sus convulsiones. Mi cuñada llegó al hospital para llevar a casa a mi hijo Jean Pierre. Javier y yo estábamos tomados de las manos clamando y orando por nuestro bebé en dificultad. Éramos tan jóvenes y teníamos tanto aún por aprender. Finalmente, los doctores salieron para informarnos que nuestro hijo había, de hecho, experimentado una convulsión, la primera de muchas que Josh sufriría durante su infancia.

Aquella noche, clamamos en desesperación. Le pedimos a Dios que sanara a nuestro bebé de lo que sea que estuviera afectando su cuerpito. Le recordamos a Dios (como si Él necesitara de eso) que trajo a Joshi a este mundo con un gran propósito. Le pedimos que cumpliera aquello que nos había prometido.

Las paredes del hospital nos traían a la memoria una sala similar en donde ambos habíamos estado hacía apenas unos meses, cuando Josh todavía no había nacido. Cuando estaba en mi sexto mes de embarazo, me llevaron a la sala de emergencia tras haber sido víctima de un accidente automovilístico. Javier estaba en el trabajo cuando recibió una llamada para pedirle que se dirigiera de inmediato al hospital porque me iban a someter a cirugía. A raíz del accidente, perdí una gran cantidad de líquido amniótico (mi fuente se rompió demasiado temprano) y comencé a sangrar. Me encontraba tan sedada que creía estar viviendo una pesadilla.

Mientras yacía en la cama del hospital, tenía mucho frío, excepto por el abrigo de lágrimas tibias que rodaban por mis mejillas y que sentía como un manantial cayendo por mi cuello. Había un marcado contraste entre el cuarto de hospital, mi cuerpo frío, mis lágrimas cálidas y el dolor casi paralizante en mis entrañas y mi corazón. No dejaba de pensar: "¿Esto está realmente sucediéndome?".

Cuando Javier llegó, nos abrazamos y comenzamos a llorar juntos. No quería soltarlo. No dejaba de pedirle que hiciera todo lo posible para salvar a nuestro bebé. El personal médico nos explicó que la cirugía era necesaria, porque el bebé no tenía suficiente líquido amniótico para sobrevivir. Les preguntamos sobre todas las opciones, y nos informaron que existía la posibilidad de que el líquido amniótico se reprodujera. Cuando preguntamos qué sucedería si decidiéramos no realizar el procedimiento quirúrgico que daría como resultado perder a nuestro bebé y optar por esperar a que naciera naturalmente, nos informaron que el bebé podría nacer con varios problemas de salud, requerir de asistencia médica durante toda su vida y crecer con problemas de desarrollo.

Nos pusimos en contacto telefónicamente con mi doctora, y ella confirmó que existía la posibilidad de que el líquido amniótico se recreara a sí mismo. Javier y yo nos miramos y sin dudarlo decidimos no someternos a la cirugía, sino esperar a que el bebé naciera a término. Si bien no intercambiamos palabras, nuestros corazones se conectaron y nuestra fe habló en aquel momento por sobre todo lo demás. A pesar de nuestro dolor, nuestro sufrimiento, nuestros corazones cargados y mi cuerpo debilitado, hallamos la fortaleza para levantar nuestro escudo de la fe. Pudimos hacerlo porque escuchábamos a Dios susurrándonos que nuestro bebé iba a estar bien. Le creímos a Dios, y le dijimos a los doctores que esperaríamos la voluntad de Dios y no seguiríamos adelante con el procedimiento sugerido.

Entonces me prescribieron reposo absoluto, y en cada visita médica nos recordaban la posibilidad de que nuestro bebé pudiera requerir cuidados especiales de por vida. Toda nuestra familia mantuvo a nuestro bebé en oración. Nos quedaríamos cortos si dijéramos que estábamos temerosos de las consecuencias de nuestra decisión. Javier y yo decidimos confiar en Dios, y algunos meses más tarde nació Joshua. Estábamos tan felices por el milagro de nuestro bebé. Los doctores tenían razón, ya que Joshua experimentó muchos problemas médicos delicados después de su nacimiento, pero Dios nos ha mostrado que Josh tiene un propósito y un llamado especial. Dios respondió nuestras oraciones más allá de nuestros grandes sueños, pero les contaré acerca de ello más adelante.

Levanta tu escudo

El resto de este libro tratará sobre los poderes que como mujeres victoriosas nos han sido entregados para pelear nuestras batallas diarias. El escudo de la fe no es un poder ofensivo, pero constituye una parte crucial de la armadura de una guerrera. Se utiliza en conjunto con otros poderes y ayuda a mantenerte protegida del enemigo. En la Roma antigua, cuando se entrenaba a los guerreros para usar sus armas, primero se les enseñaba a usar la espada y el escudo como base para su formación. De hecho, entrenaban con un escudo con el doble de peso del que usarían en batalla.[9] ¿Por qué? Porque los soldados romanos libraban batallas constantemente y necesitaban estar bien preparados.

Deberíamos seguir el ejemplo del manual de estrategias de los romanos. Como mujeres victoriosas deberíamos entrenar a diario cómo levantar nuestro escudo de fe para usarlo en cada una de nuestras batallas. Tu escudo es el escudo de la fe. Si no enfrentas los temores ni detienes sus mentiras por medio de la fe, no ganarás la batalla. Tú fuiste creada para luchar y vencer, no para sucumbir a las mentiras que te paralizan. Solo decir que tenemos fe en Dios no detendrá las mentiras. Debemos creer y declarar la verdad para salir victoriosas por medio de la fe, en contra de las mentiras que destruyen nuestra existencia. Fortalecemos nuestra fe y desarrollamos sus músculos cada vez que surge la oportunidad de levantar nuestro escudo. Cuanto más hagamos esto, más natural se volverá.

¿Has estado alguna vez cerca de alguien con gran fe en Dios, alguien que haya transitado el camino de la fe por mucho tiempo? Se le puede detectar con facilidad porque no suda la gota gorda ante cualquier problema y las pequeñas crisis diarias de este mundo no le conmueven fácilmente. Tiene la capacidad de ver el panorama completo.

Considera tu modo de pensar actual y tu medida de fe. En una escala del uno al diez, siendo el diez el más fuerte, ¿en dónde se encuentra tu fe? ¿Le crees a Dios? Nota que no te pregunté si crees *en* Dios, sino si le crees *a* Dios. ¿Crees en sus palabras y en sus promesas para tu vida? Por años proclamé mi creencia en Dios, pero tuve una crisis de fe en aquel "momento de emergencia". Fue entonces cuando tuve que decidir entregar la vida de mi Joshi en las manos de Dios y confiar en Él.

Situaciones horribles y trágicas suceden todo el tiempo, tanto a nosotras como a nuestro alrededor. Cada vez que enfrentamos una prueba, existen dos opciones. Podemos creer las mentiras sobre las dificultades o podemos recordarnos a nosotras mismas la verdad absoluta: Dios nos ama y solo tiene planes de bien para nosotras.

Lo único que puede derrotar al temor es la fe. No fuiste destinada a luchar tus batallas sola y desprotegida. Fuiste diseñada para vivir en victoria y estar bien equipada para las batallas que debas enfrentar. Durante esos "momentos de emergencia" difíciles, una mujer victoriosa no se detiene a decirle a Dios cuán grande es su problema. Continúa avanzando, mira al problema a los ojos, sin miedo, y le dice con todas sus fuerzas cuán grande es su Dios.

Usar tu escudo de la fe como una parte habitual de tu rutina diaria no es algo que ocurra de la noche a la mañana, y dista de ser

Ojo —Sidebar—

Sé que probablemente estés pensando que todo este asunto de usar tu fe como escudo es más fácil decirlo que hacerlo. Yo seré la primera en admitir que he atravesado tiempos muy dolorosos y difíciles, cuando no he sido lo suficientemente fuerte como para levantar mi escudo de la fe. A esos momentos los llamo mis "huecos negros", los cuales en mi opinión son peores que cuando nos sentimos atrapados en un túnel oscuro, pero aún podemos visualizar una luz al final, sin importar cuán largo sea el túnel. Los momentos de huecos negros en mi vida fueron aquellos cuando mis circunstancias eran tan abrumadoras que sentía que no había escapatoria. En esos momentos dejé que el temor, en lugar de la fe, me guiara al tomar mis decisiones. Te dejo un pequeño consejo: ¡es mucho mejor levantar el escudo de la fe!

fácil. Pero cuanto más lo uses, se volverá un acto reflejo. Es como entrenar con regularidad. Las primeras semanas de correr o de levantar pesas son una tortura. Una se levanta adolorida, y existen días en que quieres tirar la toalla. Pero cuanto más te ejercitas, tu cuerpo se vuelve más fuerte y eres capaz de hacerlo con más facilidad. Y cuando ni siquiera te das cuenta, estarás corriendo un maratón o levantando pesas de cincuenta libras (veintidós kilos) como si nada. Sin embargo, si dejas de ser constante, perseverante, perderás todo el progreso alcanzado. Lo mismo sucede con tu poderoso escudo de la fe. ¡Úsalo para no perderlo! Algunos días te serán más difíciles que otros y necesitarás más fe. Pero una vez que hayas llevado el escudo de la fe por algún tiempo, escoger la fe antes que el temor, te resultará más fácil. Habrás fortalecido tus músculos espirituales, por tanto sostener el escudo de la fe no te dejará agotada.

Otro punto importante para recordar (¡el cual estaré reiterando a lo largo del libro para que se fije en tu mente!) es que no estás sosteniendo el escudo de la fe sola. Simplemente no se nos equipa con toda la armadura y luego se nos envía a la guerra por nuestra cuenta. Dios no obra de ese modo. Dios te cuida, está contigo y te ayuda. No se espera que luchemos sólo con nuestras fuerzas o con nuestro poder. Somos seres humanos e incapaces de soportar solas todas esas cargas. Por tal motivo, Dios pelea con nosotras y suele sostenernos a través de los momentos de prueba y aflicción. De hecho, ya hemos ganado la batalla por medio de Dios. Ya comenzamos desde una posición mucho más firme que aquellos que no hayan tomado el escudo de la fe. No luchamos para obtener la victoria; luchamos desde una posición de victoria. La balanza se inclina a nuestro favor cuando nos damos cuenta de quién está de nuestro lado.

¿Qué clase de vida quieres? ¿Dejarás que tu escudo de la fe junte polvo, de modo que la ansiedad y la preocupación arruinen lo mejor de ti? ¿O vivirás demostrando al mundo que tú eres una mujer victoriosa que sabe cómo usar el escudo de la fe a cada hora de cada día? La decisión depende solamente de ti.

El poder de la verdadera identidad

Vence la inseguridad y obtén la victoria en cada batalla

> *Descubrir nuestro ser exterior y regresar a nuestra verdadera identidad es el significado real del trabajo del alma.*
>
> SUE MONK KIDD

Aunque hoy ya es una persona mayor, todavía recuerda los años de su niñez, que fueron mayormente felices, pero también existieron momentos dolorosos. De hecho, algo parecido a su primer recuerdo no debería sucederle nunca a ningún niño. Su niñera había cocinado crema de espinacas. De niña no le gustaban los vegetales. Dado que había estado sentada a la mesa por tanto tiempo, la sopa se había enfriado y sabía peor que recién servida. Aún no se olvida cuán nauseabunda sabía al tragar una cucharada tras otra.

Cuando trató de tomar una cucharada más de esa sopa fría, fue incapaz de tragarla y la vomitó toda sobre sí misma. Antes de darse cuenta de lo que estaba ocurriendo, sintió una dolorosa bofetada sobre su boca, una bofetada tan fuerte que comenzó a sangrar. La llevaron hasta el fregadero de la cocina; luego, mientras aún sangraba, la persona que la maltrataba la forzó a continuar tomando la sopa. Aún puede visualizar la escena. A causa de sus lágrimas, aún con sus ojos vidriosos, recuerda cómo su sangre se escurría por el fregadero. Aunque han pasado muchos años, todavía no se olvida del sabor de sus lágrimas, la sangre y la sopa fría que la obligaron a tomar. Y aún tiene una pequeña cicatriz sobre su labio, la cual nunca la hará olvidar el maltrato que la ocasionó.

Desafortunadamente, este fue solo uno de los muchos tristes episodios. Fue víctima de maltrato infantil en numerosas ocasiones. No se puede olvidar de los golpes con cinturones, cables y zapatos —lo que sea que la persona que la maltrataba tuviese a su alcance— con los que la golpeaba. Al principio, todas las veces gritaba adolorida, pero luego el dolor se volvía tan intenso que la dejaba casi muda. Lloraba hasta quedar sin aliento a causa del dolor y además porque se sentía indefensa para detener el maltrato. Con cada golpe, escuchaba las palabras: "Te voy a romper el alma", una y otra vez. Y le ordenaba no llorar. "Si alguien te escucha —le decía—, te voy a romper el alma". Después de muchos años de ser víctima de esta clase de maltrato, aprendió a llorar en silencio.

Como si el maltrato físico fuera poco, también era maltratada emocionalmente. Desde una temprana edad, le lavaban el cabello con agua tibia y té de manzanilla con el propósito de aclarar su cabello negro. Todos los días le pedían que colocara en su nariz el dedo índice y la empujara hacia arriba para levantarla un poco más. Su nariz era igual a la de su abuela, y aparentemente era inaceptable que su nariz se pareciera tanto a la de sus antepasados amazónicos.

A su vez, esto estaba acompañado de muchos insultos verbales tales como: "Eres una inútil. Nunca alcanzarás nada". Estas eran las frases que la persona que la maltrataba repetidamente le decía mientras crecía. Dichas frases se convirtieron en grabaciones desagradables que no paraban de repetirse en su mente y herían su alma. Además, a esas horribles palabras se sumaban las burlas de otros niños en la familia. Dado que había nacido en una ciudad cerca de la selva, la llamaban mono, simio y otros nombres hirientes. Incluso había una canción que le cantaban cuando la veían: la canción de una publicidad de un circo, el cual presentaba el elenco del *Planeta de los simios*. Para una niña, esta clase de acoso y sobrenombres suelen ser devastadores.

Y eso no era todo. Cuando tenía diez años, un día salió de la iglesia con algunos niños de su escuela dominical para ir a la tienda del vecindario ubicada a solo unos pocos metros de allí. De camino, todos se detuvieron frente a una casa para observar a un mono colgado de uno de los árboles del patio delantero. Mientras estaba allí parada con este grupo de niños, fue cuando sintió que alguien metió una mano por debajo de su vestido y tocó sus muslos y luego sus glúteos. Se dio vuelta de inmediato y vio que quien había cometido este acto indecente era un hombre de unos cincuenta años. No importa cuántos años hayan pasado, todavía puede visualizar la apariencia de ese hombre y la ropa que él vestía aquel día. Quedó tan conmocionada y asustada que nunca le contó nada a nadie. Solamente corrió de regreso a la iglesia y no habló sobre el incidente por muchos años.

Años más tarde llegó a los Estados Unidos. Algo en lo profundo de su ser deseaba que todo fuera diferente. Lamentablemente, no fue así. Sus malas experiencias no habían terminado. Durante un paseo con supuestos "amigos de la familia", un hombre se ofreció a enseñarle a nadar, y mientras lo hacía la tocó inapropiadamente. Pasaron varios años antes de que pudiera hablar con alguien sobre este incidente. Aun en la hermosa tierra de oportunidades, los Estados Unidos, en donde muchos de sus sueños se cumplirían, tuvo que enfrentar otros maltratos físicos; y en cierta ocasión sus llantos y quejas fueron tan terribles que un vecino llamó a la policía.

Recuerda escuchar a la policía llamar a la puerta y sentir esperanzas de socorro para su alma y su rostro hinchado. Después de todo, se conoce mundialmente a los Estados Unidos por ser un país que protege a los niños. Mientras se aproximaba a la puerta para abrirla, los adultos le advirtieron que negara haber sido golpeada en el rostro, porque si no lo negaba, podía ser deportada. Sus sentimientos de esperanzas se derritieron de inmediato.

No les dijo la verdad a los oficiales de policía, y luego que se marcharan, se sintió indefensa e insignificante. Finalmente, la ayuda para protegerla de los maltratos llegó. Durante una de sus peores golpizas, recibió un golpe en la cabeza con un objeto metálico. El golpe fue tan duro que llamaron a la ambulancia y la trasladaron a la sala de emergencia para saturar su cabeza con algunos puntos. Se contactaron a las autoridades y la colocaron en un hogar de guarda (*Foster home*). Aunque ya era una adolescente, no puede recordar si estuvo en guarda durante algunas semanas o algunos meses. Pero recuerda a la mujer que le servía cereales y leche para el desayuno y emparedados para el almuerzo. No se olvida de cuán agradecida estaba de que alguien le abriera las puertas de su hogar en medio de esos momentos tan difíciles que atravesaba.

Después de todo lo que esta joven tuvo que enfrentar, uno podría pensar que creció teniendo una mentalidad de víctima o que vivió derrotada y quebrantada. Conozco bien a esta mujer, y te contaré más acerca de ella más adelante en este capítulo. Pero me complace decir que no fue así. No quedó estancada en su pasado doloroso. En cambio, escogió convertirse en una mujer victoriosa.

¿Qué te convierte en quien eres?

Tu personalidad constituye gran parte de tu identidad, al igual que tus dones y talentos. Quizá seas una persona artística, o bien organizada, o una gran cocinera, o que haces amigos con facilidad. Estas cualidades únicas no cambian a lo largo de la vida, aunque sí se manifiestan de manera diferente en varias etapas de tu vida y dependiendo de las oportunidades que se dan para usarlas. Pero quién eres y en lo que te conviertas es mucho mayor que aquellas cualidades por las que te destacas.

Quién eres también es mucho mayor que las etiquetas que quizá hayan usado otros o uses tu misma para describirte. Tal vez, como muchas otras, desarrollaste complejos cuando eras más joven, porque lo creíste cuando las personas te decían que eras poco inteligente, demasiado baja, demasiado delgada, demasiado gorda o poco atractiva. ¿Por qué permitiste que esas etiquetas te definieran? ¡Detente! Niega esas mentiras y descubre la verdad. Acompáñame a aprender a ejercitar tu verdadera identidad, a fin de que puedas derrotar las mentiras con las que tu mente fue alimentada.

Muchas personas piensan de sí mismas en términos de cómo lucen exteriormente. Quizá también sea tu caso.

¿Crees que eres alguien especial porque mucha gente ha comentado sobre tu belleza? De ser así, ¡supéralo! Siempre habrá alguien allí afuera más hermosa que tú. ¿Y qué sucederá cuando tu belleza se desvanezca? ¿Cómo te definirás entonces?

¿Crees que eres alguien especial por la ropa que vistes? Nuevamente, supéralo. Siempre habrá alguien que se vista mejor que tú.

¿Crees que eres alguien importante por ser directora ejecutiva o por haber obtenido un gran puesto en tu compañía o por ser propietaria de un negocio o por estar relacionada con... o ser amiga de algún ejecutivo de alto rango en tu compañía? Supéralo. La compañía podría fácilmente ser absorbida y los ejecutivos (y tus amigos), e inclusive tú, algún día podrían ser despedidos. ¿Quién serás entonces? ¿Te verás como una doña nadie si no te relacionas con personas de poder y de altos cargos?

¿Te crees mejor que otros por haber obtenido un alto nivel educativo? Supéralo. Muchísima gente alrededor del mundo tiene tus mismos títulos y hasta más títulos que tú. Tu licencia, tus credenciales y tus diplomas están escritos en papel y con facilidad pueden ser destruidos. Cuando partamos de esta tierra, dejaremos todos los títulos atrás. No podrás llevártelos contigo.

Lo mismo sucede con todas esas cosas costosas y hermosas que posees o deseas. No durarán. Siempre habrá un traje más nuevo o unos zapatos más de última moda que querrás comprar. La lista nunca se acaba. Deberás comprar constantemente, comprar y comprar para mantener tu imagen. ¿Estás gastando mucho de tu dinero ganado con esfuerzo en cenas costosas, autos, vestimenta, accesorios y otras posesiones materiales para satisfacer la necesidad de ser significativa y llamar la atención?

Resulta imperativo para una mujer victoriosa conocer su verdadera identidad, a fin de poder vencer en cada batalla que se le presente. Debes ser capaz de reconocer y resistir las mentiras sobre aquello que te vuelve significativa.

Entonces, ¿cuál es tu verdadera identidad?

En este libro, te llamé una mujer victoriosa. Y eres victoriosa, pero también eres mucho más que eso. Ser una mujer victoriosa y levantar tu escudo de la fe y tus otros poderes cada día constituye parte de tu identidad porque es una parte de lo que haces. Pero por debajo de todo lo que *haces* está quién *eres*. Una mujer victoriosa sabe que su sustancia está en su ser, y no en su quehacer. Es esa la persona que hoy quisiera recordarte.

Tú, mi querida mujer victoriosa, eres una hija de Dios, primero y principalmente. Eres hija del Dios del universo. La Biblia dice que Dios decidió de antemano adoptarnos como miembros de su familia.[1] No creo que Dios cometa errores.

Ahora bien, sé que algunas de ustedes creen que todo lo que tienen en la vida proviene del universo o que existe un secreto que les permitirá atraer las cosas a sus vidas. Con todo respeto, debo expresar mi firme creencia de que el Dios de la Biblia es mayor que el universo, porque *Él lo creó*. Creo en Dios, fui creada por Él y adoptada en su familia, y ahora soy su hija amada.

¿Comprendes lo que eso significa? Fuiste escogida y adoptada por Dios. Él te escogió para ser parte de su familia. Él te llama admirable, preciosa, íntegra, justa, perdonada y redimida.[2] Aun los cabellos de tu cabeza están contados.[3] Tu Padre celestial te conoce, te cuida y te ama. Así es, tú eres una hija de Dios, no por nada de lo que hayas hecho o creas haber hecho para merecerlo; tú eres su hija porque Él así lo decidió. Una hija de Dios. Esa es tu verdadera identidad, y la mía.

Nuestras identidades quebrantadas comienzan en la niñez

Debido a que parte de mi trabajo se realiza en el ojo público de la televisión, a menudo me preguntan: "¿Cómo se siente ser famosa?". Mi respuesta es siempre la misma: "No me considero famosa porque estoy en la televisión. No me siento diferente de lo que tú sientes por ser tú". Me siento así porque he elegido no colocar mi identidad en lo que hago, sino en lo que soy. Sin embargo, no siempre fue así en mi vida. Tuve que hallar mi identidad por encima de cómo me sentía en un momento dado y escapar de las etiquetas de mi niñez.

Mis padres se separaron y se divorciaron cuando yo apenas tenía seis años. Los efectos de su divorcio en mi niñez son difíciles de expresar. Cuando mis padres se separaron, fui criada por mis abuelos. Mi madre se mudó a los Estados Unidos, y mi padre empezó otra familia en una nueva relación. Algunas de las experiencias que tuve como una hija de padres divorciados me afectaron de manera negativa, mientras que otras fueron positivas. Tanto mis abuelos maternos como paternos me inculcaron valores maravillosos que me ayudaron a convertirme en la mujer que soy hoy. De mis abuelos maternos aprendí los fundamentos de la fe, los cuales me ayudan a caminar diariamente con Dios. Ambos eran personas de fe, y nos educaron para creer que Dios siempre está a nuestro lado.

De mis abuelos paternos aprendí a trabajar duro. Mi abuela era dueña de una pequeña tienda al lado de su casa, allí vendía arroz, leche, azúcar y otros artículos de primera necesidad. Me enseñó a levantarme bien temprano cada mañana y esperar con ansias darle al mundo lo mejor de mí con una sonrisa. También me enseñó a divertirme. Siempre en su tienda sonaba música alegre con distintos ritmos, y a sus clientes les encantaba tanto como a mí. Me enseñó que era imperativo trabajar duro para ganarse la vida, pero también es importante tomarse el tiempo para disfrutar de la vida. Todavía recuerdo los juegos de bingo semanales en su casa.

De ambos pares de abuelos aprendí a ser disciplinada desde una edad temprana. Descubrí que para alcanzar los sueños en la vida, una debe tener algo a qué aspirar. Aprendí que si tú quieres hacer realidad tus sueños, tienes que desarrollar hábitos positivos en diferentes áreas para lograr el objetivo que deseas.

Obviamente, las experiencias de mi niñez tuvieron una profunda influencia en cómo pienso y he escogido vivir mi vida. Lo mismo va para ti. Pero no me definen a mí más que tus experiencias te definen a ti.

Abandonada, olvidada e insignificante

Mis abuelos me dieron mucho, pero aún recuerdo extrañar a mi mamá y a mi papá. Recuerdo cuando participaba en actuaciones especiales en obras o musicales de la escuela, todas mis amigas estaban emocionadas porque sus padres estarían presentes, y yo deseaba en lo profundo de mi corazón que tanto mi mamá como mi papá estuvieran también allí. Todavía tengo presente las muchas noches que lloré por ellos. Solía llorar hasta quedarme dormida y me prometí a mí misma que mis hijos nunca tendrían que extrañar a su mamá. Decidí que haría todo lo posible para estar siempre presente con ellos. Desde pequeña soñé y añoré algún día tener mi propia familia.

Recuerdo quedarme dormida y soñar que mis padres y yo disfrutábamos una fiesta de té —con mi pequeño juego de té— en la bella casa en la que vivíamos cuando era una niña. Recuerdo los sofás de terciopelo color azul marino en nuestra sala de estar. Recuerdo el juego de comedor y el candelabro de vidrio en tonos turquesa, dorado y blanco que colgaba justo arriba de la mesa del comedor. Atesoro todos estos recuerdos de un hermoso tiempo cuando vivía en un hogar en donde veía a mis padres reírse y disfrutar su familia. Pero también recuerdo el dolor de crecer sin ellos y mi profundo anhelo de volver a recuperar esa familia feliz. Un anhelo imposible de describir con palabras, de algún día también formar mi propia familia.

Ese deseo me hizo soñar y añorar ser una madre maravillosa, una madre que estuviera presente en cada momento importante de la vida de sus hijos. Como suelo decirles a mis hijos, nunca soñé con tener una casa grande, un auto lujoso o ropa hermosa. Incluso durante mis años de adolescencia, nunca soñé con un príncipe apuesto que cayera rendido a mis pies y me convirtiera en su princesa. En cambio, desde una edad temprana soñé con ser una madre espectacular y estar presente con mis hijos. Eso era lo que más deseaba.

En retrospectiva, creo que habría sido bueno incluir en el sueño a un príncipe. Pero Dios me dio a mi príncipe de todos modos. Soy bendecida al estar casada con un hombre maravilloso que entró a mi vida y me conquistó. Javier y yo hemos estado casados por treinta y un años, y tenemos dos hijos maravillosos. Criar a Jean Pierre y a Joshua y verlos convertirse en los individuos excepcionales que hoy son es el cumplimiento de uno de mis mayores sueños de mi niñez. Mi Javier, mi Jean Pierre y mi Josh fueron los regalos que Dios me dio para yo así llenar el gran anhelo de mi alma, el de ahora tener mi propia familia.

Durante mi infancia, me habría resultado difícil soñar con casarme con un príncipe porque —si bien en los cuentos de hadas siempre hay un príncipe, una princesa y una boda— había visto demasiados matrimonios terminar en divorcios. La mayoría de las parejas en mi parentela son divorciadas o separadas o infelices en sus matrimonios. Desde el momento en que Javier y yo comenzamos a hablar de casarnos, supe en el fondo de mi corazón que lucharía con todo mi ser para ir en contra de los ciclos viciosos de mis antepasados y de las estadísticas, y guardar mi matrimonio intacto y mi propia familia unida. Sí, tomé la decisión intencional de romper el círculo vicioso de divorcios en mi familia y trabajar duro con mi compañero de vida para convertirnos en un equipo que luchara unido para alcanzar los mismos sueños. Le estoy muy agradecida a Dios por traer a Javier a mi vida. Él será el primero en decir que no es perfecto, pero tampoco yo lo soy. El regalo más grande es que él tiene el mismo compromiso con nuestra familia que yo, y es un hombre que verdaderamente ama a Dios.

Asimismo, supe desde una edad temprana que quería ser abogada. Mi experiencia como una niña de padres divorciados también influyó en ese camino. De niña experimenté el sistema jurídico en persona, y supe que algún día sería una voz para los que no pueden expresarse. Durante el proceso judicial por el divorcio de mis padres, esperaba que el juez me preguntara qué era lo que yo quería. Pero nunca sucedió. No tenía voz. Esa es una razón por la que estoy tan comprometida en ser una voz para los que no la tienen. Para mí es un privilegio esa responsabilidad.

Como ves, soy quien soy a causa de las circunstancias tan dolorosas y difíciles que enfrenté de niña. No es de extrañar que cuando tuve hijos ellos se convirtieron en mis prioridades.

Pero resulta un gran problema cuando basamos nuestra identidad en aquello que nos ha sucedido, cuando permitimos que los temores y las mentiras nos dicten cómo actuar. Estaba decidida a ser una buena madre, y eso significaba ser una madre muy presente. Algunas cosas que he hecho fueron saludables, y creo que fui (y soy) una buena madre. Sin embargo, estaba en parte motivada por el temor de ser algo menos que una madre perfecta y, como consecuencia, por muchos años mi vida y mi identidad estuvieron desequilibradas.

Era la clase de madre que leía tantos libros como fuera posible para tratar de anticipar todas las etapas y logros que mis niños debían alcanzar. Quería saber cómo estar preparada para lo que sea que fueran a enfrentar, a fin de poder ayudarlos. Estaré por siempre agradecida con el Dr. James Dobson y *Enfoque a la familia* por las lecciones que aprendí mientras escuchaba sus programas de radio. Tuve una participación muy activa en la educación de mis hijos. En nuestro garaje teníamos tres escritorios, uno para cada uno. Usaba una pizarra grande para que escribieran la tarea del día, y nadie podía salir del garaje hasta que terminaran la tarea. Asistía a todas sus funciones, llegando temprano para conseguir la mejor ubicación en los asientos de adelante. No quería que mis hijos supieran cómo se sentía tener un papel especial en una obra, un musical o un evento deportivo y no contar con la presencia de sus padres. Con dos niños, esto se volvía cada vez más complicado. Pero si ambos coincidían en un evento la misma noche, Javier asistía a uno y yo iba al otro. Quería darles a mis hijos lo que creía que era la mejor niñez, la niñez que yo no tuve.

Estaba tan involucrada en mi sueño de ser la mejor mamá, que no me di cuenta de que había puesto mi identidad en ese único papel. Era lo que solía definirme. Me había olvidado que primeramente era una hija de Dios que quería que usara mis dones en otras áreas también, no solamente en la maternidad. Perdí por algún tiempo el poder de conocer y ejercer mi verdadera identidad.

La identidad sin equilibrio

Estaba tan feliz cuando mi hijo mayor, Jean Pierre (JP), ingresó becado a la Universidad Pepperdine. Había criado a un hijo capaz de alcanzar sus sueños académicos, y yo sentía que lo había preparado bien para afrontar el porvenir.

Pero al mismo tiempo me sentía increíblemente triste. Me entristecía pensar en enviar a mi hijo al mundo. Me preguntaba si había hecho lo suficiente para prepararlo, protegerlo. ¿Cómo podría irse cuando yo era la mejor persona para cuidarlo? Esta no era la tristeza normal que ocurre cuando una familia atraviesa una transición. Yo estaba teniendo una crisis de identidad.

Toda mi identidad estaba envuelta en ser madre, hasta el punto de que desconocía quién era cuando ese papel cambió. No conocía a la Jessica que no era la mamá de JP. Lo había preparado para vivir sin mí lo mejor que pude, pero no me había preparado a mí misma.

Mientras JP se preparaba para partir a la universidad, caí en depresión. Al principio no me había dado cuenta, solo pensaba que me sentía muy triste. Cuando se fue a la universidad, me sentía y me comportaba como si una parte enorme de mi mundo hubiera colapsado. Literalmente, solo iba a trabajar, almorzaba, regresaba a casa, hacía la tarea con Josh, cenaba y me iba a dormir.

En medio de estas tareas reducidas, había un común denominador. Comía, comía y seguía comiendo. Dejé de hacer ejercicios físicos. No quería ir a bailar, lo cual me encanta hacer y había sido una de mis citas favoritas con mi esposo durante años. Engordé más de treinta libras (más de trece kilos y medio) en un período de tres años.

Dado que en lo profundo de mi corazón desconocía cuál era la verdad, no sabía con qué mentira estaba luchando. Me había olvidado de que, por encima de todo, era hija de Dios, y no me había dado cuenta. Mi identidad se basaba en lo incorrecto, y al cambiar esa identidad, me sentí perdida. Dejé bajar demasiado mi escudo de la fe y recibí algunos golpes de los misiles de temor y mentiras que volaban hacia mí.

Estoy muy agradecida por haber podido superar esa etapa difícil gracias a los consejos de mujeres sabias. Pero dicha experiencia me enseñó que no debía colocar mi identidad en mi papel de madre, esposa o profesional. Mi verdadera identidad reside en saber inequívocamente que soy hija del Dios viviente.

Mis misiones, mis funciones, mis etapas, mis ciclos continuarán cambiando a lo largo de mi vida, y también las tuyas. Pero hay un hecho que permanecerá para siempre: tú y yo somos hijas del Dios que nos ama y solo tiene planes perfectos para nosotras. Como mujer victoriosa, usa el recurso de conocer y ejercer tu verdadera identidad para derrotar las mentiras sobre quien realmente eres.

Acepta tu verdadera identidad

Existen muchas cualidades en ti que te convierten en una persona única. Tu identidad específica te diferencia de cualquier otra persona del planeta. Considera las palabras que son sinónimas o se relacionan con identidad: individualidad, personalidad, peculiaridad y singularidad. Todas las características que te conforman combinan para crear un verdadero original. Tú eres única. Dilo una y otra vez hasta que te quede grabado. Realmente no existe nadie más como tú, mujer victoriosa. ¿Sabes cuán valiosas son las piezas únicas? Son irreemplazables. Si pretendemos copiarlas, no es lo mismo. Las piezas únicas son preciadas y valiosas a causa de su singularidad. Ocurre lo mismo contigo y conmigo. ¡Somos únicas!

¿Escuchaste bien? Me refiero a ese pequeño susurro en tu oído mientras leías el último párrafo, diciendo: "Esa no es quien *tú* eres. No eres nadie especial. No importas. Nadie te necesita. Nadie te presta atención. A nadie le importa quién eres". Quizá no le hayas prestado conscientemente atención porque lo oyes todo el tiempo. Tu mente lo asimila, pero tú ya ni lo notas. Esas son las mentiras con las que luchas sobre tu identidad, las mentiras que te dicen que eres insignificante. ¡Mujer victoriosa, *no* le creas a ese susurro mentiroso! Combate esa mentira con tu poder. Aplica el poder del conocimiento de tu verdadera identidad y levanta el escudo de la fe. Entonces conocerás y creerás la verdad sobre quién realmente eres.

Segura de ti misma sin arrogancia

¿Alguna vez ha visto a una mujer segura de sí misma entrar en algún lugar? Es como si la temperatura cambiara o el sol saliera o se tocara una música especial como suele ocurrir en una película. Una mujer puede caminar con esa seguridad solo cuando conoce completamente quien realmente es. Puede mantener su cabeza en alto porque sabe que es única, especial y valiosa. Mira a la gente a los ojos porque sabe cuán especial también lo es cada uno. Estrecha la mano con fuerza (porque es fuerte) y al mismo tiempo con delicadeza (porque honra a la persona a quien está tocando). Una mujer segura es súper elegante, pero nada arrogante.

Esa es la manera en que una mujer victoriosa que conoce su verdadera identidad entra en un recinto. No con una seguridad arrogante basada en su apariencia, su ropa, su casa, sus logros o incluso su príncipe, sino que camina como una mujer que conoce su valor y comprende que nada podrá quitárselo. Este es el recurso de la verdad de su identidad que usa con autoridad.

Ella conoce su valor, así que no precisa hablar un montón para demostrarlo. No habla solo para que otros se den cuenta de lo mucho que sabe. Sabe permanecer callada hasta que puede aportar algo valioso a la conversación. Cuando habla, lo hace con seguridad. ¿Es esta la manera en la que tú entras en algún lugar? De lo contrario, ¿qué mentiras estás creyendo sobre ti misma que te lo impiden? ¿Por qué las crees?

Una mujer victoriosa conoce que su verdadera identidad no proviene de la belleza exterior. Su apariencia no le agrega valor. Da lo mejor de sí porque es una buena administradora de su cuerpo, de su salud, de sus emociones, y es segura de sí misma. Es capaz de apreciar los atributos singulares de su cuerpo. Es el cuerpo de una mujer victoriosa, que es fuerte y hermoso.

Creo, sin lugar a duda, en la importancia del proverbio que dice "A la honra precede la humildad".[4] Es tan triste cuando conoces a una persona bella por fuera, pero en su trabajo, posición o profesión es tan arrogante que su malcriadez, demostrada por sus acciones, solo demuestra sus inseguridades o su falta de modales. Me propuse como objetivo asegurarme que ambos de mis hijos abrazaran el valor de la sencillez. A menudo, les decía que la verdadera humildad, aquella que proviene del corazón, constituye uno de los dones más grandes de una persona. Es el don de tratar a todos con respeto, dignidad y amabilidad. El don de no creerse más que nadie. El don de saber que no importa qué tengas en la vida, así como lo tienes hoy, lo puedes perder todo mañana. Por eso ni las posesiones ni tus cargos deben hacerte creer que eres más que nadie.

Mi corazón se regocija cuando veo a mis hijos tratar a las personas con dignidad y respeto. Querida, ese sentimiento no puede remplazarse con ningún bien material, profesión o posición social.

Verás, cuando conoces y ejerces tu verdadera identidad, no tienes que ir por la vida como si fueras "todo eso y un paquete de patatas fritas". Después de todo, ¿qué sucede con las patatas fritas cuando se encuentran presionadas? ¡Se quiebran! Tampoco tienes que caminar como si fueras la última Coca-Cola o Inca Kola en el desierto. Después de todo, ¿qué sucede cuando se acaba la última gaseosa del desierto? La botella queda completamente vacía. ¡Qué triste! Se queda quebrada o vacía. Cuando sabes verdaderamente quién eres, actúas como tal y reflejas al mundo una seguridad en ti misma que es inigualable.

Cuando comprendes plenamente quién eres y el valor de tu identidad singular, aprendes a aceptarte a ti misma y a reírte de tus defectos. Nadie es perfecto. Nadie. Nadie. Somos seres humanos. Se te permite ser humana. Nuestras debilidades y luchas pueden servir para múltiples fines mientras crecemos. Nos ayudan a ser amables con otros porque nuestros propios defectos y humanidad nos recuerdan que cada uno hace lo mejor que puede desde el lugar de sus propias batallas.

La autoaceptación conduce al amor propio

El hecho de poder estar en televisión nacional me hace muy consciente de mi apariencia. A veces he tenido que estar frente a las cámaras con una gran espinilla en mi rostro. No te rías. Sí, dije una espinilla. A mi edad, las hormonas tienen una manera curiosa de hacerse conocer, de diferentes formas. Si bien el trabajo de la maquilladora es siempre sobresaliente, créeme cuando te digo que no estoy muy contenta por las espinillas que me salen de vez en cuando. Puede resultarte gracioso, pero cuando me sale una, le hablo y le digo: "Gracias, espinilla, por ser la manera en que Dios te usa para mantenerme humilde".

Sé realmente quién soy. Mi identidad no se limita únicamente a mi apariencia. No permito que una espinilla arruine mi día, e incluso he hallado la manera de encontrarle un propósito en mi vida. Puede que parezca una locura, pero funciona para mí. Me demuestra que estoy aprendiendo a aceptarme a mí misma, incluso ante pequeñeces como esta, mientras crezco en sabiduría.

Si no te aceptas a ti misma, el reconocimiento de otras personas nunca será suficiente. Esa clase de reconocimiento es temporal y suele basarse en lo que pueden obtener de ti, como por ejemplo tu dinero, tu experiencia o tu tiempo. No desperdicies tu vida buscando complacer a otros solo para obtener su aceptación. Si actúas solo para que otras personas sean felices, necesitas seriamente pensar en qué y quién te define. ¿Quién eres tú?

Debes amarte y aceptarte a ti misma o desperdiciarás tu vida tratando de averiguar tu identidad. Dios te ama y te acepta; eso es suficiente. Camina confiadamente en su amor, para poder amar a otros. ¿Sabías que a menos que verdaderamente te ames a ti misma, es imposible que puedas amar a otros? No me refiero a un amor egocéntrico o narcisista. Uno de los más grandes mandamientos dice que debemos amar a nuestro prójimo como a nosotras mismas.[5] No puedes amar a otras personas a menos que te ames a ti misma y aceptes tu identidad. Eres una hija de Dios especial y única, imposible de duplicar.

¿Cómo puedo pedírtelo con tanta convicción? Ya sé, ya sé, debes estar pensando: "Tus palabras suenan bonitas, pero es más fácil decirlo que hacerlo". No te culpo por querer pruebas. No te preocupes. Soy abogada. Estoy acostumbrada a tener que probar mi caso con pruebas reales. Si estuvieras enfrente de mí, te miraría fijamente a los ojos y te diría que eres una hija de Dios y que no hay nada ni nadie en este mundo que hará que te sientas menos, a menos que tú misma lo permitas. ¿Por qué puedo decirte eso sin dudarlo? Porque la niña pequeña, cuya historia relaté al comienzo de este capítulo, era *yo*.

A pesar de las experiencias de mi pasado, soy una mujer que ama a Dios y que sabe, sin lugar a duda, que Dios me ama. Las amenazas de que "me romperían el alma" fueron solo eso, amenazas. Nadie pudo romper mi alma en el pasado, ni podrá hacerlo en el futuro. Mi alma es generosa, dulce, la mejor amiga de mi corazón. Mi alma siente y oye lo que mi corazón le dice. Mi alma sonríe y se regocija, porque soy hija del Dios viviente y eso es suficiente para mí. Sé inequívocamente que soy suficiente.

Ojo —*Sidebar*—

Si tú o alguien que conoces es víctima de maltrato, por favor, por favor, por favor, busca ayuda. En los Estados Unidos existen numerosas organizaciones sin fines de lucro que luchan a diario para proteger a las víctimas de maltrato, independientemente de su condición de inmigrante. Si vives en otro país en donde la violencia doméstica es la norma, no pierdas las esperanzas. Siempre habrá personas de buen corazón, a quienes llamo ángeles, para ayudarte. Por favor, pide ayuda. Asimismo, no creas la mentira de que por haber sido maltratada físicamente, debes ahora continuar en ese círculo vicioso. Yo tomé una decisión consciente de que mis hijos nunca tendrían que soportar el dolor de una golpiza. JP y Josh nunca dirán que fueron víctimas de maltrato infantil. Decidí detener ese círculo vicioso, detener esa maldición en mi vida; y estoy muy agradecida por haberlo logrado.

Contarte todo el proceso de cómo fui sanada del maltrato implicaría un nuevo libro. Probablemente escriba sobre dicho proceso algún día. Por ahora, créeme que no podría estar hoy escribiendo si no hubiese aprendido y ejercido mi verdadera identidad. Mi Padre celestial me ama por quien soy. Y sí, soy descendiente de un hombre cuya madre, mi abuela paterna, nació en el Amazonas. Yo nací en Iquitos, una ciudad de puerto del Amazonas y el pueblo más grande de la jungla del Perú. De hecho, hoy me siento orgullosa de decir que llevo mucha de esa sangre guerrera de la selva corriendo por mis venas. He aprendido a aceptarme a mí misma por quien soy, y amo a la persona que Dios creó. Como dice su Palabra, sé que aun los cabellos de mi cabeza están contados, y que Él siempre cuida de mí.[6]

Ojo —*Sidebar*—

Tengo una profunda admiración por los padres sustitutos, en casas de cuidado (*foster home*) que abren sus hogares para recibir a niños y jóvenes que necesitan un lugar seguro. Por lo tanto, aprecio mucho a mi amiga, la pastora Nohemi. Ella es una pastora maravillosa y trabaja muy duro a favor de niñas en casas de crianza (*foster care*). Es una mujer que influencia y cambia vidas a diario. También aprecio a la pastora Ada por su lucha diaria para proteger los derechos de los niños desamparados y darles una vida mejor. Que Dios continúe bendiciendo a todas las que trabajan arduamente para proteger los derechos de los niños, así como a quienes abren las puertas de sus hogares para recibir a niños, o de una manera u otra contribuyen a las vidas de los jóvenes. Que Dios continúe concediéndoles sabiduría, energía y muchas bendiciones. Quién sabe, quizá estés abriendo tu hogar o contribuyendo para darle un mejor futuro a la próxima Jessica Domínguez.

Resulta imperativo —de vital importancia— que sepas y actúes como la persona que realmente eres. No creas mentiras, como la de que no eres valiosa, que no eres suficiente y que debes tener más o saber más para ser alguien en la vida. Debes escoger derrotar firmemente las mentiras que te dicen que debes hacer y tener más para ser valiosa y amada. Cree la verdad: que eres una mujer victoriosa. No desperdicies tu vida sometiéndote a las mentiras. ¿Por qué le dejarías ganar a tu enemigo? ¿Cuál es el propósito en este mundo para vivir como si no fueses suficiente? Lucha en contra de las mentiras proclamando la verdad. Sé excepcional. Sé única. ¡Sé *tú* misma!

CAPÍTULO TRES

El poder del propósito intencional

Derrota la mentira de la insignificancia

> *Nada contribuye a tranquilizar la mente como un propósito firme, un punto en el que pueda el alma fijar sus ojos intelectuales.*
>
> —MARY SHELLEY

¿Por qué estoy aquí? En algún momento todos nos hicimos esa pregunta. Como mujer victoriosa sabes quién eres. Sabes que eres única y que solo existe una persona como tú en todo el mundo. Sabes que le aportas a este mundo cualidades únicas: dones, talentos y habilidades que te hacen singular. Como una mujer victoriosa que conoce su verdadera identidad, puedes vencer las mentiras que buscan hacerte sentir insignificante e indefensa. Y con tu escudo de la fe puedes derrotar las mentiras que dicen que no eres lo suficientemente buena, que no eres especial y que no importas.

Tú no eres un accidente. Tu presencia en este tiempo y espacio fue planeada antes de que nacieras. Todo acerca de ti tiene un propósito.

¿Puedes creerlo? ¿Puedes creer que tú tienes un propósito, que fuiste diseñada y destinada para una misión en la vida? Lo creas o no, es verdad. Tu vida no carece de sentido. Tus días y aquello que haces (o dejas de hacer) tienen un impacto sobre este mundo, sobre las personas que te rodean y sobre tu familia. Es mentira que nada importa, que lo que tú y yo hagamos no tiene ninguna relevancia. La verdad es que todo lo que nosotras hagamos sí importa.

Conocer tu propósito es absolutamente necesario para enfocarte en "ser" y no solo en "hacer" actividades que llenen tu calendario y te dejen insatisfecha al final del día. Tú debes, debes, debes determinar tu propósito. Es imperativo que esta información esté incorporada muy profundo en tu ser. Tu propósito debe estar arraigado en tu mente, alma y corazón a fin de tomar buenas decisiones que te mantendrán viviendo una vida con propósito, la cual te hará sentir completa, realizada y satisfecha. Conocer tu propósito te permitirá tener un enfoque en la vida. Sin un sentido de propósito tu vida estará a la deriva. No fuiste especialmente calificada, dotada ni puesta en este tiempo de la historia para simplemente vagar por este mundo. ¡No desperdicies tu vida!

No fuiste destinada para hacer *todo*, pero fuiste destinada para hacer *algo*. Quizá te parezca abrumador pensar en ese propósito por el que fuiste creada, pero verás que vivir con un propósito es en realidad más fácil, en muchos sentidos, que vivir tu vida a la deriva. Créeme. Vivir una vida con propósito es difícil, pero la vida será difícil de todos modos. Haz que valga la pena. He aquí otra manera de verlo: dado que lo que haces importa, lo que no haces también importa.

Para descubrir tu propósito, comienza por el final de tu historia en esta tierra. En tu funeral, ¿qué dirá la gente acerca de tu vida? En el fondo de tu corazón, ¿qué quisieras que dijeran de ti, de lo que viviste, de las huellas que dejaste? Piensa por un instante sobre ello. ¿Qué quisieras que la gente dijera o por qué quisieras que te conocieran al final de tu existencia? Ahora, considera esto: si partieras de esta tierra mañana, ¿te recordarían realmente de la manera en que quisieras que lo hagan? Es hora de ser honesta contigo misma.

Le he pedido a mi familia que coloque en mi lápida la siguiente inscripción: "Mantuvo a familias unidas, comenzando por la propia". Este es mi propósito. Es la razón por la que he sido especialmente cualificada y me ayuda a guiar las decisiones que tomo sobre cómo invertir mi tiempo. Como sucede con muchas de nosotras, comencé a pensar sobre mi propósito a una edad temprana. Pero a otras les resulta difícil identificar su propósito. Así que en este capítulo te proporcionaré pasos clave para diseñar un plan para vivir con propósito. Sin embargo, estos pasos serán útiles solo si decides tomar medidas inmediatas. En tal caso, te asegurarás de vivir con propósito tu mañana y el resto de tu futuro, el cual te hará vivir una vida más gratificante.

Descubre tu porqué

Nuestro propósito está delineado por nuestras experiencias individuales, comenzando en la niñez. Las circunstancias y sentimientos, desde que somos niños pequeños, forman nuestra visión del mundo. Cuando mis padres se estaban divorciando, me dijeron que teníamos que ir al tribunal a hablar con el juez y responder algunas de sus preguntas. Todavía puedo recordar dónde me había sentado aquella mañana y dónde estaban mi mamá y mi papá. Recuerdo llorar mientras miraba a los adultos hablar entre sí.

Me sentía tan triste. La familia que tanto amaba estaba ahora destruida. No sé cuánto tiempo pasó, pero yo seguía esperando mi turno para decir algo. Sin embargo, nunca tuve esa oportunidad. Antes de darme cuenta, el juicio había concluido, y me sacaron de la sala del tribunal. En aquella mañana se tomaron decisiones que afectaron mi futuro; pero nunca me preguntaron nada. No tomaron mi voz en consideración. La gente quizá diga que era demasiado joven para participar, pero a pesar de ser una niña, tenía algo que decir, quería que alguien me escuchara. Pero aquel día nadie lo hizo.

Cuando salimos del tribunal, me dije a mí misma que algún día ayudaría a los niños a ser escuchados y a evitar que las familias se separen, como había sucedido con la mía. Esa experiencia plantó una semilla en el centro de mi ser, la cual florecería cuando me convirtiera en una madre que defendería a sus hijos a capa y espada y cuando eligiera la profesión de ser abogada, una profesión que me permitiría hablar por familias inmigrantes que muchas veces no tienen voz.

Se volvió aún más claro que debía asistir a la Facultad de Derecho y graduarme de abogada, cuando mis abuelos insistían en que cuando creciera y fuera a la universidad, sería doctora o abogada. Realmente no me dieron otras opciones. Es increíble que cuando todo el tiempo se nos dice que podemos hacer algo, llegamos a creer que podemos.

Cuando mis hijos crecieron, finalmente tuve la oportunidad de asistir a la universidad con la meta de convertirme en abogada especializada en leyes de familia. Después de graduarme, fue una bendición que el decano de la Facultad de Derecho, Robert Ackrich, me ofreciera un puesto en su oficina de leyes de familia. Estaba muy agradecida y emocionada, ya que finalmente podía ayudar a las familias y asegurarme que los niños fueran oídos. Sin embargo, cuando comencé a ir a los tribunales desperté a la realidad, ya que representar a las familias durante un divorcio es muy doloroso porque la mayoría de las veces los adultos están muy heridos, con mucha ira y un gran deseo de pelear. Desafortunadamente sus sentimientos generalmente destruyen más el núcleo familiar, en lugar de mejorar la situación, y los que sufren más son sin duda los niños. Admiro a los abogados que pueden trabajar ante esta dura realidad de forma cotidiana. Yo no pude.

Mientras asistía a la universidad, mi madre siempre me decía que debía convertirme en abogada de leyes de inmigración. Mi familia había luchado con el temor de la deportación durante algún tiempo, pero yo ni siquiera consideré la posibilidad de optar por esa rama. En la universidad a menudo oía que las leyes de inmigración, junto con las leyes de impuestos, eran las ramas del derecho más complicadas. Dado que siempre había imaginado estudiar derecho de familia, ni siquiera tomé la clase optativa de leyes de inmigración. No obstante, cuando descubrí que las leyes de familia no eran para mí, el mismo decano que me había contratado, uno de mis mentores, me conectó con uno de sus colegas que ejercía la defensa en las leyes de inmigración y tenía un puesto vacante. Asistí a una entrevista y me contrató en el acto.

Cuando acudí por primera vez a un tribunal de inmigración, mi corazón se llenó de alegría, había encontrado mi destino. Miraba a la abogada defensora de inmigración hablar con la jueza y con la abogada de gobierno en representación de su cliente y luchar por sus derechos. Me encantaba aquello que observaba. Quería hacer lo mismo. Quería hablar en representación de aquellos que no pudieran hablar por sí mismos. Como abogada en leyes de inmigración, como defensora de familias inmigrantes, finalmente, pude ser una voz para los que no tenían voz.

He estado trabajando como abogada de inmigración por más de una década, y es un privilegio tan grande levantarme cada mañana y hacer lo que amo. Permíteme parafrasear lo que una vez le oí decir al periodista Larry King: yo no he ido a trabajar durante los últimos quince años de mi vida. Cada día cuando parto de mi hogar, salgo para vivir mi pasión, la cual me da una sensación increíble de realización.

Mi propósito es el porqué hago lo que hago. Y todo comenzó con una experiencia muy dolorosa durante mi infancia que me ayudó a encontrar mi propósito. Lucho para mantener a familias unidas, comenzando con la mía.

¿Qué experiencias te han impactado? ¿Qué te apasiona? ¿Qué te hace sentir satisfecha? ¿Qué causa te toca tan profundo el corazón que hasta te hace llorar? Fuiste llamada para usar tu composición única y tus experiencias de vida para cambiar todo aquello que te conmueve. Ten siempre presente, tú no eres responsable de arreglar cada problema en el mundo, pero sí fuiste destinada para hacer algo que haga a este mundo mejor.

¿Qué conmueve tu corazón? ¿Cuáles son las cosas "malas" en este mundo por las que vale la pena dedicarte por completo a ayudar para hacerlas "mejores"? ¿Qué diría tu mejor amiga, tu madre o tu hermana sobre todo aquello que más te apasiona? Pregúntales. A veces los demás nos ven con mayor claridad de lo que nos vemos a nosotras mismas hasta que silenciamos las mentiras en nuestras cabezas. ¿Alguna vez alguien en quien confías plenamente te dijo: "Siempre creí que terminarías siendo _____"? Puede que haya algo de verdad en la percepción que tengan de ti y de cuáles sean tus pasiones.

Cómo conocer tu propósito

Es de gran importancia que pienses detenidamente qué te apasiona y conozcas y ejerzas tu verdadera identidad, cuando consideres tu propósito. Pregúntate:

¿Qué me hace feliz?
¿Qué disfruto de verdad?
¿Qué me satisface espiritualmente?
¿Qué me revitaliza?
¿Qué me anima a seguir adelante?
¿Qué es lo que me anima a levantarme cada mañana?
¿Qué huella quiero dejar en este mundo?
¿Qué ejemplo de vida le quiero dejar a mis próximas generaciones?

Si vuelves a examinar mi propósito, notarás la razón por la que hago mi trabajo: para mantener a familias unidas. Me hace feliz (incluso cuando los casos no concluyen como espero, sigo con ánimo para seguir luchando), me llena de energía (incluso en los días muy largos y cuando estoy cansada), me anima a levantarme en la mañana y es el legado que quiero dejar en este mundo. Sí, lucho para mantener a familias unidas, comenzando con la mía.

Mi propósito es el mismo hoy, cuando ejerzo el derecho y participo informando en televisión y en mis redes sociales, que cuando estaba recién casada y me quedaba en casa con mis hijos. Y seguirá siendo el mismo cuando pase a la siguiente etapa de mi vida. Si trazas una línea a través de todo lo que hago con mi tiempo, verás que contribuye a este propósito.

¿Cómo están conectadas todas las actividades a las que le dedicas tu preciado tiempo en estos días? Busca qué clase de trabajo elegirías (como por ejemplo cosmetología, enseñar, animar o restaurar) o un grupo de la población a la que te sientas atraída (tales como las madres, los adolescentes, los soldados, los ancianos o las familias).

Si te encuentras cambiando de un tipo de actividad a otra completamente diferente (como ser voluntaria en el refugio para indigentes un sábado al mes y dedicar los demás sábados yendo de compras), probablemente estés bastante ocupada, pero no te encuentras viviendo con propósito.

Si no encuentras una conexión evidente entre las actividades en las que participas durante tu tiempo libre, piensa más en general. ¿En cuáles de las actividades que realizas usas tus dones y talentos específicos? ¿Y a qué grupo de la población te sientes más atraída? Recuerda, no se supone que hagas todo, pero debes hacer algo. Encuentra ese algo.

La mentira de la insignificancia

Espero que estés empezando a ver las conexiones y a identificar tu propósito: la respuesta a "¿Para qué estoy aquí?". Ora al respecto, pregúntale a Dios. Dios no te lo está ocultando. ¡Él quiere que tú también lo sepas!

Al pasar por este proceso de descubrir tu identidad, ten cuidado con la mentira de la insignificancia. Esta mentira te dirá que no eres buena para nada, que no tienes tiempo para hacer nada más, o que no tienes nada especial que ofrecer, en otras palabras, que tú no eres importante.

Mujer victoriosa, debes sostener tu escudo de la fe y tomar el poder del propósito intencional. No puedo hacerlo por ti. Nadie puede. Podría escribir un libro de un millón de palabras o ir a tu casa y tratar de convencerte de que tienes un propósito, pero no ayudará si tú no te unes a la lucha como una mujer victoriosa y usas tus recursos al creer, sin ningún lugar a duda, que tienes un propósito y que tu vida tiene sentido.

Persevera

¿Recuerdas la última vez en que estableciste algunas metas en tu vida? ¿Recuerdas cuán emocionada te encontrabas, cuán motivada y cuán bien te sentías al avanzar hacia la realización de tus metas? ¿Por qué tantas veces emprendemos un gran comienzo después de establecer una meta, pero nunca la alcanzamos? Porque nos rendimos. La única manera de alcanzar tus metas es perseverando. Y para permanecer firme, debes caminar y vivir con la perseverancia como tu mejor amiga que camina mano a mano con tu propósito. Si careces de propósito, no podrás perseverar. Y si no perseveras, regresarás al mismo lugar donde comenzaste, obteniendo los mismos resultados.

No te aferres a la mentira (la excusa) que estás demasiado cansada para continuar avanzando hacia tus metas. La verdad es que tú siempre tendrás fuerzas para todo aquello que consideres importante. A veces tendrás que trabajar muy duro por un período para alcanzar tus sueños, y esa clase de esfuerzo puede exigirte mucho. Sin embargo, si todos los días estás demasiado cansada para llevar a cabo aquello que sirve a tu propósito, probablemente estás desperdiciando tu vida invirtiendo tu precioso tiempo en actividades incorrectas.

¿Crees la mentira de que no tienes los recursos que necesitas? ¿Le crees a Dios? ¡Él ha prometido concederte todo lo que necesitas![1] ¿Estás usando con sabiduría los recursos que Dios te ha proporcionado? ¿O estás escuchando la mentira de que tu vida no tiene sentido y gastando tu energía, tu tiempo y tu dinero en actividades que no sirven a tu propósito?

Si tú y todo lo que haces no importaran, ¿por qué tendrías tantas dificultades para descubrir tu propósito y perseverar hasta alcanzar tus metas? Claramente, existe un mundo allí afuera que necesita de tu ayuda. Y tú puedes lograr vivir con propósito como una poderosa mujer victoriosa. Aunque las mentiras fueron desatadas contra ti y tal vez te han invadido, nunca es tarde para decidir y tomar acciones para pulverizar esas mentiras con la verdad. Es tiempo de luchar activamente con los recursos que te han sido concedidos. Esto incluye conocer tu propósito, el cual derrota la mentira de la insignificancia. Tú tienes un importante trabajo que hacer en este mundo, ¡pon manos a la obra!

De ninguna manera constituye una tarea fácil ejercer mi profesión. La parte más difícil de mi trabajo es cuando tengo que decirle a una familia que su caso ha sido denegado. Pero, ¿sabes qué? Soy conocida por ser una mujer victoriosa que no se rinde. Siempre le digo a estas familias que forma parte de mi responsabilidad profesional mantenerlas actualizadas sobre el caso. La denegación del mismo no significa que mi equipo ni mi trabajo se detendrán. Les digo a estas familias: "Si nos permiten, vamos a continuar luchando en su nombre". Y eso hacemos. ¿Sabes por qué? Porque conozco el poder de la perseverancia.

Se ha dicho que la *perseverancia* es mi segundo nombre, y puede decirse lo mismo de cada miembro de mi equipo. Perseveramos porque nos guía nuestro propósito; el mismo siempre está presente en nuestras mentes. Cada persona en nuestro equipo es un guerrero victorioso que sabe que necesitamos hacer justicia a las familias que representamos. Trabajamos duro cada día y hacemos nuestro trabajo con tanta pasión porque nuestro propósito es ayudarlos a encontrar justicia y a mantener a sus familias unidas.

Sé que nací en esta tierra para luchar por los derechos de otros. Estoy aquí para contribuir diariamente al objetivo valioso de mantener a familias unidas, y me encanta hacerlo sabiendo que la perseverancia es mi muy buena amiga.

Tu misión: el qué y el para quién

Si el propósito puede describirse como por qué hago lo que hago, entonces una misión puede describirse como qué hago y para quién lo hago. Creo que mientras tu propósito permanece constante a lo largo de tu vida, tu misión es específica según las funciones que cumplas (madre, hija, esposa, empleada, empresaria, etc.) y la etapa en la que te encuentres.

Tú y yo tenemos diferentes responsabilidades en las diferentes etapas que vivimos. Cuando eres joven y soltera tienes diferentes oportunidades, que cuando tienes hijos pequeños o cuando tus hijos son mayores. Cuando tus padres comienzan a envejecer o tienes nietos, las situaciones vuelven a cambiar. Del mismo modo, la manera en que vives tu propósito va cambiando a lo largo de tu vida. Mientras que tu propósito sigue siendo el mismo, tu misión cambiará para adaptarse a las diferentes etapas que transitas.

Hace veintisiete años, me encontraba en una etapa diferente a la que estoy ahora. Estaba en mi casa con mis hijos casi todo el tiempo. Mi mayor deseo era ser mamá, una mamá fabulosa, una que estuviera presente para sus hijos para inculcarles los mejores valores posibles. Deseaba hacer lo que una madre debe hacer por sus hijos: cuidarlos, protegerlos, defenderlos, darles amor incondicional, seguridad y la confianza sana en sí mismos. Ahora estoy disfrutando el privilegio de tener una familia maravillosa que me apoya en mi profesión. Es el apoyo de mi esposo y de mis dos hijos. Ellos me ayudan a ser una mujer feliz con mi propia familia y ser la abogada reconocida que soy hoy, mientras que también cumplo con mis responsabilidades de educar a familias inmigrantes acerca de sus derechos, a través de las redes sociales y como comentarista legal en televisión.

Durante la época en que me quedé en casa con mis hijos menores, mi propósito era el de mantener a familias unidas, pero mi misión era invertir la mayor parte de mi tiempo en mis niños y mi esposo. Establecimos un día de la familia, que por lo general era el domingo, y pasábamos juntos ese día. Casi tres décadas después, todavía está vigente el día de la familia. Esa es una misión que he podido mantener a través de las diferentes etapas de mi vida.

Mientras que mi propósito sigue siendo el mismo, mis misiones son diferentes. Mis hijos ahora son adultos y requieren menos de mi tiempo. Así que, como parte del propósito de mantener familias unidas, ahora mi misión consiste en educar a las familias en mi comunidad acerca de sus derechos. Esta misión colabora con mi propósito. Incluso al trabajar en esta misión, todavía mantengo unida a mi familia.

Mi hijo mayor, JP, más conocido como mi *sonager* —mi hijo mánager—, es el director creativo de nuestro departamento de medios. Él se asegura de que nuestro departamento de medios esté constantemente avanzando y cumpliendo nuestra misión de proveer a la comunidad recursos educativos. JP es una de las razones principales por la que pude conectarme con millones de personas en internet. En la medida en que el seguimiento de nuestras redes sociales comenzó a aumentar, nos dimos cuenta de que necesitábamos ampliar los contenidos para incluir información en inglés. Habría sido imposible para mí agregar más compromisos a mi agenda. Pero afortunadamente, JP estuvo de acuerdo con encargarse también de ese aspecto de los contenidos. Ahora puedo trabajar con mi familia a mi lado para cumplir mi misión profesional de educar a millones de familias inmigrantes para conocer sus derechos y ejercerlos para así mantener a sus familias unidas.

Como ya mencioné, creo que es importante darnos cuenta de que todas atravesamos diferentes etapas en la vida, y es importante prepararnos para afrontar esa realidad. Algún día, quizá ya no salga tanto en televisión, todo va a estar bien en mi alma porque entonces comenzaré una nueva etapa con diferentes misiones. Diferentes misiones que sin lugar a duda colaborarán con mi propósito, con mi llamado en esta tierra. Tenemos que estar preparadas. No todas las etapas duran para siempre. Las disfrutamos, maduramos a través de ellas, damos lo mejor de nosotras y luego avanzamos a la siguiente etapa. No tengo idea de cómo será la próxima etapa, pero te aseguro que mi misión continuará contribuyendo a mi propósito de mantener familias unidas.

No escuches la mentira que dice que esta etapa de tu vida no tiene sentido, que tu propósito tiene que, de alguna manera, quedar en espera. Ataca esa mentira con tu poder de propósito intencional. Tú tienes toda tu vida para cumplir tu propósito. No sientas desesperación o temor de que nunca podrás hacer algo con los deseos, sueños o metas que arden en tu interior. Toma tu escudo de la fe, tu poder de hacer valer tu verdadera identidad y

> ## Ojo —*Sidebar*—
>
> Por favor escúchame. Presta mucha atención, es importante que sepas esto: probablemente quieras hacer cosas importantes que jalan tu corazón y ocupan tu mente; sin embargo, quizá no te encuentres en la etapa correcta para concretar esa misión en particular. Si estás en la etapa de criar hijos pequeños, quizá no tengas el tiempo de hacer lo que hace una mujer soltera o una madre con hijos mayores. Tranquila, no te exasperes. Créeme cuando te digo que la mejor inversión de tu tiempo es en tus hijos. Ellos nunca volverán a ser niños, cada minuto que inviertas en ellos te dará dividendos incomparables. Algún día tendrás tiempo libre. Haz lo que puedas con aquello que tengas y en donde te encuentres ahora mismo.

tu poder de propósito intencional, y cambiarás el mundo. Tú eres importante, y Dios tiene un plan para tu vida.

No tienes que cumplir tus sueños y pasiones de inmediato. Respira. Desecha la mentira de que lo que estás haciendo ahora mismo carece de sentido y descubre la verdad sobre lo que tú puedes ser hoy, según tus circunstancias. La esencia de tu propósito no cambiará.

Cuidado con tener demasiadas misiones

Resulta muy posible tener más de una misión guiándote en tu búsqueda por cumplir tu propósito. Pueda que tengas algunas en tu vida personal, algunas en tu carrera y otras en tu servicio a la comunidad. Pueden volverse abrumadoras demasiadas misiones al mismo tiempo, así que necesitas controlar en cuántos proyectos te estás involucrando. He sido capaz de llevar adelante varias misiones basadas en mi propósito de mantener a familias unidas: mi trabajo jurídico, mi trabajo en la televisión y, lo más importante, mi compromiso con mi propia familia. Sin embargo, estoy siempre tentada a aceptar todavía más misiones, y debo prestar atención a mi tendencia de distraerme con los nuevos "objetos brillantes" que se presentan ofreciendo una nueva manera para cumplir mi pasión de mantener familias unidas.

Créeme, algunos de esos objetos brillantes son muy gratificantes para el ego negativo, pero si me detengo y oro sobre lo que Dios quiere de mí, por lo general recibo un mensaje claro para quedarme en mi camino y permitir que los planes de Dios me encuentren a su debido tiempo. "Quédate quieta, y conoce que yo soy Dios",[2] como declara la Biblia, son palabras que el Espíritu Santo suele susurrar a mi oído a menudo. Dichas palabras son una de las razones de por qué he esperado tanto para publicar y promocionar este libro. Sabía que era otra misión que perseguiría, pero tuve que esperar a que mis hijos se graduaran de la universidad y que mi bufete de abogados se estableciera lo suficiente como para ausentarme para la gira del libro y para empezar esta nueva etapa.

Estoy muy agradecida con el pastor Jim Tolle y la pastora Rosa María Castillo por creer lo suficiente en mi historia como para invitarme a contarla en una de sus conferencias para mujeres. Mil doscientas mujeres asistieron. Una vez concluida la conferencia, tuve la oportunidad de conocer a muchas de ellas y me pidieron un libro que contara mi historia. Les dije que esperaría el tiempo perfecto de Dios. Estoy muy contenta de haber esperado la agenda divina de Dios, en lugar de adelantarme a su voluntad. Me emociona emprender esta nueva misión que está emergiendo mientras preparo el lanzamiento de este libro, sin embargo, soy consciente de que puedo completar esta tarea solo si reduzco el tiempo que invierto en las otras misiones. Como mencionaré a detalle en el capítulo 10, he aprendido esta lección de una manera difícil.

¿Estás disponible para vivir con propósito?

Al comenzar a notar las oportunidades para cumplir tu propósito dentro de la etapa en la que te encuentres, pueden detenerte dos distracciones: las ocupaciones y los temores.

Ocupaciones

Ocupada es un término que utilizamos todo el tiempo para describir nuestras vidas. Estamos demasiado ocupadas. Estamos sobrecargadas. Estamos excedidas. Tratamos de hacer demasiado. ¡Hay tantas cosas "buenas" que debemos hacer!

He aquí el problema: literalmente *no puedes* hacer todo lo que te pidan, incluso todo lo que quieras hacer. No puedes. Que te pidan hacer algo no es lo mismo que hacer algo que debes hacer. Lee esto otra vez. El hecho de que alguien te pida que hagas algo no significa que lo tienes que hacer. No creas la mentira de que por estar ocupada tú tienes más valor. Llenar tu agenda cada vez con más compromisos solo hace que tu vida sea más ajetreada y estresante. ¿Les gritas a tus niños que se den prisa o enloqueces al darte cuenta de que llegarán tarde otra vez? O peor aún, ¿eres conocida por tus colegas como la que siempre llega tarde? ¡Qué vergüenza! Ser una mujer ocupada no te convierte en una mejor persona. Solamente te impide estar disponible para vivir intencionalmente con un propósito y misión. ¡Ouch! Otros pueden hacer lo que tú haces. Déjalo. Haz aquello que solo *tú* puedes hacer.

Es aquí donde conocer tu propósito y entender tu misión en la etapa en que te encuentres te ayudarán a tomar decisiones sabias. Cuando conoces tu propósito puedes tener tus misiones claras, y saber qué aceptar y qué oportunidades rechazar. Cuando conoces tu propósito y tus misiones, es fácil rechazar compromisos que no te ayudarán a alcanzar tus metas. Y encontrar tiempo para cumplir tu misión de pronto se vuelve más sencillo. Recibo invitaciones para muchos eventos y almuerzos. A menudo, me pregunto: "¿Asistir me ayudará a vivir con propósito, cumplir alguna de mis misiones, o con alguna de mis metas?". De lo contrario, rechazo la invitación.

Aprendí el siguiente consejo de uno de los mensajes del pastor Michael Yearley: "Revisa tu agenda, tu calendario muy a menudo". No te dije que mires tu calendario, sino que lo revises. Que revises cada uno de tus compromisos agendados. ¿En dónde inviertes tu tiempo y tus recursos cada semana? Nuestras agendas son una buena manera de darnos cuenta de cómo y dónde estamos invirtiendo nuestro valioso tiempo. Examina cada actividad y tiempo invertido para ver si están alineados con tu propósito y con tus misiones actuales. De lo contrario, ¿qué puedes recortar de tu agenda? Sí, es posible salirte de las actividades y compromisos. De hecho, necesitas hacerlo para que te permita tener el tiempo suficiente para alcanzar tu propósito. Una vez escuché decir: "Si Satanás no puede destruir tu vida, intentará que la mantengas ocupada. Pero si aprendemos a rechazar lo bueno, lograremos decir que sí a lo mejor que Dios nos envíe".[3]

Temor

La segunda distracción es el temor. Dejar que el temor gane puede cambiar tu rumbo. El temor te impide vivir con propósito y con misión. La gente suele preguntarme cómo comencé con la televisión, y les digo que tuve que vencer mis miedos y decirle que sí a una oportunidad. El temor casi me imposibilita ejercer mi misión profesional por televisión de educar a familias inmigrantes sobre sus derechos. Una misión que va mano a mano con mi propósito. Tengo el privilegio de conocer a cientos de familias cada año. Ellos me dan un fuerte abrazo y me dicen que me siguen en Facebook, Twitter e Instagram, y miran mis videos semanales de YouTube y los segmentos televisivos. Soy bendecida al saber que puedo impactar a estas familias de manera positiva al educarlas sobre sus derechos. Considero el hecho de poder interactuar con mis seguidores en las redes sociales y en la televisión como un gran honor que tomo con mucha responsabilidad y que me motiva a darle a cada familia lo mejor de mí. Realmente disfruto la oportunidad que se me ha dado para hacer esto. No obstante, debes saber que no es algo que sucedió por casualidad.

Hace alrededor de quince años, cuando recién comenzaba mi carrera jurídica, recibí un correo electrónico de una asociación de profesionales a la que pertenezco, invitando a los abogados a asistir a un programa organizado por Univision. La invitación se extendía a los abogados de habla hispana, para responder llamadas de los espectadores que tuvieran preguntas sobre las leyes de inmigración. Cuando leí la invitación, la primera impresión fue que ese correo no era para mí. No podría serlo porque carecía de suficiente experiencia para participar en esta clase de programas. Había realizado algunas entrevistas para canales de televisión en español, pero esto era diferente. Tendría que responder pregunta tras pregunta por parte de la audiencia, y me decía una y otra vez que no podría hacerlo. En ese entonces ya había dado comentarios legales en algunos canales de televisión, pero esta oportunidad era algo diferente, era un gran reto. Los días pasaban, y estaba convencida de que no iba a asistir. De hecho, leía el correo electrónico todos los días previos, y seguía con los mismos pensamientos. Estaba temerosa de asistir y no hacer un buen trabajo, y creía que no iba a poder ayudar a la gente. La noche previa al programa estaba revisando mi agenda del día siguiente con mi esposo y le conté acerca del correo electrónico. Le dije que no acudiría porque quería tener más experiencia antes de asistir a esa clase de programas.

Él pudo ver los misiles de temor y duda volando hacia mí, y muy sabiamente me preguntó: "¿Qué haces ahora cuando alguien te hace una pregunta con cuya ley no estás familiarizada? ¿Le dices a la persona: 'Todavía no estoy preparada para usted'? ¿Qué haces?". Le dije que la mayoría de las veces tomo mi libro de códigos de las leyes de inmigración y el *Kurzban's Immigration Law Sourcebook* —una guía de referencia que todos los abogados de inmigración utilizan como ayuda en su investigación—. Yo utilizo estos recursos porque me ayudan a encontrar la respuesta pertinente y a entender qué se podría hacer en su situación. Mi marido me preguntó: "¿Entonces por qué no llevas los libros contigo y lo intentas?".

Le contesté que no me sentía preparada. En realidad, tenía miedo de hacer el ridículo. Tenía miedo de presentarme y no hacerlo bien y que las personas que llamaran y los organizadores del programa pensaran mal de mí. Mi esposo pudo detectar que mis respuestas se basaban en el temor. Él sabía que estaba temerosa. Entonces me dijo lo mismo que me ha estado diciendo por años cuando se da cuenta de que tengo miedo de aceptar una tarea difícil. Él afirmó: "Sabes que a donde quiera que vayas, no estás sola, ¿cierto? Dios camina justo a tu lado como una bola de fuego lista para hacer lo que sea necesario para que tu luz resplandezca. Ve y haz resplandecer tu luz. Ve y haz lo que siempre sabes hacer, demostrarle al mundo que con Dios todo lo puedes. Ve y presta asesoramiento a esas familias". ¿Qué te puedo decir? Dios me *engríe* (mima) tanto, me demuestra diariamente que soy su consentida y me ama tanto, tanto, pero tanto que hace treinta y un años me mandó a mi mejor *coach*, mi Javier.

Después de ese consejo tan maravilloso y sabio para recordarme mi misión de educar a las familias inmigrantes acerca de sus derechos y que Dios me ha dado una luz única que espera que haga resplandecer, decidí asistir. Levanté mi escudo de la fe con una mano temblorosa y el poder del propósito intencional con la otra, y fui al programa.

Te cuento. Llegué con mi libro de códigos y un cuaderno. Me asignaron un cubículo con un teléfono en medio de, por lo menos, otras veinte cabinas, y estaba rodeada de, al menos, una docena de colegas con mayor experiencia que yo. Tenía tanto miedo de levantar el teléfono que consideré marcharme. Sin embargo, recordé las palabras de mi esposo y tuve el valor de responder mi primer llamado, y no estuvo tan mal.

Mientras entraba una llamada tras otra, comencé a hablar con personas reales y cuyos problemas eran reales. Y para mi sorpresa, podía responder la mayoría de sus preguntas. Usé mi libro en algunas ocasiones, pero a la gente no le molestaba esperar porque sabía que estaba dispuesta a ayudar. Esa noche un periodista me entrevistó sobre el programa, y tuve la oportunidad de conocer a gente del canal de televisión, que luego me consideraron para un segmento de asesoramiento jurídico.

Ya ha pasado más de una década desde aquella noche. ¿Puedes imaginarte qué gran oportunidad me habría perdido si hubiese dejado que el temor me impidiera asistir a ese lugar? Conocer mi propósito, mi misión y mi identidad, y levantar mi escudo de la fe, me ayudaron a pulverizar el poderoso efecto del temor. Mi propósito y mi misión me dieron el valor para aceptar una oportunidad que me asustaba, y eso abrió una puerta nueva para seguir cumpliendo con mi propósito.

¿Has rechazado una oportunidad para la que creíste no estar preparada, pero estaba alineada con tu propósito y tu misión en la etapa actual de tu vida? Muchas veces no es el tiempo correcto para aceptar un compromiso o una oportunidad, pero el temor no debería nunca ser la razón por la cual la rechaces. De hecho, cuando sientas miedo, recuerda que su origen es una mentira que trata de hacerte sentir insignificante e indefensa. Niega la mentira y descubre la verdad. Es cierto, tenía miedo porque creía que no sería lo suficientemente capaz para hacer un buen trabajo. Pero contaba con todos los recursos que necesitaba. Responde a la mentira del temor o la duda con los medios fácilmente disponibles: la fe, tu verdadera identidad y tu propósito intencional.

Cómo alcanzar tus metas

Las metan van de la mano con el propósito y la misión. Tienes tu propósito (el porqué) y tu misión (el qué y el para quién de tu propósito en esta etapa de la vida); ahora necesitas tus metas (el cómo). Las metas ayudan a definir las medidas que necesitarás tomar para cumplir tu propósito.

Permíteme ejemplificarlo de este modo. Cuando vine a los Estados Unidos, a la edad de catorce años, no hablaba mucho inglés, y sabía que tenía que aprender el idioma para gozar de todas las oportunidades que este país me ofrecía. Cuando llegué, trabajé en diferentes fábricas durante el día, y de noche asistía media jornada a la escuela. Me propuse la meta de aprender una palabra en inglés cada noche —el significado y la pronunciación— y luego la practicaría al día siguiente en una oración. Eran palabras sencillas, pero me ayudaban a ampliar mi vocabulario.

Las metas le dan sentido a lo que hagas con tu tiempo cada día. Digamos que quisieras escribir un libro. Incluso si tienes una computadora, las habilidades adecuadas, el deseo y una historia, todavía te hará falta un elemento crucial: una meta. Sin una meta, antes de darte cuenta los meses habrán pasado y tú habrás escrito solo un par de páginas. Cuando revises tu agenda, verás que aceptas un montón de compromisos que no se alinean con tu misión de escribir un libro. No podrás convertirte en una autora realizada si pasas todo tu tiempo libre yendo a almuerzos, consultando las redes sociales, viendo televisión o conversando con tus amigas. Necesitas enfocarte y hacer sacrificios para lograr tu meta de convertirte en autora. Aun si hubieras escrito varias páginas, sin una meta corres el riesgo de abandonar el proyecto a mitad de camino cuando el proceso de escritura se vuelva difícil. Debes tener un plan y una fecha en la cual cumplir tu meta. No dejes que tus sueños queden sin cumplir. Encuentra a personas dispuestas a darle seguimiento, y rechaza todo lo que no sirva a tu propósito ni a tu misión actual.

¿Alguna vez te has hecho propósitos o has tomado resoluciones en Año Nuevo? La mayoría de las personas los hacen. Algunos de los más comunes son adelgazar, mayor formación académica, dejar de fumar o ahorrar más dinero. Para mediados de febrero, los gimnasios vuelven a estar vacíos y las ventas de los cigarrillos aumentan. Es una pena, ya que la mayoría de los propósitos se tratan de buenos ideales que ayudarían a las personas a llevar un modo de vida más satisfactorio. Pero una resolución es solo un deseo. Es como decir: "Desearía estar más en forma". Los deseos, si no actuamos, no generan ningún resultado. Tanto las resoluciones como los deseos no son SMART (inteligente). Para que un deseo tenga el poder de lograr algo, debe tener ciertos atributos. Por muchos años he usado el sistema SMART para fijar metas. El acrónimo (en inglés) fue acuñado por primera vez por el asesor comercial George T. Doran en 1981 y hoy, por lo general, significa: específico (*specific*), medible (*measurable*), alcanzable (*achievable*), realista (*relevant*) y programado (*time-oriented*).[4] Los deseos se tornan en metas cuando se vuelven SMART.

He aquí un ejemplo realista. Digamos que tu propósito (tu porqué) es alfabetizar a niños, y en la etapa en que tienes dos hijos de edad escolar decides que tu misión (tu qué y para quién) es donar libros a un centro comunitario local. Estableces tu meta (tu cómo) de donar quinientos libros para fines del año escolar. Hasta ahora, tu meta es específica, medible y programada. ¿Es realista? Sí, has hablado con el bibliotecario de la escuela y encontrado una fuente que te proveerá de cien libros para donación y ya has conseguido que diez clases traigan cuarenta libros cada una. Has considerado tus recursos (los administradores de la escuela y los maestros a quienes puedes pedirle ayuda), tu tiempo y tu energía, y sabes que esta meta es alcanzable. Tu deseo se convierte en tu meta cuando aplicas un método, como el SMART.

Este ejemplo no es una misión complicada, pero quería utilizarlo, a fin de que puedas ver cuán efectivo puede ser para ti el poder del propósito intencional. Las metas están cargadas de intenciones.

Tu poder del propósito intencional derrotará los pensamientos negativos como: "Mi deseo nunca se cumplirá", "Tu idea es demasiado difícil para ejecutarla" o "Es un obstáculo insuperable". Usa las metas para afinar tu propósito intencional y para relucir tu escudo de la fe, a fin de derrotar el temor y la duda. Fijar metas constituye una herramienta poderosa que te ayudará a vivir con propósito.

Cada año, en mi cumpleaños, me propongo nuevas metas. Siempre alineadas a mi propósito. Escribo metas espirituales, metas familiares, metas orientadas a la salud, metas profesionales y metas de diversión, en diferentes columnas. Lo hago así porque soy una persona visual, y me ayuda a ver todas mis metas al mismo tiempo. A lo largo del año, reviso esas metas y mido mi progreso. Las cambio a medida que el año avanza, según el progreso que haya hecho. Una vez escuché una presentación que me desafió a leer mis metas en la mañana, en la tarde y en la noche, para recordarme tres veces por día a dónde me estoy dirigiendo. No he podido lograrlo, pero sí reviso mis metas semanalmente. En el capítulo 10 te contaré más acerca de una cita que tengo cada semana, mi propia *date night* o la cita conmigo misma, para revisar mis metas, mi economía, mis sueños, lo que quiero y no quiero en la vida. Escribir y revisar tus metas te ayudarán a enfocarte y a apuntar al blanco que quieras acertar.

Ya puedo escuchar a algunas de ustedes decir: "Pero no tengo tiempo para fijar metas". Seamos honestas. Estoy segura de que tuviste tiempo para leer una revista que no te aporta nada a cambio o mirar un programa de televisión o navegar en internet. *¡Encuentra el tiempo!* Invierte tu tiempo en ti misma. Es imperativo si quieres hacer más que ir a la deriva por la vida.

Si recortas actividades de tu agenda, vendrán otros compromisos para ocupar el espacio. Así que, piensa en qué quieres ocupar tu tiempo. Es como si te dieran un obsequio, un regalo, un presente, tu presente es tu tiempo para usarlo como te plazca. ¿Tienes alguna meta que quisieras alcanzar con este tiempo? ¿Qué puedes hacer con este tiempo valioso para apoyar tu propósito? Sé intencional. No solo ocupes el espacio con trabajo o quehaceres. Enfócate en tu ser, en llegar a ser tu mejor versión.

Cultiva la flexibilidad

Como puedes ver, creo firmemente en tener un plan y fijar metas para poder cumplir tu propósito y misión. Sin embargo, debes darte cuenta de que estos son solo nuestros mejores esfuerzos para saber cómo proceder. Puede que Dios tenga otras opciones que no hayamos considerado. Por eso es importante ser flexibles y de mente abierta sobre *cómo* cumplir nuestro propósito.

Cuando te encuentres frente a algo inesperado, no te apresures a juzgarlo como malo o incorrecto. Resiste la tentación de preocuparte si aún no ves exactamente que tus planes se van encaminando. Detente y nota el giro o la curva. Recuérdate tu meta principal: tratar de entender cómo realizar el trabajo importante que Dios puso en tu corazón. Quizá aquello que ves como algo inesperado es en realidad Dios dándote una mejor opción. Muchas veces esas casualidades de la vida son de hecho la manera en que Dios hace un milagro y elige permanecer anónimo. Abrázalas y vuelve a configurar tus metas, procurando en todo momento estar agradecida por la ayuda y la guía inesperadas.

Vivir con propósito es emocionante, pero a su vez difícil. Implica rechazar muchas cosas que deseas hacer. Requiere sacrificios. Requiere persistencia. Requiere de muchísima disciplina para poder decir "no" a otros y, más importante que eso, tener que decirte "no" a ti misma. Habrá momentos cuando te sentirás frustrada por lo que consideras una falta de progreso, mientras esperas a que se hagan realidad tus mayores sueños. Habrá circunstancias que te desafiarán, desviarán y distraerán por un período. Créeme, lo sé.

Por eso es imperativo que cuentes con un plan de batalla —tu propósito, tus misiones y tus metas— incorporado en tu corazón, mente y alma. Un plan de batalla a tu lado te ayudará a vivir de manera plena.

La otra alternativa es escuchar a la mentira de la insignificancia, ignorar tus pasiones y nunca responder a la pregunta: "¿Por qué estoy aquí?". ¿Quieres que al morir tus amigos te describan como la mujer que conocía cada personaje de todos los programas de televisión? ¿O como alguien que estaba siempre ocupada no haciendo nada valioso? De lo contrario, ¡ha llegado tu hora de tomar tu poder del propósito intencional, mujer victoriosa!

Tu poder del propósito derrotará una y otra vez las mentiras que te hacen pensar que lo que eres o haces es insignificante. Lo maravilloso acerca de descubrir tu propósito, trabajar en tus misiones y fijar tus metas es que te conducirán hacia un sentimiento de satisfacción. Hallarás paz y gozo en todo lo que emprendas. Podrás dejar de buscar la paz fuera de ti misma, dejar de hacer o buscar tener más, a fin de sentirte importante, porque estarás verdaderamente viviendo de tu ser. Todo lo que necesitas fluirá hacia ti, y serás capaz de relajarte. Sí, debemos trabajar duro para lograrlo. Pero también podremos experimentar un sentimiento de paz que nos permitirá disfrutar cada momento. Tal como una mujer victoriosa, te sentirás feliz y plena. ¡Qué recompensa tan maravillosa!

PARTE II

Derrota la mentira de la ineptitud

La mentira que eres inepta para cumplir tu propósito es pulverizada cuando aprendes a usar los poderes de las ganas, de la preparación y del discernimiento.

Nada entorpece más nuestra habilidad de caminar con propósito y sentirnos realizadas que la mentira de la ineptitud. Pulveriza este patrón de pensamiento al aprovechar el poder de las ganas, de la preparación y el discernimiento para el uso perspicaz de tus palabras.

Ganas es una palabra que, en mi opinión, describe tres importantes *D*: determinación, dinamismo y disciplina. Tener ganas se puede comparar con usar un par de gafas tridimensionales; unas gafas que te ayudan a mantenerte enfocada 24-7. Así que se podría decir que las ganas te dan una "visión 3D". Una visión tridimensional.

Las ganas, combinadas con la convicción y la acción, producirán resultados poderosos en ti. Quizá quieras recordarlo de este modo: ganas + convicción + acción = resultados inimaginables. Esta es la fórmula con la que una mujer victoriosa necesita crear un plan de acción preciso para lograr su propósito en la vida y hacer lo que sea necesario para cumplir sus sueños.

La preparación es una de las mejores aliadas de una mujer victoriosa. Una mujer victoriosa no espera que llegue la oportunidad para prepararse. Ella se prepara y por eso le llegan grandes oportunidades y siempre está preparada para ellas.

El discernimiento para el uso perspicaz de tus palabras es lo que hace que una mujer victoriosa brille como una piedra preciosa difícil de duplicar.

En esta segunda parte analizaremos otros tres poderes para vivir con audacia una vida llena de propósito: ganas, preparación y la capacidad para discernir cómo y cuándo usar el poder de tus palabras.

Poder N° 4: Las ganas

Levántate y renueva tu motivación al sacar ventaja de las tres D de ganas: determinación, dinamismo y disciplina.

Poder N° 5: La preparación

Deja de vivir en el caos que te hace sentir constantemente abrumada y lucha en contra de la mentira de la ineptitud con el poder de la preparación.

Poder N° 6: El discernimiento

Pulveriza la arrogancia y la superioridad, y actúa con humildad y honestidad al aprender cómo usar el poder del discernimiento para el uso de tus palabras.

CAPÍTULO CUATRO

El poder de las ganas

Encuentra la determinación, el dinamismo
y la disciplina para vivir una vida más plena

> *Un sueño no se convierte en realidad a través de la magia;*
> *requiere sudor, determinación y trabajo duro.*
>
> —COLIN POWELL

La primera parte del libro pretende hacerte pensar acerca de quién realmente eres y aquello por lo que fuiste destinada a ser y hacer. Tuviste la posibilidad de explorar las mentiras que tratan de mantenerte insignificante e indefensa. Aprendiste que, para ser victoriosa en tus batallas, debes edificar un fundamento sólido al tomar el escudo de la fe y al conocer tu verdadera identidad y propósito.

En esta segunda parte exploraremos cómo superar la falta de motivación, la mentira de que eres inepta —y la tendencia de hablar negativamente sobre ti misma y acerca de otros—, y de este modo, desestancar tu vida e impulsarte a actuar. Vivir una vida plena no se trata solamente de tener un propósito y metas. Debes agregar determinación, dinamismo y disciplina para no rendirte, para así permanecer constantemente enfocada y motivada.

¿Oí un quejido por ahí cuando dije "constantemente motivada"? De ser así, estás pensando en la motivación de una manera equivocada. No me refiero a la motivación como cuando decimos: "Siéntete motivada para ejercitarte". La clase de motivación a la que me refiero no se trata de algo más para sumar a tu lista de quehaceres. Permíteme explicarte.

Existe una gran diferencia entre estar motivada y estar decidida, entre estar motivada y tener dinamismo, entre estar motivada y ser disciplinada. La diferencia está en las ganas.

¿Recuerdas la última vez que te propusiste la meta de hacer ejercicio tres días a la semana? Probablemente te inscribiste en el gimnasio, compraste algo de ropa deportiva bonita y descargaste música en tu celular para acompañarte en tus sesiones de ejercicio físico. Te fue muy bien los primeros días o semanas, pero después de un tiempo, cada vez más a menudo, encontrabas razones para no ir. Comenzaste a escuchar las mentiras, mentiras que dicen que realmente no importa si haces ejercicio, que no hará ninguna diferencia, que no tienes tiempo suficiente o que estás demasiado cansada. Finalmente, tu motivación fue acallada por las mentiras y acabaste rindiéndote.

Quizá te dijiste a ti misma: "Está bien. Volveré a empezar la próxima semana". La próxima semana pasó a ser la semana siguiente y la semana después de esa, hasta que transcurrieron meses. Antes de darte cuenta, habrás anulado todo el progreso alcanzado y regresado a donde estabas cuando comenzaste a hacer ejercicio, o incluso peor porque ahora la vergüenza de ser una desertora pesa sobre tus hombros, y te sientes derrotada.

He experimentado este sentimiento muchas veces. Me propuse la misma meta una y otra vez —por más de veinte años— de adelgazar diez libras (cinco kilos), esas famosas últimas diez libras. Lo intenté todo. Sabía la importancia de estar lo suficientemente motivada para comenzar, pero vez tras vez fallaba. En los pasados

dos años finalmente logré adelgazar algunos kilos, y no fue a causa de la dieta yo-yo o el ejercicio extremo. Dejé de estar obsesionada con mi peso y, en cambio, me enfoqué en desarrollar un estilo de vida más saludable. Logré avanzar hacia mi meta cuando comencé a enfocarme en cómo se siente mi cuerpo, en lugar de pensar en mi peso. Puedo asegurarte que no lo logré simplemente por estar motivada. Cuando usé el poder de las ganas para gozar de una mejor salud en lugar de tratar de adelgazar, fui capaz de permanecer enfocada en buscar con entusiasmo un estilo de vida más saludable.

Casi cualquier circunstancia puede detener la motivación; para serte honesta realmente no se requiere demasiado. De hecho, resulta vergonzoso cuán poco se necesita para *desmotivarnos*. La motivación es un deseo que recibe el impacto de cómo uno se siente en cierto momento. Pero tener ganas es determinación. Este poder te hará querer actuar sin desperdiciar tiempo. La motivación puede decir: "No tengo ganas de hacer ejercicio hoy". Pero las ganas te recordarán: "Tu deseo es estar fuerte y saludable. ¡Vamos!".

La motivación es como ponerte un suéter cuando tienes frío, por encima de todo lo que estás usando. Las ganas son como tener tu propio calentador personal instalado permanentemente en tu cuerpo. El problema con el suéter es que puedes ponértelo y sacártelo cuando quieras. Puedes perderlo. Puedes arruinarlo. Tu poder para motivarte y liberarte del desgano puede disminuir con el tiempo o las dificultades. Las ganas están siempre contigo para mantenerte permanentemente enfocada. Deben ser una parte de tu ser. No reciben el impacto de la confusión de tu vida. No pueden perderse. No se apagan. Están resguardadas en el centro de tu ser. Para deshacerse de ellas, tendrías que arrancarlas de tu vida.

¿Qué significa tener ganas?

¿Alguna vez has visto una película en 3D? Tienes que usar lentes tridimensionales, porque las películas se crean para que cuando uses los lentes, parezca que las imágenes de la pantalla vienen hacia ti, haciéndote partícipe de la historia. Las acciones parecen suceder justo delante de tus ojos, como si tú fueras parte de la misma. Así es como se siente tener el gran poder de las ganas. Te hacen sentir como si estás activamente participando de la vida, no solo viendo pasar tus días. Te conviertes en participante, en lugar de una observadora, porque las ganas te ayudan a poner tus sueños en movimiento. Las ganas son la combinación de determinación, dinamismo y disciplina, las tres *D* que permanentemente alimentan las ganas de una mujer victoriosa para vivir una vida más plena.

Determinación

La determinación puede parecer sobrehumana. Es el común denominador en las historias de los grandes personajes que realizaron actos heroicos o vencieron dificultades increíbles. Es la capacidad para perseverar y nunca, pero nunca, rendirse. La determinación constituye el elemento de las ganas, el cual separa a las mujeres que se sienten inferiores de las mujeres seguras y poderosas y a los hombres inseguros de los hombres de calidad —aquellos que respetan la equidad e igualdad con las mujeres—. Las ganas silencian la mentira que dice que deberías renunciar, que nunca alcanzarás tus metas, que nunca nadie alcanzó ese sueño.

La determinación es la vara de acero en tu espalda que no te permitirá ceder en la contienda o renunciar cuando hayas fallado.

Te hará apretar los dientes y regresar a realizar lo que sabes que necesitas hacer. Una guerrera con ganas será más que victoriosa porque la determinación es absolutamente imparable. Es una fuerza para tener en cuenta porque sabes que nada te oprimirá por mucho tiempo. Te levantarás una y otra vez, aferrándote a tus recursos y lista para luchar. Arrasarás con las excusas, los obstáculos y la postergación. Si las mentiras de la ineptitud tuvieran botas, estarían temblando en ellas cuando una guerrera aparece revestida con el poder de las ganas.

Dinamismo

Una vez determinada a nunca rendirte, el dinamismo te impulsará para seguir adelante. El poder de las ganas te da la resistencia para no detenerte. Las ganas eliminan las excusas, dejándote sin buenas razones para no realizar aquello que sabes que debes hacer. El dinamismo te ayudará a atravesar los obstáculos que sobrevengan de todas direcciones.

Si la determinación es como una vara de acero en tu espalda que te mantiene fuerte, el dinamismo es como el trampolín de la piscina, que cuando estás parada ahí a punto de saltar te impulsa y ayuda a ligeramente llegar a tu objetivo de saltar y perder tus miedos.

Nadie sabrá mejor que tú qué te impulsará a alcanzar tu misión. Solo tú sabes qué te lleva a levantarte y avanzar e ignorar las mentiras que tratan de paralizarte y desmotivarte. Piensa qué contribuye a tu dinamismo y permite adquirir el combustible para seguir avanzando.

Disciplina

¡La disciplina incluye la facultad de decir "no"! No existe una forma mayor de disciplina que aprender a decirse "no" a una misma, decir "no" a tus deseos, y recordar que cada vez que digas "no", estás de hecho diciéndole "sí" a tu propósito, a tus misiones y a tus metas. No estás diciendo "no" por ser difícil, sino para honrar aquello que es más importante: cumplir tu propósito.

La disciplina es esa perla de sabiduría que cuando tu determinación, tu vara de acero, ya te llevó al trampolín es la que con todas sus fuerzas grita: ¡NO! Dice no a las distracciones que son bellos objetos brillantes en tu camino que te quieren llevar en diferentes direcciones. Es la disciplina la que te hacer decir un rotundo no a los demás y, más importante, decirte no a ti misma para seguir enfocada en la misión que necesitas cumplir.

Piensa en el momento crítico de una de tus películas favoritas. ¿Puedes visualizar la escena donde la heroína da todo de sí —sus ganas— para salvar la situación? Una de mis películas favoritas es *Con ganas de triunfar* (*Stand and Deliver*, su título en inglés), la cual se basa en una historia verídica sobre un maestro que no renunció a creer que sus estudiantes tenían potencial. De acuerdo con las estadísticas, los estudiantes no triunfarían académicamente porque sus niveles socioeconómicos y las circunstancias de la vida no les permitirían alcanzar la excelencia académica.

No obstante, el señor Escalante, el maestro, representado en la película por Edward James Olmos, les demostró a todos que estaban equivocados. Él creyó en sus estudiantes y los ayudó a superar todos los pronósticos. Con su ayuda y guía, sus estudiantes alcanzaron calificaciones realmente altas en el examen de cálculo avanzado. Una y otra vez Escalante les decía a ellos que pusieran ganas. Cada vez que lo decía, lo hacía con convicción, sus expresiones faciales demostraban que hablaba desde el corazón. Él les enfatizó una y otra vez la importancia de la disciplina para hacer todo con ganas.

El profesor Escalante y cada uno de los estudiantes demostraron su determinación, dinamismo y disciplina para llegar a sus metas. Ellos usaron el poder de sus ganas. Cuando conocí a Edward James Olmos en una reunión de Univision Creative Network, donde nos reunimos personajes de influencia en el área digital, le comenté que mis hijos y yo habíamos visto la película al menos una docena de veces. Ahora a menudo le digo a mis hijos: "Échale ganas, mi hijo".

Este libro no sería una realidad si no fuera por las ganas que le he puesto a este proyecto. Desde que decidí cumplir con esta nueva misión le puse todas mis ganas. Sí, este libro para mí es una misión. Una misión puede describirse como lo que hago y para quién lo hago. Escribo este libro para que mi historia de fe sirva de inspiración, y cuento mis experiencias para que te desafíen a luchar diariamente con tus diez poderes en cada una de tus batallas y de esa manera disfrutes del gozo de mantener a tu familia unida.

Este libro es una misión más en mi vida, la cual va mano a mano con mi propósito, con mi llamado en esta tierra. Pero llegar a cumplir esta misión no fue nada fácil. Es mi visión 3D que se hizo realidad y me ayudó a permanecer enfocada. Necesitaba aplicar la determinación, el dinamismo y la disciplina.

Como te lo conté, todo se inició cuando tuve el privilegio de empezar a dar conferencias en diferentes iglesias. La mayoría de ustedes solamente han sido partícipes al observar mis éxitos en mi vida profesional. En las conferencias al contar mis imperfecciones, mis retos, mis logros y mis enseñanzas de vida, me acuerdo que, una y otra vez, me preguntaban por mi libro. Yo no tenía ninguna idea de lo que involucraba escribir un libro. Pero mi alma sabía que Dios quería que yo tomara ese reto. Todavía recuerdo el día cuando en una conversación con Dios le dije: "Yo no sé nada acerca de este tema, pero Tú sí. Además, estoy cansada de sentir como que me jalas la oreja porque vengo ignorando ese pequeño susurro tuyo que me dice que me debo embarcar en esta nueva misión. Así que aquí estoy dispuesta a aprender".

Querida, no estoy bromeando cuando te cuento mis conversaciones con Dios. Así como lees mis palabras, así le hablo a Él, con mucha confianza. Yo sabía que debía empezar a dar pasos para empezar a aprender en esta nueva área. Mi determinación era tal que un día me llevó a buscar en Google información acerca de editoriales que se dedicaran no solo a publicar libros en inglés en los Estados Unidos, sino también en español en Latinoamérica.

Tomé el teléfono y me comuniqué con una de las editoriales más respetadas en la industria. Le expresé mis necesidades al recepcionista. ¿Te imaginas qué habrá pensando esa persona? Bueno, recibí una buena respuesta, ya que me derivó con una persona que trabajaba en estrecha colaboración con muchas editoriales de buena reputación. Cuando me comuniqué, me puso en contacto de inmediato con Sam Rodríguez, el vicepresidente de marketing de una editorial. Mantuve una conversación telefónica con Sam, hace casi cinco años que hablamos de la posibilidad de publicar un libro en su editorial. Aunque hoy él ya no trabaja ahí, se convirtió en mentor del nuevo camino que ha durado años y el cual finalmente condujo a la publicación de este libro. Sam fue muy amable en explicarme todos los pasos necesarios para que alguien como yo pudiera cumplir con la misión de publicar el libro que ahora lees. Sam ha estado presente en cada etapa del proceso. Gracias, Sam, por creer en mí.

Gracias a que Sam tomó parte de su tiempo para guiarme, pude planear, de tal manera que ahora este libro es una realidad. Cumplir con esta misión es un paso más que extiende mi propósito de mantener familias unidas. Ahora que nuestros hijos son mayores y profesionales por derecho propio, mi esposo y yo planeamos dedicar tiempo para viajar a diferentes países latinoamericanos para motivar a familias a vivir intencionalmente, a tener vidas excepcionales, a luchar por sus familias y a convertirse en mujeres —y hombres— victoriosas. Por ello necesitaba una editorial con experiencia en publicaciones en español.

Cuando constantemente le echas ganas y tienes tu visión 3D puesta, Dios abre las puertas correctas. Hacia finales de 2015, me invitaron a hablar sobre liderazgo en una conferencia. Fue allí cuando conocí a un exitoso gerente de desarrollo de producto de una editorial. Durante el descanso, se me acercó y me preguntó: "¿Has pensado acerca de escribir un libro?". Mi respuesta fue: "De hecho, sí lo he pensado". En unos meses teníamos un contrato firmado para publicar el libro en inglés y en español, con una fecha de publicación. El contrato incluía varias fechas límite, en las que debía entregar el manuscrito. Te cuento que gracias a mi visión 3D, con determinación, dinamismo y disciplina, cumplí con cada uno de los plazos estipulados. Tres meses antes de la fecha de publicación y con el manuscrito ya completo recibo la noticia de que la editorial había decidido no publicar el libro en inglés, solamente en español. Por consejo de mi *sonager* —mi hijo mánager—, JP, y mi abogada, decidí no continuar con el contrato con aquella editorial. ¿Misión incumplida? ¿Misión aplastada? Pensarán algunos. Oh no, es imposible aplastar la misión de una mujer victoriosa que por sus venas fluyen ganas. Quien en su ADN tiene ganas. Al contrario, esta noticia generó más ganas para levantar mi escudo de fe y para extenderlo hacia adelante. Decidí movilizarme y tocar puertas. En menos de tres meses recibí una nueva oferta para publicar el libro que ahora tienes en tus manos.

Ahora tengo el privilegio de trabajar con una editorial que tiene a dos mujeres victoriosas como líderes. Dos líderes con quienes trabajaré para difundir este libro por el mundo. Gracias Rita Jaramillo y Silvia Matute. Gracias Dios por tener una agenda divina y porque con toda prueba en mi vida aprendo que cada día soy más y más tu consentida. ¿Sí funciona tener el poder de ganas en tu vida? ¡Absolutamente! ¡Sí!

En verdad puedo decir que a causa de las ganas es que tú ahora sostienes este libro en tus manos. Verás que cuando operan las ganas, no permites que nada ni nadie te detenga. No das lugar a la duda. Combinas tus ganas con tu escudo de la fe y simplemente vas y lo haces. No puedo imaginarme qué habría sucedido si me hubiese quedado sentada triste, decepcionada o esperando por la "persona correcta" o las "circunstancias correctas". Las ganas no permiten que las excusas te distraigan. La visión 3D hace que estés permanentemente enfocada y te lleva mucho más allá de tus circunstancias actuales, a fin de que puedas realmente vivir mano a mano con tu propósito en la vida.

> Ganas + convicción + acción = resultados inimaginables

Las ganas son las que hay dentro de la madre que se rehúsa a abandonar la búsqueda de su hijo. Ganas son las del soldado ensangrentado que se arrastra a través del campo de batalla para cumplir su misión. Ganas son las que impulsan a la mujer que lucha con todo su ser contra el cáncer, nunca cediendo, nunca rindiéndose. Ganas es el combustible que te hará avanzar a través del campo de batalla de la vida.

Cuando tienes ganas y una convicción inquebrantable en ti misma, en tu propósito y en tus misiones, y tomas medidas efectivas hacia tus metas, alcanzarás niveles de éxito asombrosos. Imagínate un auto de carrera que se llena con combustible de alto octanaje. A fin de sacar ventaja de ese combustible, debe haber una conductora en el vehículo que crea, que tenga la convicción que puede llegar a destino. Y debe estar dispuesta a apretar el acelerador, conducir el auto y fijar su mirada en la ruta. Por supuesto, el combustible es tu poder secreto, pero debes combinarlo con tu seguridad y tus habilidades de manejo para ganar la carrera. Esto también puede aplicarse en tu situación. Llénate con las ganas de derrotar las mentiras que dicen que tú eres incompetente. Y permite que tu convicción, tu creencia —sin ningún lugar a duda—, en el propósito que Dios te ha dado, y tu disposición para actuar te impulsen hacia la meta y más allá de tus más altos sueños.

Vive la vida con ganas

Soy bendecida al escuchar historias profundamente inspiradoras para mi vida personal y profesional. Quisiera contarte una de ellas sobre un hombre que escogió usar el poder de las ganas y cómo esa decisión continúa impactando a su familia. Este hombre llegó a los Estados Unidos cuando era adolescente y asistió a la escuela secundaria. Después de su graduación, estudió para convertirse en técnico dental. Se enamoró y se casó a la edad de veinte años. Justo antes de casarse, encontró su primer empleo de tiempo completo.

Sabía que necesitaba aprender rápido su profesión, a fin de brindarle a su familia un sostén. Estaba decidido a cuidar de su familia. Pasaron algunos años y él y su esposa tuvieron dos hijos. Su hijo menor nació con necesidades médicas especiales. Para ese entonces, este hombre estaba ganando una buena reputación en su campo por sus habilidades y su arduo trabajo. A sus veinticinco años ya disponía de buenos ingresos, pero las cuentas médicas continuaban acumulándose. No obstante, estaba determinado a suplir todas las necesidades de su familia.

Su empleo contaba con un seguro médico, pero no cubría todas las terapias que su hijo requería. Así que, a pesar de estar ganando un buen salario, tomó otro empleo de medio tiempo. Cuando recomendaron una nueva terapia a su hijo, encontró aún otro trabajo los fines de semana. Regresaba a casa de su primer empleo, comía apresurado, jugaba un rato con los niños y luego partía para su otro empleo. Llegaba a casa tarde y se acostaba solo para levantarse temprano a la mañana del día siguiente y repetir su rutina.

Él tenía las ganas de cuidar a su familia y hacer lo que fuera necesario para suplir sus necesidades. Sobre la marcha, su esposa se inscribió en la universidad a tiempo parcial para perseguir su sueño. Fue difícil, pero su visión poderosa para su familia y para su vida hizo posible que continuara levantándose cada mañana. Lo hacía trabajando duro. Inclusive, su esposo para ser un mejor proveedor para su familia abrió su propio laboratorio dental. Él y su esposa empezaron el laboratorio en el garaje de su casa hasta que pudieron mudarse a un local comercial. Su laboratorio llegó a ser considerado uno de los más importantes en el sur de California. Fabricaban dientes de porcelana para dentistas de alto renombre, varios de sus pacientes eran actores y actrices de Hollywood.

Además de ser un buen proveedor, también quería ser un buen esposo y padre. Sabía que tenía mucho por aprender. Se había casado joven y cometido muchos errores, pero nunca dejó de intentar. No disponía de mucho tiempo libre en aquellos años, pero él lo hizo posible para reunirse en un día de la familia cada semana, cuando la misión era solamente pasar tiempo junto a los suyos. Aunque se necesitaba el dinero, decidió con su esposa que no sacrificarían los domingos. Este padre sacó el mejor provecho de esos domingos. Sus hijos ahora adultos aún recuerdan los momentos de diversión que disfrutaron.

Desde el principio, los doctores, maestros y otros especialistas pronosticaron que su hijo menor no llegaría a graduarse de la escuela secundaria o incluso poder hablar. Una de las mayores alegrías de este padre fue ver a su hijo graduarse de la secundaria y presenciar su elocuente discurso de graduación. Gracias en parte a la dedicación y trabajo arduo de su padre y la lucha diaria de su madre, no solo su hijo se graduó de la escuela secundaria, sino que también se graduó de la universidad con una licenciatura. Todos esos años en que este padre trabajó en tres empleos, durmió poco y halló la manera para cubrir los gastos médicos, tuvo un impacto muy positivo en la vida de su hijo menor.

Han pasado más de treinta años desde que ese hombre comenzó su camino laboral con el propósito de proveer y guiar a su familia. No podría haberlo alcanzado —convertirse en un regalo para su familia para ayudarlos a cumplir sus sueños— si no fuera por sus ganas. Ha experimentado el éxito a través de su propio laboratorio dental, el gozo de que ambos hijos asistieran a la universidad y el orgullo de ver a su esposa destacarse al apoyarla a ir a la Facultad de Derecho.

Las ganas fue lo que lo impulsó a buscar más trabajo. Las ganas fue lo que le dio la determinación de levantarse cada mañana tan temprano sin importar el frío, inclusive antes de que saliera el sol. Las ganas fue lo que alimentó su deseo de cumplir con su propósito cada día, aun cuando la vida fuera muy, muy difícil.

A esta altura quizá hayas adivinado que este hombre maravilloso es mi esposo, un hombre a quien le estoy muy agradecida. Su historia de vida, así como la historia de nuestros hijos y la mía han sido moldeadas y definidas por sus tremendas ganas.

¿Qué me cuentas de ti? ¿Has sido impactada por las ganas de algún miembro de tu familia? ¿O la falta de ganas? ¿Cuán diferente sería tu vida si esa persona hubiera tomado la decisión opuesta?

Rehúsa creer la mentira de que la vida de alguna manera será fácil si aceptas la mediocridad. No trabajar para alcanzar tus metas podría parecer requerir menos esfuerzos que proseguir para hacer lo que sea necesario, pero la vida es dura de cualquier manera. Puedes tener una vida dura mientras persigues tus sueños o puedes tener una vida dura no persiguiéndolos. Ambas vidas son duras, pero en una de ellas no permanecerás insignificante, indefensa, estancada, ni desmotivada al cambiar tus circunstancias. La

---

Ojo —*Sidebar*—

Vencer el temor, negar las mentiras y aprender a usar tus poderes de fe, identidad y propósito es un esfuerzo de cada día. No tiene sentido lamentarse o desear que la vida fuera más fácil. La vida nunca va a ser fácil. La vida es dura. Si no es difícil en un sentido, lo será en otro. Quizá simplemente debas aceptar este hecho para dejar de desperdiciar tu tiempo deseando una vida fácil.

clase de vida que elijas depende solamente de TI. Puedes escoger usar tu poder de las ganas y cambiar tu futuro. ¡La elección, como siempre, es tuya!

Historias de personas con ganas

Muchas mujeres admirables vienen a mi mente cuando pienso en las mujeres victoriosas a quienes he observado usar el poder de sus ganas. Mi madre, mi mamita Raquel, mi abuelita Machelita y mis tías, a las que observé cuando viví en Perú, son los primeros ejemplos que conocí de mujeres que vivieron con el poder de las ganas a su lado. Cuando crecía en Perú, todas ellas, a excepción de una tía, tenían empleos de tiempo completo fuera de sus hogares, mientras criaban a sus hijos y cuidaban de sus familias. Mi suegra, Felicia, y mis cuñadas Vilma, Norma y Mirtha son ejemplos de vida reales de lo que significa inmigrar a los Estados Unidos y alcanzar sus sueños con arduo trabajo y muchas ganas. Mi cuñada Angela educó en su casa a su hija y su hijo desde el jardín de infantes hasta la secundaria. Estoy segura de que fueron sus ganas las que le dieron la energía y la fortaleza para hacer todo lo que tenía que llevar a cabo.

Margarita es otro ejemplo de ganas. Ella llegó a este país a los cuarenta años. Todos sus hijos habían nacido en México, y únicamente su hijo menor tuvo la oportunidad de continuar estudiando después de la escuela secundaria. Margarita trabajó como ama de llaves por más de veinte años. Trabajó duro y ahorró todo el dinero que pudo para asegurarse de que su hijo menor fuera a la Facultad de Odontología. Hoy es la orgullosa madre de un dentista.

Conozco a innumerables mujeres que se levantan a las 5:00 a.m. y se acuestan tarde, después de trabajar en empleos de tiempo completo y de cuidar a sus familias. Sus historias son extraordinarias. Algunas de ellas cuidan a algún hijo con necesidades especiales, y otras son madres solteras; sin embargo, todas tienen hijos que harían sentir orgullosa a cualquier madre. Todas estas mujeres tienen un común denominador: cada día ellas sienten en lo más profundo de su ser el poder de las ganas. Un poder que usan 24-7 (24 horas al día, 7 días a la semana).

Las ganas están presentes en las decisiones diarias que tomamos, los pensamientos que elegimos creer sobre nosotras mismas y las acciones que realizamos. Algo curioso es que si pudiéramos escribir nuestras propias historias de vida, querríamos que fueran emocionantes y con aventuras, pero sin tantas dificultades. Y, sin embargo, a nadie le interesaría leer una historia así. ¡Sería demasiado aburrida! ¿Por qué estamos tan dispuestas a conformarnos con una vida aburrida? ¿Acaso, como las heroínas de nuestras propias historias, no queremos nada lo suficientemente costoso por lo cual esforzarnos?

¿Quién quisiera leer una historia sobre una mujer que se rinde a mitad del camino? La historia de tu vida será la que tú elijas que sea. Puede ser la historia de una mujer valiente, audaz y aventurera, o puede contar la historia de una mujer aburrida y poco inspiradora. Mujer victoriosa, ¿qué historia de vida decides TÚ escribir y vivir?

¿Qué sucede si no encuentras ganas?

¿Eres una mujer herida, incapaz de recurrir a tus ganas o recordar la última vez en que tuviste esa visión 3D en tu vida? Si tú crees que no tienes ganas, o si no puedes aferrarte a tu poder de las ganas para despegar en la vida, probablemente una de estas dos cosas se encuentre nublada o apagada: tu visión o tu convicción.

Tu visión

Quizá la razón por la que no sientes ganas de hacer lo que crees que deberías hacer es porque estás apuntando a lo que no va de la mano con tu propósito y misiones en la vida. No estás tratando de alcanzar aquello que es lo más importante para ti. Si aquello que estás persiguiendo no te emociona, descubre qué lo hace. Quizá necesites luchar contra unas cuantas mentiras en tu mente para descubrirlo, así que asegúrate de tener tus poderes intactos. Si te sientes identificada, regresa a los capítulos 2 y 3, los capítulos que hablan acerca de los poderes de tu verdadera identidad y tu propósito, para descubrir qué cosas vale la pena buscar en tu vida.

Tu convicción

Si realmente no crees que puedas cumplir tus sueños, no importará la cantidad de ganas que tengas. Esto puede conducir a una vida de frustración e ira. Tú tendrás que descubrir qué mentiras has creído, tanto sobre ti misma como sobre Dios. Nuevamente, mi querida mujer victoriosa, vas a necesitar estar bien aprovisionada para esta batalla y enfrentar las mentiras con cada poder a tu alcance.

No puedo decirte cómo encontrar las ganas. Es un camino personal que yace en lo más profundo de tu alma. Si nunca has recurrido a las ganas, supongo que es porque no sabías que estaban allí. Ahora lo sabes. O quizá hayas creído las mentiras por tanto tiempo que no puedes escuchar la voz de las ganas por encima de las voces que te gritan que permanezcas pequeña e indefensa. Pero las ganas están en cada una de nosotras, independientemente de nuestra edad o circunstancias.

¿Sabes qué ocurre cuando no usas los lentes 3D en una película que se diseñó así? La película se ve borrosa. El mundo frente a tus ojos es difícil de ver mientras miras la pantalla. No puedes descifrar del todo las distintas imágenes. La película se ve rara y hasta un poco escalofriante. Esto se debe a que la misma fue diseñada para verse con los lentes 3D.

De manera similar, si vives la vida sin las tres D de ganas —determinación, dinamismo y disciplina—, no verás ni experimentarás la vida de la manera en que debe verse o vivirse. Tu visión no será precisa. Podrás ver solamente los contornos borrosos de lo que se supone que esté allí.

La vida fue destinada para vivirse en 3D, con la determinación, el dinamismo y la disciplina de las ganas. Usa tu poderoso combustible de las ganas, cree en ti misma y entra en acción para conseguir resultados inimaginables. Usa tu poder de las ganas para vivir una vida más plena y derrotar la mentira de que es difícil mantenerte motivada. Permite que las ganas ajusten tu visión y deja de pararte en el borde de la vida. Mueve tus pies y despega. No esperes más. ¡Hazlo ahora mismo! Aquello sobre lo que siempre piensas, con eso que has soñado hace tiempo, aquello que te persigue, ¡hazlo! ¡Vamos, cumple con tu llamado, con tu propósito, con tus misiones! ¡Comienza ahora! ¡Da un paso en este preciso instante para avanzar con ganas hacia tu meta!

CAPÍTULO CINCO

El poder de la preparación

Reconoce la seriedad de entrar en batalla

> *Estar preparado es ya media victoria.*
>
> —CERVANTES

¿Alguna vez has asistido a una presentación en la que rápidamente te diste cuenta de que la conferencista no estaba bien preparada? Mezclaba sus anotaciones, se perdía en lo que estaba diciendo o simplemente era tan desorganizada que era hasta doloroso observarla así. Al principio una trata de ser comprensiva. Piensa: "Todas hemos sido víctimas de impresoras caprichosas (aunque si no hubiera esperado hasta el último momento para imprimir...) y el tráfico (aunque si hubiera contado con más tiempo...)". Pero finalmente admites que esta persona está desperdiciando tu valioso tiempo. La presentadora no está respetando el tiempo que tú separaste para aprender y mejorar algún área de tu vida, ya sea personal, profesional, marital, etcétera.

¿Alguna vez te presentaste en una reunión y te diste cuenta de que no estabas preparada? Quizá te perdiste de camino allí y llegaste tarde. O quizá no estuviste vestida para la ocasión o no llevaste contigo lo que se suponía que tenías que llevar. Tal vez no te diste cuenta de qué clase de reunión se trataba. O quizá te informaron cómo debías prepararte, pero no estabas prestando atención o te sentías tan abrumada por otras circunstancias que no leíste bien el correo electrónico. Cualquiera que sea la razón, ahora tu falta de preparación es evidente para todos.

Es un sentimiento horrible no estar preparada. Tu corazón comienza a palpitar rápidamente. Intentas buscar excusas. En tu cabeza empiezas a oír mentiras, como que no eres lo suficientemente buena, que no eres profesional, que no eres adecuada para la tarea, que realmente no sirves para esto. Es asombroso cuán doloroso es llegar a algún sitio sintiéndote insuficiente. Tu mente se convierte en un parque de juegos para las mentiras acerca de tu valor.

Conozco a una mujer, Marilyn, que creció con una madre que nunca estaba preparada para nada. Marilyn con frecuencia llegaba tarde a la escuela. Cuando estaba allí, no tenía los formularios de autorización requeridos para ese día o los libros para devolver a la biblioteca o su chaqueta para el recreo. En las prácticas de gimnasia no tenía una botella de agua o un bocadillo. Su familia se perdía los eventos deportivos porque se olvidaban de la fecha. Era una manera difícil de vivir, la cual dejó una marca en su vida. Los niños se sienten igual que nosotras cuando no están preparados para algo. Comienzan a oír las mismas mentiras que nosotras, que no son lo suficientemente buenos.

Cuando no estamos preparadas, cuando no estamos listas, invertimos un montón de nuestro tiempo y energía reaccionando ante las situaciones. Es más fácil hacerse la víctima (por ejemplo: "Nadie me dijo, entonces ¿cómo podría haber estado preparada?"). Vivimos en un estado constante de frenesí y estrés, en lugar de estar en control y saber responder ante lo que la vida nos depare. Este sentimiento de falta de control causado por el desorden y la confusión se denomina caos. Y cuando vivimos una vida de caos y constantemente nos sentimos abrumadas, escuchamos cada vez más fuerte la mentira de que somos incompetentes. Cada encuentro por el que no estamos preparadas parece confirmarlo. Cada vez que llegamos tarde, una mentira parece gritarnos: "No eres suficiente".

La mentira poderosa de que somos insuficientes deja una marca en nosotros, en nuestros hijos, en nuestras familias y en nuestras vidas profesionales. Nos detiene. Nos hace sentir como si lo mejor que podemos hacer nunca será suficiente. La mentira nos hace creer que somos mediocres. El caos de nunca estar listas para nada o de siempre llegar tarde o de no estar preparadas nos roba la habilidad de resplandecer. Y tú fuiste destinada para ser una lumbrera, una gran luz, una mujer victoriosa.

No podrás brillar por casualidad. No resplandecerás si no te vuelves intencional. Tienes que estar preparada. Vivimos en un mundo caótico. Estar preparada es estar lista —mental, física y espiritualmente— para los desafíos y oportunidades que hoy te esperan. Y mañana. Y la semana siguiente y el año siguiente.

A nadie le agrada no estar preparada. Se siente horrible. Nos hace parecer y sentir poco profesionales e incompetentes, como personas en quienes no se puede confiar, como si no cumpliéramos con nuestra palabra. Esa no es la verdad de quienes somos, y nuestras acciones necesitan apoyar a la mujer que somos en esencia: honorables, guerreras victoriosas.

No tengas temor. Tú puedes hacerlo; en verdad puedes. De seguro, al principio te va a resultar difícil cambiar tus hábitos y aprender las habilidades necesarias, pero no será tan difícil como vivir llena de caos y lágrimas de frustración. ¿Puedes imaginarte cómo sería tu vida si estuvieras preparada constantemente, si no entraras en pánico a último momento? ¿Puedes imaginar la paz que tendrías y cómo podrías resplandecer? Vale la pena descubrirlo. El poder de la preparación es la clave para pasar de estar abrumada y de ser mediocre a brillar con excelencia constantemente.

El fundamento de la preparación

Si no te consideras la mujer victoriosa preparada que quieres ser, no te preocupes. Créeme que podrás lograrlo. Quizá te sientas abrumada por lo que crees que te demandará pero la realidad es que tú eres capaz de estar bien preparada para las responsabilidades que asumas. Recuerda, tienes todo lo que necesitas para ser exitosa.

He descubierto el fundamento de la preparación. Es la clave que toda persona exitosa conoce. Es la herramienta en el corazón de una mujer que brilla con su poder de la preparación. La clave es la organización. Leíste bien. La clave para ser una mujer preparada y resplandeciente es la habilidad básica de la organización. Pregúntale a cualquier ama de casa, madre, estudiante, profesional, atleta, artista, empresaria o persona de negocios exitosa: ser organizada encabezará la lista de lo que las lleva a sobresalir en lo que hacen.

Existen tres áreas en las que puedes ser intencional sobre ser organizada, a fin de poder vencer la mentira de la ineptitud y mediocridad: tu tiempo, tu vida (personal y profesional) y tu espacio.

Prepárate para brillar: organiza tu tiempo

¿Recuerdas que en el capítulo 3 revisaste tu agenda para ver cuáles de las actividades en las que participabas no te alineaban con el propósito de tu vida y tu misión actual? ¿Qué pudiste notar?

Solamente tienes veinticuatro horas al día. Necesitas dormir por algunas horas (para mantenerte saludable necesitas siete horas de sueño por noche, tan a menudo como puedas). Tienes que cuidar de ti misma, como comer y vestirte. Tienes responsabilidades en tus relaciones y con las personas a quienes cuidas (como esposa, madre, hija de un padre de edad avanzada, etc.). Trabajas durante parte de tu día (ya sea un trabajo remunerado o no). También realizas actividades que te dan placer y crean equilibrio, tales como pasar tiempo con la familia, amigos, dedicarte a pasatiempos y entretenimiento.

Es imposible hacer todo lo que se te presenta. Y no debes hacerlo todo, ¿recuerdas? Cuando revisaste tus compromisos en el capítulo 3 y recortaste aquellas cosas que no tenían ninguna misión, se debió haber creado cierto margen en tu vida. Por *margen* me refiero a tiempo sin asignar, tiempo no programado, tiempo que entonces puedes usar para hacer actividades que se alineen con tus misiones y tu propósito. Vencer la mediocridad debe ser una misión. Resplandecer en lo que haces y en ti misma es parte de tu misión. Ser la mejor en las cosas importantes, en lugar de prestarle a cada tarea la misma atención, debe ir mano a mano con tus misiones y con tu propósito.

No te estoy diciendo que seas la Mujer Maravilla. Ni te estoy diciendo que trabajes más o que trabajes más duro. Tuve que aprender que era posible tomarme el tiempo para prepararme, a fin de poder resplandecer, incluso con mi vida ocupada. Cometí errores. He derramado mi cuota de lágrimas, frustrada por mi inca-pacidad de brillar cuando mis decisiones me llevaban a mí o a mis hijos a no estar preparados. En el pasado, mis decisiones de aceptar toda invitación recibida a veces han conducido a mi familia y a mi trabajo a verse desbordados por el caos. Ahora, gracias a la ayuda de mi *coach* Cindy, me he convertido en una experta en el uso de una palabra que también es una oración completa. Esta palabra y oración es "NO". Ahora la uso más fácilmente para declinar cada invitación o compromiso que no me ayuda a vivir con propósito.

La mentira a la que tanto tú como yo nos enfrentamos es que pensamos que la única opción es recurrir a la mediocridad. Lucha-mos contra mentiras como "No somos suficientes, no tenemos lo que hace falta para cumplir nuestros sueños". Pero esta es la clave: debemos darnos cuenta de que solo es eso, una mentira. Toma tu poder de la preparación y organízate. Cuando recuperas tu tiempo, recuperas tu vida.

Quizá te estés preguntando: "¿Cómo lo hago?". El primer consejo que te daré para controlar tu tiempo y ser más organi-zada es decir no. Debes aprender a decir no y continuar diciendo no. Tener espacio en tu agenda para decir sí no significa auto-máticamente que debas decirlo. Esa nueva actividad necesita su-jetarse al mismo escrutinio que las que ya fueron recortadas. Si dicha actividad no colabora con tu propósito y tu presente misión, recházala. Si te resulta difícil decir no, di la verdad: tienes un com-promiso contigo misma para vivir con intención y con propósito. ¡Sí, lo tienes! Continúa releyendo este capítulo hasta que digas no con más facilidad.

El segundo consejo para tomar el control de tu tiempo, a fin de que puedas alcanzar tu máximo potencial, es aprender a dele-gar. Si tú eres responsable de realizar determinada actividad y no

---

Ojo —*Sidebar*—

Si incorporas mi consejo acerca de decir no ahora mismo, tu vida nunca será igual y podrás vivir una vida más plena. Ya sé, ya sé. Has escuchado este consejo anteriormente. Pero si este fuera el caso, la pregunta entonces sería: ¿por qué no estás usando esta palabra poderosa más seguido a fin de tener una vida más gratificante? Decir no una vez no es suficiente. Debes estar dispuesta a decir no tantas veces como sea necesario.

---

puedes decir no, delega la tarea. Por ejemplo, puedes delegar las tareas domésticas en otros miembros de la familia. Tal vez no la hagan a la perfección, pero se hará. O si tienes la posibilidad, puedes contratar a alguien. En lugar de hornear galletas para la recaudación de fondos de la escuela, delega esa tarea en la panadería de tu supermercado local o cafetería. Si tu posición lo permite, delega las tareas en tu trabajo que no requieran de tus conocimientos específicos. Probablemente alguien más puede realizarlas. Deja de controlar todo de forma excesiva. Las cosas no se tienen que hacer exactamente como tú las harías. Concentra tu tiempo y energía en aquello que solo tú puedas hacer, y destácate al realizarlas.

El tercer consejo que quisiera darte para tomar control de tu tiempo es escribir una lista de situaciones en las cuales encuentras difícil decir no. ¿A qué le dices sí, pero sabes que deberías evitar? ¿Cuál es tu área de debilidad? ¿Qué mentira estás creyendo que te mantiene haciendo demasiadas actividades y por lo tanto te hace sacrificar tu habilidad de destacarte? ¿Crees que por rechazar participar en una tarea voluntaria relacionada con la escuela significa que no te importa la educación de tu niño? No es así. A veces los jefes asignan una tarea a un trabajador porque creen que esa persona es la única calificada para realizarla o porque ellos no tienen idea de cuántas fechas límite tiene esa persona en su calendario. No tengas miedo de platicar con tu jefa y recordarle los trabajos que estás intentando entregar a tiempo. Hazlo respetuosamente y, si actúas con sabiduría, tu jefa te respetará por ello.

Es difícil decir no, pero si aprendes a decirlo con honestidad y sincero pesar, les mostrarás tu respeto a las personas que presentan su solicitud y sabrán que no estás descuidadamente desestimándolas. Descubrí que una vez que aprendí a decir no más seguido y librarme de cierto sentido de obligación de asistir a cada lugar al que me invitaban, tuve tiempo para algo más gratificante. En mi caso, tuve más tiempo para hacer lo que amo, que es estar cerca de mi familia y mis buenos amigos. Profesionalmente, no podría estar cumpliendo el sueño de escribir este libro si no hubiera dicho no a muchas actividades en los últimos años. Por ejemplo, tuve que dejar de presentar un programa de radio de media hora que me encantaba hacer, para tener más tiempo de empezar a aprender cómo escribir este libro. No tenía tiempo para ambos, y escogí ser intencional para trabajar en pos de esta misión.

Como verás, este libro va de la mano con mi propósito de mantener a familias unidas. Sé, sin lugar a duda, que la lectora que aprenda a usar estos diez poderes se convertirá en una mujer victoriosa que resplandecerá en medio de su familia. Escribir este libro también promueve mi misión de educar a mi comunidad acerca de ciertos temas que ayudarán a mantener a sus familias unidas. Es por eso que este libro es digno de mi tiempo.

Como mujeres victoriosas preparadas para resplandecer debemos convertirnos en dueñas de nuestro tiempo. ¿Recuerdas a Marilyn, la mujer sobre la que te conté al principio de este capítulo?

Tan pronto como pudo hacerlo, se encargó de aquello que podía ser responsable. No quería que su vida permaneciera caótica, así que incluso cuando todavía era una niña adoptó medidas para estar más preparada. Al convertirse en una joven mujer, fue a la universidad y luego comenzó su carrera profesional. Ella continúa aprendiendo estrategias para ser organizada. Sabía que la desorganización era el centro de muchos de los problemas de su familia, y quería ser diferente. Trabajó duro, a fin de poder brillar y destacarse. Cuando se convirtió en madre de dos hijos ¡fue doblemente necesario ser organizada!

Una de las principales cuestiones en la que trabajó fue en tomar control de su tiempo y ser puntual. Con dos pequeños que alimentar, cambiar y vestir, diseñó una estrategia que la ayudaba a salir de su casa cada día. Era simple (como la mayoría de las estrategias de organización), pero marcó una enorme diferencia en disminuir los niveles de estrés para ella y su familia. Si todos tenían que estar en el auto y partir a las 8:30 a.m., sabía que más valía que comenzara a abrocharles los cinturones a las 8:25 a.m. Para lograrlo, sabía que los bebés tenían que estar vestidos a las 8:20 a.m., por lo tanto, sabía que debía terminar de alimentarlos y cambiarlos para ese entonces. Empezó a trabajar desde el final hasta que supo exactamente a qué hora necesitaba comenzar el proceso de alistarse para partir.

Su estrategia no era complicada, pero era efectiva. A medida que sus hijos crecían, les enseñó cómo ser organizados, así que sabían cuándo debían terminar de desayunar, cuándo debían terminar de lavarse los dientes y cuándo debían colocarse sus mochilas y dirigirse a la puerta para ir a la escuela.

Cuando Marilyn fue madre, también tuvo que aprender a decir no muy a menudo. Asimismo, tuvo que crear un margen para situaciones inesperadas que ocurren cuando una tiene hijos pequeños. Desde luego, a veces las cosas no salían según lo planeado y ciertos factores ajenos a su control impactaban su habilidad de controlar su tiempo. Pero esos momentos eran la excepción, no la regla. Es estresante cuando tus dos pequeños lloran, pero es menos abrumador cuando una llega tarde porque perdió la noción del tiempo y no puede encontrar las llaves del auto.

Estoy completamente segura de que hoy en día yo no podría gozar del gran privilegio de ser abogada si no fuera por mi poder de preparación. Gracias a él aprendí la importancia de organizar mi tiempo de tal manera que llegué a obtener mi doctorado en leyes. Fueron mis poderes de preparación y ganas que me ayudaron a llegar al momento que gozo hoy como profesional. ¿Te imaginas lo que involucra ser madre y cuidar de dos hijos menores, estar encargada del área administrativa del negocio de tu esposo y acudir a la Facultad de Derecho al mismo tiempo?

Mi calendario fue mi mejor aliado. Cada día estaba organizado de tal manera que sabía a qué hora tenía que despertarme, despertar a mis hijos, llevarlos a la escuela, llegar a la Facultad de Derecho y aprender todo lo que tenía que aprender. Al terminar mis clases sabía a qué hora tenía que recoger a mis hijos, llevarlos a sus actividades, llegar a casa, hacer la tarea con ellos, acostarlos, orar con ellos y recordarles lo especial que eran. Luego quedarme hasta tarde, a veces hasta las dos o tres de la mañana, terminando mi tarea escolar. Mis hijos hasta ahora recuerdan levantarse a la medianoche y ver a su mamá haciendo su tarea escolar. Organizar mi tiempo fue un tema no negociable.

Por supuesto que todo no me salía perfecto y que tuvimos que hacer muchos sacrificios. Para ahorrar tiempo a veces tenía que llevar a mis hijos a la biblioteca. Ellos hacían su tarea debajo de una mesa en la biblioteca mientras mamá estaba terminando sus asignaciones. Ellos me acompañaron a muchos encuentros aburridos en mi escuela porque sabían que tenían que ayudar y cooperar con su mami. Pero el ayudarme con la organización del tiempo en nuestro hogar es algo que tuvieron que aprender.

Aparte de tener actividades importantes en mi calendario, mis hijos podían ver esta información en sus cuartos, en la puerta del refrigerador y en el garaje donde hacíamos las tareas escolares juntos. Yo colocaba gráficas hechas con cartulina y escrita con plumones de diferentes colores. En estas gráficas todos podíamos ver las actividades semanales y las responsabilidades que les correspondían, como por ejemplo, tender sus camas, lavar los platos, sacar la basura. Te preguntarás si mis hijos estaban súper contentos con tanta preparación. La respuesta es no.

Existían algunas quejas, pero organizar nuestro tiempo era de suma importancia para nuestra familia. Aunque en esos días tal vez era difícil para ellos entenderlo, los dos han aprendido de esa época. Lo pude confirmar cuando visité a mi hijo mayor JP en la universidad. Durante su segundo año en la universidad vivía con otros estudiantes. Cuando fui a la cocina de su apartamento, en la puerta del refrigerador vi un gráfico con los nombres de sus compañeros y las tareas asignadas, como lavar los platos, limpiar el baño, limpiar la cocina y botar la basura.

Me encanta comprobar que la preparación es un poder que estoy dejando como legado a mis hijos. Como ves, debido a que tuve que organizar mi tiempo sabiamente, no gocé de muchos eventos o actividades que otros sí pudieron disfrutar. No me arrepiento. Tal vez me perdí algunas (bueno muchas) fiestas, no vi mucha televisión, no leí algunas revistas, no pude ir de compras, no pasé tiempo en conversaciones sin sentido, pero lo que gané como premio, gracias a mis poderes de preparación y ganas, fue mi doctorado en leyes, que me llena inmensamente de alegría el corazón y el alma.

La manera en que organices tu tiempo y actividades afectarán tu habilidad para brillar. Si hay muchas cosas en tu plato, este se vuelve caótico. ¿Dirá la gente, los que observan de cerca tu camino diario, que tú haces aquello que escoges hacer con excelencia? ¿O dirán que tratas de hacer todo y algunas tareas no reflejan tu máximo potencial? Tu objetivo no es ser mediocre por intentar hacer todo. Procura la calidad por encima de la cantidad. Escoge hacer lo que te alinee con tu propósito y tu presente misión, y prepárate para hacerlas con excelencia y resplandecer.

Prepárate para brillar: organiza tu vida

Una vez que tienes el control de tu tiempo, ¿cómo vas a usarlo? Una característica en común de la gente exitosa, en cualquier etapa de sus carreras y de todas las clases sociales, es que planifican con anticipación. Planea cómo brillar, sea cual sea el momento de tu vida en el que te encuentres y el lugar al que quieres llegar. Para ser una mujer victoriosa resplandeciente, debes organizarte. Para eso necesitas saber qué es importante y qué te ayudará a cumplir tu propósito, y fijar tus objetivos en consecuencia. (Repasa el capítulo 3 para mayor información sobre este aspecto.)

Con tu propósito, tu misión actual y tus metas muy en cuenta, piensa en qué áreas deseas estar preparada para brillar. Si le preguntas a la gente cuáles son sus prioridades, su lista por lo general se asemeja a esta: familia, fe, salud y carrera/estilo de vida. Y sin embargo, ¿en dónde realmente invierten su tiempo? Si revisáramos tu agenda del último mes, ¿coincidiría con lo que dices que son tus prioridades? No puedes destacarte y ser excelente en todo. Pero podrás destacarte y ser excelente cuando completes las tareas que hayas determinado como las más importantes, aquellas por las que te hayas preparado.

Cuando me casé y tuve hijos, asistí a muchas clases sobre crianza de hijos en mi iglesia. Leí cada libro que pudiera ayudarme a ser la mejor mamá posible. Escuchaba el programa de radio *Enfoque a la familia* del Dr. James Dobson. Aprendí mucho de él y de sus invitados, y muchos de sus consejos cambiaron mi vida. También casi forcé a mi marido para asistir a tantos congresos de matrimonios como pudiéramos. Él particularmente no los disfruta, pero a mí me encantan. Era mi forma de aprender más sobre un matrimonio saludable y feliz, y de pasar tiempo de calidad con mi esposo.

Me agradezco a mí misma el haber reservado el tiempo para prepararme para mis roles. De otra manera, ¿cómo habría podido aprender a ser la esposa y madre que ahora soy? Hoy en día veo cada minuto que invertí en prepararme en ese entonces multiplicado en bendiciones innumerables. Hoy en día todavía sigo invirtiendo mi tiempo en acudir a conferencias en las que aprendo cómo seguir cumpliendo con mis misiones y propósito.

Decido dedicar tiempo para ser mejor en todo lo que es importante para mí, para poder estar preparada para brillar y vencer las mentiras que me llevan a la mediocridad. Dedicar tiempo para leer un libro sobre el tema que deseo mejorar o asistir a una conferencia que me ayude a mejorar en lo personal o profesional, aunque sea en detrimento de otras actividades que quisiera realizar y que merecen la pena. Aún continúo cometiendo errores y me comprometo a trabajar más de lo que puedo o a asistir a eventos que no apoyan mi misión actual o mi propósito. Me doy cuenta de que esto está sucediendo cuando comienzo a sentirme abrumada y a perder el equilibrio y mi vida espiritual padece y se transforma en caos. Desearía poder decir que nunca digo que sí cuando debiera decir que no, pero soy una obra en proceso y estoy en continuo aprendizaje. Pero eso es lo lindo de ser una mujer victoriosa. Porque tenemos nuestros poderes completamente disponibles, los usamos con honor y sabemos que, aunque no ganamos todas las batallas, nada nos detiene, seguimos luchando y seguimos brillando.

La preparación es la clave para poder destacarte en aquello que hagas. Existen recursos para aprender en todas partes. ¡Encuéntralos! Lee un libro. Toma clases. Mira videos en YouTube. Únete a un grupo en tu iglesia o trabajo. Investiga lo que sea más conveniente para ti. Continúa buscando hasta que encuentres lo que mejor se ajuste a tus necesidades y a la etapa de tu existencia en la que te encuentras. Siempre debemos procurar el crecimiento personal. Si no está a tu alcance asistir a una conferencia o comprar un libro, seguramente podrás ir a la biblioteca para que te presten un libro y mirar videos gratuitos de superación personal o escuchar algún programa de radio que te anime y te desafíe.

Me gustaría que por favor te grabes esto: no estoy diciendo que tu objetivo sea ser perfecta o aparentar serlo. Te estoy desafiando a tratar de estar disponible para que puedas dar lo mejor en aquello que estés haciendo. El objetivo es lograr enfocarte en lo que estás haciendo y adónde te estás dirigiendo, estar presente en el momento en que te encuentres y brillar donde sea que estés.

El objetivo es estar preparada, organizada y enfocada en todo lo que hagas, incluso en esas tareas que algunos pueden considerar corrientes, como archivar papeles o seleccionar la ropa para lavar. Los que consideran que esas tareas son corrientes, no se han puesto a pensar la importancia de tener un documento archivado correctamente y cómo alguien puede ser afectado negativamente si el documento no se archiva en el lugar debido. Ni tampoco han considerado qué bien se siente un esposo, una hija o un miembro de la familia al ponerse una prenda limpia para acudir a una entrevista de trabajo o a ir la escuela. Aunque es difícil cuando otros no dan importancia a las tareas que realizamos, es más difícil cuando nosotras mismas cometemos el error de pensar que las tareas de archivar un documento o lavar la ropa no son de importancia. O peor aún, no nos consideramos suficientemente importantes porque estamos realizando estas tareas y por eso las llevamos a cabo con mediocridad. Ay, como que tengo alergia a esa palabra. Solamente escribirla me molesta.

Tengo noticias para ti: existen mujeres con grandes títulos, empresarias, encargadas de temas de suma importancia como, por ejemplo, encargadas de representar a clientes con grandes contratos, a quienes su rendimiento laboral les queda súper grande, para los títulos de los que tanto hablan. Son profesionales que equivocadamente se creen exitosas por tener una agenda llena de compromisos y, peor aún, se han creído la mentira de que ser mediocre es aceptable. Es sumamente triste observar el camino profesional de estas mujeres, porque hablan mucho y hacen mucho, pero no dejan un impacto positivo en las personas que las rodean. Al contrario, te dejan con el deseo de nunca más volver a trabajar con ellas. Así que ya sabes, sin importar tu título o las tareas que lleves a cabo hoy, hazlo con excelencia, brilla. Brilla como solamente una mujer victoriosa lo sabe hacer: con excelencia, con propósito y brillando dondequiera que se encuentre. Decide tomar tu poder de la preparación y destruir la mediocridad.

Prepárate para brillar: organiza tu espacio

He guardado la tarea con la recompensa más rápida para el final: organizar y preparar tu espacio, tanto físico como mental.

Tu espacio mental

Dos maneras principales de organizar tu espacio mental:
1) concentrarte en la tarea y guardar tu espacio mental,
2) apuntar lo que haces.

Déjame preguntarte: ¿cuándo fue la última vez que estuviste ciento por ciento enfocada en lo que estabas haciendo y dónde te encontrabas? Para serte sincera, no es en realidad una pregunta justa. Es difícil concentrarse en una sola dirección, especialmente para las mujeres. Escuché decir que todo lo que las mujeres piensan son como ventanas abiertas en la pantalla de una computadora. Cada pensamiento nuevo abre una nueva ventana, e incluso cuando otras ventanas aparecen de repente y la cubre, el anterior está todavía allí, ocupando velocidad de procesamiento y memoria.

Para realmente poder enfocarnos, es necesario aprender a cerrar las ventanas mentales, ordenar nuestro cerebro y concentrarnos en una tarea a la vez. La mejor manera de hacerlo es apuntándolas.

Sí, eso es todo: anotar las actividades. Este hábito puede impactar en tu concentración y organización mental de maneras asombrosas. A veces, el caos que constantemente sentimos se debe a que nuestra mente está demasiado alborotada. Escuchamos la mitad de lo que nos están hablando; nos olvidamos qué estamos haciendo cuando entramos a un lugar; y no podemos recordar ese último artículo para agregarlo a nuestra lista del supermercado, así que perdemos tiempo deambulando por la tienda con la esperanza de recordarlo.

Si tú eres como yo, probablemente tengas muchas ventanas abiertas, además de las ventanas que aparecen de repente todo el tiempo. Hazte un favor ahora mismo: deja de pensar en las cuentas por pagar la próxima semana o tu conferencia del próximo mes. Si sientes que estás distraída por las tareas que necesitas hacer o de las cuales debes encargarte, toma un momento ahora mismo para apuntar esas tareas o pensamientos. Luego revisa si hay algo más en tu mente y cierra esas ventanas antes de continuar leyendo. Vamos, te espero.

De ahora en adelante, procura apuntar cualquier pensamiento importante que pase por tu mente mientras estés ocupada haciendo algo o manteniendo una conversación. Me refiero a que muchas veces estamos trabajando en algo o tratando de concentrarnos, y un pensamiento se cruza por nuestra mente y desvía nuestra atención de lo que estábamos haciendo. Aprende a reconocer esos instantes y a apuntarlo en un papel. Lleva una libreta de apuntes pequeña contigo y aprende a anotar de lo que te puedes ocupar después, o usa una aplicación en tu teléfono. He estado haciendo esto por algunos años, y puedo decirte que no solo aumentó mi productividad, sino que además me ha dado mucha tranquilidad.

Toma notas, ocúpate del asunto cuando llegue el momento correcto y deja de pensar en ello. Una vez que lo apuntes, tu mente será capaz de cerrar esa ventana y volver a enfocarse. Esto puede serte especialmente útil si tu mente está acelerada antes de ir a dormir. Apunta lo que tienes que hacer al día siguiente o lo que te preocupa y luego pon tu libreta a un costado, no hay nada que puedas hacer en ese momento tan importante como es dormir para recuperar energías. Si solo utilizas un momento para escribir aquello que no quisieras olvidar, te resultará más fácil relajarte y conciliar el sueño.

Apunta todos tus compromisos en tu calendario para que semanalmente puedas revisar todas las actividades en las cuales inviertes tu tiempo. Probablemente logres una cantidad asombrosa en un día dado, pero es probable que pierdas la cuenta de cuánto has hecho si no está escrito. Aumentaría tu confianza ver cuánto haces en un día, especialmente si te ayuda a decir "no" más a menudo a ciertas actividades y así avanzar para cumplir tus metas. Al igual que esas metas de las que hablamos en el capítulo 3, anota también tus tareas, tus asignaciones. Adquiere el hábito de apuntar para no tener que mantenerlas en tu mente. Así como tú, tu mente quiere invertir su precioso tiempo en lo que valga la pena: como en planear, en cumplir tus sueños, no en recordar comprar pan al regresar del trabajo.

Tu espacio físico

Es viernes y he tenido esta cita marcada en mi agenda por más de seis semanas. Este es el día de limpieza general en mi oficina, el día en que he apartado tiempo para revisar cada cajón, archivo y hoja de papel de mi escritorio y de mi archivador. Los viernes, cuando llego a la oficina, una de mis queridas asistentes y yo nos remangamos y comenzamos a vaciar los cajones y la vitrina, donde guardo los obsequios que mis clientes me han traído de los países a los que han podido regresar después de obtener su estatus legal migratorio.

Ordeno y organizo. Clasifico alfabéticamente cada archivo y marco aquellos que se guardarán en el depósito. Me deshago de folletos y documentos que ya no necesito. Mi asistente y yo verificamos la fecha de vencimiento de las vitaminas y los refrigerios. Limpiamos cada superficie, estante y cajón. Tiro todos los bolígrafos que ya no tienen tinta. Coloco artículos en la caja de donación, para entregar a una organización de la comunidad. Nos lleva todo el día limpiar y ordenar mi oficina.

Cuando terminamos, retrocedo algunos pasos para observar el resultado final. Los estantes ahora exhiben las fotografías despejadas de mi familia. Los obsequios que mis clientes me han traído de todas partes del mundo están organizados en mi vitrina y se pueden ver con facilidad. Los archivos sobre mi escritorio están organizados de tal manera que me hacen sentir lista para comenzar a trabajar en ellos. El dispensador aromático ubicado junto a la impresora deja una fragancia a menta en todo el aire para revitalizarme. El lunes o martes quizá cambie la fragancia a lavanda o eucalipto, dependiendo de mi estado de ánimo, pero hoy es fragancia a menta porque me hace pensar: "¡Vamos!" (una de las palabras favoritas de mi hijo JP). Siento que puedo enfrentarme a cualquier desafío. Estoy preparada para las batallas que fervorosamente lucharé el lunes desde mi oficina organizada. Estoy preparada y lista para seguir brillando.

¿Alguna vez has visto alguna fotografía de una ejecutiva de alguna compañía de *Fortune 500* con una oficina desorganizada? ¿Y qué es lo primero que hacen los diseñadores en esos programas de remodelación de hogares? Limpian todo y se deshacen de todo lo que ya perdió su propósito. Trabajamos y vivimos en muchos espacios, lo cual significa que son muchos los lugares que mantener organizados —cada habitación en nuestro hogar, nuestra oficina o lugar de trabajo, nuestro auto, nuestros casilleros en el gimnasio—. Es mucho para dar seguimiento, si es que acumulamos muchos elementos.

¿Sabías que un hogar típico en los Estados Unidos tiene un promedio de trescientos mil artículos? No me sorprende que nuestros espacios estén sobrecargados y caóticos. Si consideras que cada uno de los artículos en tu vida y lugar de trabajo te demanda una parte de tu atención, puedes comenzar a ver el valor de mantener tus espacios organizados.

Mujer victoriosa, no podrás resplandecer en tu vida privada o laboral si estás agobiada por trescientas mil cosas, la mayoría de las cuales no te llevan hacia tu propósito ni a tus misiones actuales. El artista y escritor del siglo diecinueve, William Morris, no tuvo razón en todo pero estaba en lo correcto cuando dijo: "No tengas en tu casa [u oficina] nada que no consideres útil o bello".[1] Yo agregaría que no deberías tener en tu casa u oficina nada que no sirva a tus misiones. Si no te añade valor, belleza o propósito, ¿por qué te aferras a ello?

Las personas exitosas que avanzan hacia sus objetivos son organizadas. No estoy diciendo que tu hogar tiene que lucir como la fotografía de una revista. De ninguna manera. Me refiero a que un hogar o un escritorio organizado revela una mente organizada y dispuesta. Significa que estás preparada para actuar y enfrentar cada una de tus batallas.

Existen libros, seminarios, *blogs* y páginas *web* destinados a la organización personal y profesional. Encuentra una estrategia que te sirva y da pequeños pasos para comenzar a ponerla en marcha. Si hay mucho desorden en tu vida o si tienes dificultades para deshacerte de las cosas, considera buscar ayuda con un profesional en organización. O pídele a una amiga o miembro de la familia que sea tu compañera de orden. Debes invertir tu vida en perseguir tus sueños y trabajar en pos de tus metas y no adorando objetos inertes. Es importante que adquieras el control de tu espacio, a fin de poder vivir con propósito y resplandecer.

Cada vez que hago esto en mi casa, me siento como si hubiera perdido al menos diez libras (cinco kilos). Es un sentimiento asombroso. Aquí te dejo algunos consejos para comenzar. Hazlo en donde sea que te encuentres. No esperes un minuto más. Empieza ahora.

Ordena tu casa: Puede parecer una tarea enorme, pero solo comienza por alguna parte.

- Revisa tu armario y deshazte de todo lo que no hayas usado durante el último año. Haz lo mismo con tus zapatos, carteras, cinturones y joyas de fantasía.
- Uno de los mejores consejos de limpieza que he leído: revisa tu cajón de ropa interior y deshazte de lo que ya no sirve. ¡No te rías! ¡Vamos, puedes hacerlo! No te quejes. Tú sabes lo que ya dejó de ser bonito y necesitas remplazar. Vale la pena y mereces sentirte bien contigo misma.
- Proponte la meta de apartar un tiempo una vez por semana para ordenar una habitación de tu casa. Desglosa el trabajo en tareas concretas. Por ejemplo, si tu meta de esa semana era ordenar la cocina, podrías enumerar: ordenar la despensa; revisar cada cajón; limpiar cada gabinete. Algunas habitaciones tomarán más de un día, así que quizá debas separar dos o más semanas en tu agenda para ordenar por completo ese lugar. Pero empieza con algo.

Ordena tu espacio de trabajo: Un espacio de trabajo organizado hará que seas más productiva. Nuevamente, puedes hacer un poco a la vez.

- Revisa tu escritorio y cajones y deshazte de todo lo que ya no necesites. Esto incluye artículos como paquetes de kétchup y salsa de soya que nunca vas a utilizar.

- Establece un horario, que no entorpezca tu trabajo, para limpiar en forma regular y mantener tu espacio de trabajo ordenado y bajo control. En nuestra oficina asignamos el viernes como el día en el que se limpia el refrigerador y todos debemos llevarnos lo que es nuestro o, si no, ya no lo encontraremos el lunes.

- Cada seis o doce meses revisa cada uno de tus archivos y tira aquello que ya no necesites.

Embellece tu área de trabajo: Por ejemplo, puedes poner música, velas o flores. Pasas mucho tiempo de tu día allí, y tu espacio laboral debería ser inspirador y tranquilo. Ah, y no me des la excusa de que estás en un lugar de trabajo diferente a diario. Como por ejemplo aquellas mujeres victoriosas que limpian casas y son de gran bendición para tantas otras que pueden entonces gozar de hogares impecables. O aquellas que trabajan en restaurantes y creen que es imposible organizar sus espacios.

- Si trabajas limpiando casas, cocinando, como mesera, vendiendo tamalitos o trabajas como ama de casa en tu hogar, tú también puedes organizar tu espacio.

- Donde sea que tengas tus herramientas de trabajo, asegúrate de que estén bien organizadas.

- Asegúrate de que la ropa que usas para trabajar está limpia y planchada y que le diga al mundo que la victoriosa que las lleva puesta es una mujer organizada.

- Arréglate el cabello, lleva siempre las uñas limpias y nunca te olvides el mejor accesorio de una mujer victoriosa: su sonrisa.

Decide brillar ahí mismo en ese lugar donde trabajas hoy. Convierte ese espacio en un lugar bonito, donde te sientas orgullosa de trabajar y el cual le grite al mundo: "Aquí trabaja una mujer victoriosa". Tu espacio de trabajo constituye parte de tu campo de batalla diario, por lo tanto necesitas mantenerlo acondicionado y preparado para tus luchas. Debería ser funcional e inspirador. Conviértelo en la clase de área laboral desde donde puedas dar lo mejor de ti. Coloca en tu espacio de trabajo lo que necesites para brillar.

Por otra parte, tu hogar es tu campamento base. Todo en tu hogar debería hacerte sentir protegida, restaurada y reanimada. Debería ser un refugio para ti, tu familia y tus invitados. ¿Qué de lo que tienes a tu alrededor te hace sentir feliz? ¿Son velas, música o ciertas clases de aromas como lavanda o vainilla? Cualquier cosa que sea, si está dentro de tus posibilidades, agrégalas a tu entorno.

Considero mi hogar como un pedacito de cielo, mi esposo y mi familia lo saben. Prepara tu hogar y todo lo que en él hay para que te ayude a alcanzar tus metas. Que tu hogar esté preparado de tal manera que te ofrezca lo que necesites y te asegure que al estar ahí te sientas recompensada después de una ardua jornada laboral. Cada miembro de tu familia debería disfrutar la paz cuando esté en casa descansando y gozando de los frutos de sus labores.

Usa tu poder de la preparación para derrotar las mentiras de que tú eres una persona desordenada, desorganizada o que tu casa o espacio de trabajo nunca podrán estar limpios. No creas la mentira de que porque tienes hijos o mascotas es normal que tu casa esté desordenada. Vence esas mentiras con tu poder de la preparación. Prepara tu hogar y espacio de trabajo para convertirlos en ambientes donde tu propósito pueda prosperar. Tu hogar necesita ser el lugar donde encuentres descanso, y no estrés. Toma el control de tu espacio para que así sea.

Usa tu poder de la preparación y refuérzalo con organización. Haz que el uso de tu poder de preparación en tu lucha contra la ineptitud se convierta en algo automático en tu vida. Organiza tu tiempo, haz de tu calendario tu mejor aliado. Conviértete en una experta en el uso de la palabra —que también es una oración completa—, usa el NO una y otra vez. Organiza tu vida, prepárate para poder brillar en todas las áreas. Empieza a leer un libro, toma una clase, mira videos en internet, regístrate en una conferencia, haz algo para aprender a cómo seguir brillando constantemente. Organiza tus espacios. Permite que tu mente, que tu hogar y tu espacio de trabajo sean lugares en los que tú y tu familia puedan descansar para así poder brillar en el mundo. Desecha la mediocridad; fuiste destinada para ser nada menos que una lumbrera. ¡Tú puedes brillar constantemente desde ahora!

CAPÍTULO SEIS

El poder del discernimiento al usar nuestras palabras

Usa tus palabras para bendecir, en lugar de destruir

> Hablar mal de los demás es una forma
> deshonesta de alabarnos a nosotros mismos.
>
> —WILL DURANT

El poder de nuestras palabras es inmensurable. Las palabras tienen poder para edificar o destruir, para sanar o herir, maldecir o bendecir. Tú podrás ser una mujer de fe que conozca cómo afirmar tu verdadera identidad, que conozca tu propósito en la vida, que tenga ganas insuperables y esté siempre bien preparada, pero tendrás muy poco valor si no eres capaz de discernir cómo usar el poder de tus palabras.

Uno de mis versículos favoritos de la Biblia, Proverbios 18:21, habla sobre el poder de nuestras palabras al declarar que la lengua tiene el poder de la vida y de la muerte. Las palabras son tan poderosas que podemos usarlas para edificar o asesinar el carácter de un individuo. ¿Crees que *asesinar* es una palabra demasiado fuerte? Analicemos esto juntas. Si bien no estoy empleando este término para referirme a matar a alguien, *asesinar* también significa querer dañar o herir a alguien de gravedad. ¿Acaso no es exactamente lo que sucede cuando hablamos mal de otros? No estás engañando a nadie más que a ti misma cuando hablas a espaldas de alguien y te dices que lo haces para ayudar a esa persona o a alguien más involucrado. No trates de racionalizar esa mentira. Hablar a espaldas de alguien es egoísta y autocomplaciente, y le demuestra al mundo que eres una cobarde porque eliges no confrontar el asunto ni hablar con la persona directamente.

Las palabras son tan poderosas que pueden iniciar guerras.[1] El caso de una persona se puede ganar o perder en un tribunal solamente por una palabra. Se pueden destruir familias porque un miembro le dice a otro una palabra cruel. Las palabras forman parte de nuestra vida cotidiana, y si queremos ser mujeres victoriosas en la vida debemos dejar de creer la mentira que está bien usar nuestras palabras para maldecir, en lugar de bendecir. Debemos darnos cuenta del poder de nuestras palabras y volvernos expertas en discernir cómo usarlas.

¿Qué es el discernimiento? Existen muchas definiciones de esta palabra, pero la que más me gusta se encuentra en *Wikipedia*: "la capacidad para obtener percepciones agudas o juzgar bien (o la acción y efecto de discernir)"[2]. Discernir cómo usar nuestras palabras significa juzgar correctamente cuándo y cómo usarlas. Una mujer victoriosa sin el discernimiento para usar el poder de sus palabras está luchando una batalla perdida, porque al final del día no será capaz de enfrentarse a sí misma. Es el poder del discernimiento de cómo usar nuestras palabras el que guarda la lengua para no soltar las mentiras del ego negativo y así dañar a otros. Mi amiga Ángela una vez me dijo que la definición de *ego negativo* es *Edging God Out*, que se traduce como "apartar a Dios de ti". Decide ser valiente y pasa por encima del ego negativo para convertirte en una mujer victoriosa que usa intencionalmente sus palabras para dar vida.

Para ser cuidadosas con nuestras palabras debemos también aprender a escuchar. Hay una razón de por qué Dios nos dio dos oídos y una boca. Se puede ganar mucho más aprendiendo a escuchar antes de hablar. ¿Cuántas aflicciones se pudieron haber evitado si hubiésemos escuchado primero y hablado después? Escuchar bien significa estar realmente presente y de verdad querer oír y comprender aquello que la otra persona está diciendo. Cuando una persona habla, necesitamos escuchar con un deseo genuino de entender, en lugar de usar ese tiempo para planear nuestra respuesta o decidir por qué el locutor está equivocado.

Sé que tu anhelo es ser imparable y vivir una vida plena. La única manera para que verdaderamente puedas alcanzarlo es usando el poder de tus palabras de la mejor manera. Podrás lograrlo solo si, como dice la Biblia, estamos "listos para escuchar, ser lentos para hablar, y para enojarse".[3]

Usa tus palabras para dar vida

Las palabras se han usado para causar algunas de las peores heridas al alma. Las palabras negativas que se dicen durante la niñez suelen afectar a un individuo hasta llegar a la adultez, y a veces para toda la vida. El verso infantil "Los palos y piedras podrán romper mis huesos, pero las palabras nunca me herirán", no podría estar más equivocado. Un dicho equivalente en español sería: "A palabras necias, oídos sordos". Cuando las palabras se usan de manera inapropiada, podemos ocasionar heridas graves, tanto a nosotras mismas como a otros.

Palabras dirigidas a una misma

Lamentablemente, a menudo usamos las palabras para reforzar las mentiras que nos afectan de manera negativa. Repetimos pensamientos negativos sobre nosotras mismas, tales como: "Nunca voy a terminar la escuela"; "No voy a obtener un aumento"; "De ninguna manera un chico tan guapo me va a invitar a salir" o "No puedo imaginarme cómo podré ganar suficiente dinero para ir a esas vacaciones soñadas". Justo ayer escuché a una persona decir: "Si eso sucede, tendré un ataque al corazón". De inmediato le recordé que nuestras palabras tienen poder y que nunca volviera a decir eso. Él se dio cuenta de su error y me prometió no volver a decirlo.

Deja de pronunciar palabras negativas sobre tu vida, detente ahora. Háblate con respeto. Deja de llamarte fea o gorda o fuera de forma o vieja o tonta o loca. ¿Le dirías eso a tu buena amiga o a tu querido hijo o a tu amor platónico? Entonces, ¿por qué te refieres a ti de esa manera? Sé amable contigo misma, y créeme que tu vida será inmediatamente transformada. Es increíble cómo te empieza a tratar la gente cuando tú misma crees que mereces ser respetada. Si tú te respetas, otros también te respetarán. Encontrarás un ejercicio en el Apéndice A, en tu libreta de apuntes que *te* ayudará a recordar siempre llevar una bolsita de *té* contigo.

Palabras dirigidas a otros

Todas nosotras podemos recurrir al poder de usar nuestras palabras para edificar y bendecir a otros, incluso si corremos el riesgo de que otros nos juzguen y nos acusen de tener segundas intenciones. Recuerdo que una vez le dije a alguien cuánto me agradaba el traje que estaba usando. Me agradeció y me dijo: "No tienes que adularme", con un tono de burla. En función de ese comentario de hace muchos años, pude haber decidido dejar de halagar a las personas. Sí, lo pensé, pero gracias a Dios decidí no hacerlo. Me encanta hacer cumplidos a la gente y encontrar algo bonito que decir sobre alguien cada vez que puedo. Le digo a la cajera cuánto me gusta su color de esmalte de uñas; a la contadora, qué bonito es su anillo; y a la mesera, cuán orgullosos deben estar sus padres de que pueda trabajar medio tiempo mientras asiste a la escuela. Aprender a usar el poder de tus palabras de manera positiva es una meta que merece la pena perseguir. Una mujer victoriosa con discernimiento se detiene a reflexionar y filtrar lo que dice, para asegurarse de que sus palabras sean honestas, compasivas y sabias.

Palabras dirigidas a los hijos

Somos más influenciables en la infancia. Decide bendecir a tus hijos con tus palabras. Deja de maldecir a tus hijos diciéndoles que son perezosos, que no sirven para nada, que no serán capaces de conseguir otro trabajo, o peor, que no serán felices y tendrán una vida de sufrimientos si se casan con la persona de la que están enamorados. ¡Qué vergüenza! Si no le desearías tal destino a tu mejor amiga, ¿cómo te atreves a hablar sobre el futuro de tu hijo de esa manera?

Durante años, cuando mis hijos me dan un beso de despedida antes de partir de casa, les digo: "Sean sabios y escuchen a su corazón. No se olviden quiénes son allí afuera". Mi esposo y yo hemos mantenido muchas conversaciones con ellos para explicarles las grandes responsabilidades que afrontamos como familia. No queremos que nunca se olviden que adondequiera que vayan, están reflejando el poder de Dios y representando a nuestra familia. En varias ocasiones nos han dicho que mientras andan en la calle pueden escuchar mi voz en sus subconscientes diciendo: "No te olvides quién eres allí afuera". No tengo ninguna duda de que mis palabras son poderosas, y voy a continuar trabajando en el discernimiento de cómo usarlas para guiar y alentar a mis hijos.

Ojo —Sidebar—

Si tienes un hijo que acosa con sus palabras —bully— o se junta con acosadores —bullies— debes detener ese comportamiento ahora mismo. Sí, ahora. No tienes excusas para dejar que un niño se salga con la suya en lo que respecta al acoso infantil. Es desgarrador oír que un joven se ha quitado la vida porque lo estaban acosando. Si sientes que la situación se te ha escapado de las manos y no puedes detenerla, busca ayuda ya. No pierdas un minuto más en brindarle la ayuda que él o ella necesita. Créeme, no querrás estar tan ocupada como para no prevenir que tu propio hijo afecte de manera negativa la vida de alguien más.

Usa tus palabras para edificar

¿Has visto el rostro de una criatura cuando la felicitas por hacer algo bien? Resulta imposible describir la mirada en esos ojos y el sentido de realización que le dan tus palabras. ¿Has notado el rostro de tu marido cuando lo halagas por hacer algo bien? Su respuesta también es difícil de describir, pero sabemos cuán grandioso se siente ver esa preciosa expresión en su rostro.

Permíteme detenerme aquí y hacerte una pregunta. Si estás casada, ¿has halagado o felicitado a tu marido últimamente por alguno de sus logros? Si no, ¿qué estás esperando? ¿Diría tu esposo que te la pasas quejándote la mayoría del tiempo? Deja de dar tanta lata y dile a ese hombre lo grandioso que es por hacer esto, eso o aquello. Si estás leyendo estas líneas y pensando: "Bueno, no conoces a mi marido. Raramente hace algo bien". Tendría que preguntarte, ¿cómo has contribuido tú para que él llegue a ese punto? Después de todo, cuando decidiste casarte, él era el mejor, era maravilloso, estaba dispuesto a ir hasta la luna solo para conseguirte un helado, si fuera necesario. ¿Qué has hecho para que ya ni siquiera desee ir hasta el supermercado a comprarte un cono de helado?

Algún día escribiré un libro sobre el matrimonio, y recalcaré cómo debemos luchar a capa y espada para preservar esta institución en peligro de extinción. Pero por ahora déjame enseñarte un ejercicio que, si se aplica sabiamente, traerá resultados positivos inmediatos a tu matrimonio. Durante todo un día enfócate en encontrar actividades que tu esposo esté haciendo bien. Agradécele y reconoce cuánto lo aprecias por todo lo que hace. Mándale una notita con un coqueteo alagándolo. Si quieres conseguir que la autoestima de tu marido aumente, prueba esta actividad. No te vas a arrepentir. Lo mismo aplica para tus hijos, compañeros de trabajo, parientes, etc. Claro que a ellos por favor no les mandes una notita de coqueteo. Todos necesitamos la aprobación y el reconocimiento de alguien por lo que hacemos. Inténtalo. Se siente genial, y el resultado es maravilloso.

Cuando tus hijos lleguen a casa con una libreta de calificaciones poco satisfactoria, no te enfoques de inmediato en las malas notas. Créeme, ellos ya se sienten lo suficientemente mal. Enfócate en lo positivo. Diles palabras de ánimo. Instrúyelos. Establece primero su confianza y luego hablen de lo que necesitan hacer para obtener mejores calificaciones en el futuro. Al hacer eso, estarás afectando su futuro de manera positiva y enseñándoles cómo animar y fortalecer a otros durante los momentos difíciles. Cuando una persona se cae no le debes caer a palos porque tropezó. Primero ayúdala y después conversa con ella acerca de cómo puede aprender a no tropezar de nuevo. No palos de ninguna clase, incluyendo los emocionales.

Deja de usar palabras hirientes

En mi opinión, resulta bastante fácil para la mayoría de nosotras usar palabras de bien. No se requiere de mucho esfuerzo para decidir edificar, bendecir y fortalecer a otros. Pero la mayoría de nosotras tenemos problemas para elegir no usar palabras hirientes. Por esa razón, el resto de este capítulo se enfocará en las maneras en que empleamos nuestras palabras para causar dolor, a las cuales me gusta llamar "enfermedades de la boca".

Una de las maneras más comunes en que usamos nuestras palabras para herir a otros es contar chismes. Seamos honestas aquí. Cada una de nosotras en algún punto u otro ha chismeado sobre alguien o algo. Como siempre digo, la que esté libre de pecado, que arroje la primera piedra. Puedo asegurarte que ni tú ni yo podemos arrojar la primera piedra, ni la segunda ni la tercera y tal vez ni siquiera la piedra número quinientos. ¿Por qué no? Porque todas hemos cometido errores y los seguiremos cometiendo.

Todas hemos en algún momento hablado mal de alguien. Hemos cometido el gran error de asesinar el carácter de una

Ojo —*Sidebar*—

Odio cuando escucho a mujeres que se enorgullecen en decir: "Bueno, al menos mis pecados no son tan malos como los de ella" o "Yo solamente he faltado a siete de los mandamientos, pero no a los más importantes" o "He pecado, pero nunca he robado, cometido adulterio o matado a nadie". Este es un sentido falso e hipócrita de orgullo y justificación. Si alguna vez has juzgado a otra persona por haber cometido un pecado o si actualmente juzgas a quienes cometieron esos errores en el pasado, por favor, bájate de tu pedestal y pídele a Dios que te perdone. ¿Por qué? Porque el pecado es pecado y ya. El pecado no tiene tamaño, porcentaje o peso. Un pecado no es una felonía y otro un delito menor. El pecado es pecado y punto. Al usar tu lengua para andar juzgando o chismeando sobre alguien, ya has pecado. No olvides el mandamiento de no dar falso testimonio ni mentir. El chisme va mano a mano con la mentira. Peor aún, me atrevo a decir, como ya mencioné cuando abordamos el chisme, que ya hemos asesinado el carácter de una persona por hablar mal de ella.

Si quieres una manera rápida de vivir una vida más pacífica, hazte un favor y deja de juzgar a otros. Recuerda lo que dicen las Sagradas Escrituras: "No juzguen a nadie, para que nadie los juzgue a ustedes. Porque tal como juzguen se les juzgará, y con la medida que midan a otros, se les medirá a ustedes".[4] Me encanta lo que continúa diciendo este pasaje: "¿Por qué te fijas en la astilla que tiene tu hermano en el ojo, y no le das importancia a la viga que está en el tuyo? ¿Cómo puedes decirle a tu hermano: "Déjame sacarte la astilla del ojo", cuando ahí tienes una viga en el tuyo? ¡Hipócrita!, saca primero la viga de tu propio ojo, y entonces verás con claridad para sacar la astilla del ojo de tu hermano".[5] ¡Ouch!

Continúa en la siguiente página

⟶

> Practiquemos esto las 24 horas del día y los 7 días de la sema-
> na. Lavemos nuestras manos con frecuencia a fin de que cuando
> intentemos sacar las enormes vigas de nuestros propios ojos, no
> contraigamos una infección de ojo en el proceso.

persona, ya sea directamente con nuestras palabras o al participar en el chisme con otros. Pero que lo hayamos hecho no significa que tenemos que *continuar* haciéndolo. Debemos esforzarnos
de manera consciente para evitar chismear. Tenemos que determinar de manera intencional y continua apartarnos de esta enfermedad.

¿Alguna vez has sido el centro del chisme? Es horrible cuando
te das cuenta de que la gente ha gastado su tiempo y sus energías
para decir algo desagradable sobre tu persona. Por lo general, el
chisme no es un reflejo completamente verdadero de todos los
hechos, pero la historia verdadera no siempre importa. Una vez
que comienza a correrse la voz sobre algún aspecto de alguien,
definitivamente afectará lo que la gente piense acerca de él. Hay
una antigua historia judía que ilustra muy bien este punto.

Un hombre difundió un rumor sobre otro. Más tarde se sintió culpa-
ble y acudió al rabino de su pueblo y le preguntó:

—¿Cómo puedo remediar mi error?

—Ve a la tienda y compra una bolsa de semillas —dijo el
rabino—, luego, ve a un gran campo abierto y esparce las semillas
al viento. Hazlo y regresa en una semana.

Hizo según se le mandó, y a la semana siguiente volvió para
averiguar:

—¿Qué más tengo que hacer?

—Ahora —dijo el rabino—, regresa al campo y recoge todas las semillas.

—Pero —el hombre protestó—, ¡esas semillas se han esparcido por todas partes! Nunca podré encontrarlas todas. ¡Incluso muchas ya habrán echado raíces!

—Exactamente —le explicó el rabino—. Ahora comprendes. Cuando hablamos mal de otros, el efecto repercute en todas partes. Y el daño nunca podrá ser completamente reparado.[6]

Sé lo feo que se siente cuando descubres que otros han hablado mal de ti. Es triste cuando descubres que otra mujer habló a tus espaldas para sacar ventaja o solamente para herirte debido a sus celos, envidia o falta de seguridad en sí misma o, tristemente, como es su costumbre, a modo de entretenimiento porque no tiene algo más importante que hacer en su vida. Muy probablemente, habla mal de la gente porque se siente amenazada por sus éxitos. Resulta incluso más perturbador escuchar a hombres que andan chismeando. Las mujeres son conocidas por ser a las que les gusta hablar. Los hombres supuestamente son más sabios en esta área, pero lamentablemente no siempre es así.

Sé cuán difícil resulta ignorar los chismes, pero siempre pienso en la sabiduría de mi marido cuando me enfrenta a los mismos. Él me hace dos preguntas simples:

¿Están hablando a tus espaldas?

Mi respuesta es afirmativa, y él me recuerda que ello es evidencia concreta de que yo voy por delante, porque el que esas personas están hablando a mis espaldas significa que yo les llevo la delantera. Entonces me pregunta:

¿Pagan ellas la hipoteca de tu casa?

Respondo que no, entonces él me dice que las ignore. Le agradezco a Dios cada día por darme a un hombre que podrá ser de pocas palabras, pero las mismas son realmente impactantes y transformadoras.

A veces la situación es un poco más complicada como para abordarla con esas dos simples preguntas. En ese caso, utilizo los siguientes 7 pasos que me ayudan a lidiar con el chisme. ¿Por qué 7 pasos? Porque en la Biblia el 7 es el número de plenitud y perfección (tanto física como espiritual).

1. **¿Quién es la fuente?** Esto es de suma importancia. La mayoría de las personas que difunden chismes, en las instancias previamente mencionadas, son solo conocidos. No son amigas ni parientes, mucho menos personas en quienes confiarías. Si personas semejantes difundieron el chisme, es mejor ignorarlas. Si fue una amiga o pariente, tendrás que considerar todas las variables y decidir si debes confrontar a dicha persona o tratar de aclarar cualquier malentendido o problema.

2. **¿Cuáles crees que sean sus motivos?** Siempre existe una razón. O bien tú presentas una amenaza a sus circunstancias en la vida o a sus empleos, o tristemente quizá estén aburridas y no tengan nada mejor que hacer. Tal vez te tengan envidia. He aprendido a ver los intentos de herirme como una clase de admiración negativa. Piensa al respecto. Si alguien se molesta en andar chismeando sobre ti, significa que tu fuerza es radiante. Tu propósito es radiante. Tu vida es visible para otros. Esto también significa que la envidia les quema las venas. Eso es bastante asombroso.

3. **¿De qué manera están ellos sufriendo?** Una de las personas que ha tratado de herirme con el chisme es de hecho

alguien por quien sentí lástima cuando me enteré de su vida personal. Ha tomado una serie de decisiones que la dejaron sin relaciones reales (sin amigos ni familia que quisieran estar con ella). Sus conocidos y sus familiares evitan estar a su lado. ¡Qué triste! Las personas que hieren a otras por lo general están sufriendo ellas mismas, y el chisme se vuelve una herramienta para ayudarlas a sentirse al menos un poquitito más importantes.

4. **¿Hay algo de verdad en lo que dicen?** En tal caso, debes procurar remediar la situación. De lo contrario, ignóralos.

5. **¿Estás reaccionando con amabilidad?** Cada vez que veo a algunas de las personas que han contado chismes sobre mí, sonrío, y no lo hago con hipocresía. De hecho, las saludo con franqueza y desde el fondo de mi corazón hasta las bendigo. No quiero hacer o decir nada que las haga estar en lo correcto y comprometa mi integridad.

6. **¿Quién es el receptor del chisme?** Si es alguien con quien tienes una relación, trata de hablar para aclarar la situación. Si el receptor no significa nada para ti, entonces solo ignora la conversación malintencionada.

7. **Luego, déjalo ir.** Así, como lo leíste: déjalo ir y entrégale el chisme, el dolor, el fastidio, e inclusive a la persona chismosa, a Dios. No le dediques minutos a personas que no se merecen ni siquiera un segundo de tu vida. No gastes lo más mínimo de tu preciosa energía en alguien que no se lo merece.

El último paso es muy importante. No puedes perder tiempo preocupándote por la persona chismosa para que reciba su castigo o que deje de chismear sobre ti. Lee muy atentamente: *las personas chismosas no pueden herirte a menos que tú se lo permitas.*

Nadie puede tener poder sobre ti para afectarte, a menos que se lo otorgues. Las acciones *siempre* hablan más alto que las palabras. Demuéstrale al mundo, a través de tus acciones, quién realmente eres. Y si las puertas de hecho se cierran porque alguien creyó el chisme dirigido en tu contra, no te preocupes, llegarán mejores oportunidades. Esa es la verdad.

No quiero que pienses que de alguna manera estoy menospreciando el daño que el chisme nos causa, el dolor que nuestras almas sienten. Al contrario, soy la primera en decir que entiendo lo difícil que es cuando otros chismean sobre ti y por eso tengo un plan de ataque para cuando me encuentro en esa situación.

Cuando descubro que el chisme ha provocado que una puerta se me cierre, por lo general reviso un proceso de cinco pasos que me permite analizar y responder ante la situación:

1. Me doy permiso para sentirme molesta —¿cómo se atreven a hablar mal de mí?—. Pero pronto comienzo a sentir pena por la otra persona.
2. Me doy cuenta de que la persona que habló mal de mí debe de estar amenazada por mi éxito o tan infeliz que no tenía nada mejor que hacer que andar chismeando.
3. Decido allí mismo perdonar y no confrontar a la persona, a menos que quien haya recibido la información falsa saque el tema. Si eso no ocurre, no hay razón alguna para invertir mi valioso tiempo en discutir sobre el chisme. Si el receptor del chisme no me pregunta al respecto, pero me cierra una puerta en función de la información falsa, decido seguir adelante. Todo aquel que tome una decisión profesional importante sobre la base de un chisme no es un verdadero profesional o un líder de verdad, así que no vale la pena abordar el tema.

4. Cuando veo a los que andan en chismes, sonrío y los trato con respeto, y mientras lo hago, mi alma tiene una fiesta espiritual. ¿Por qué? ¿Cómo puedo hacer esto con un corazón puro? Porque cada vez que alguien ha tratado o logrado que una puerta se me cerrara, Dios ha abierto otra mejor —a veces una puerta enorme, un portón— en su lugar.

He aquí una prueba empírica: como podrás imaginarte, al ser una comentarista legal por más de una década, han existido personas que han luchado duro para cerrarme puertas. Como, por ejemplo, cerrarme las puertas en algunos segmentos en televisión. ¿Pero sabes qué? Dios continúa abriéndome puertas y enormes portones, como la vez cuando recibí una llamada de Joe Menéndez, director de la película *Ladrones,* de Pantelion Films. James McNamara, el presidente de Pantelion Films, había visto uno de mis segmentos en *Despierta América* y quería que yo me interpretara a mí misma en la película. Así es que nunca olvidaré cuando mi familia, mi equipo y algunos de mis seguidores llenamos una sala de cine para juntos ver la película. Luego fuimos a disfrutar juntos de un almuerzo. Mi familia y yo agradecimos a cada uno de ellos por contribuir a diario para que yo pueda llevar a cabo todo lo que hago. Caminar con mi esposo y mis hijos por la alfombra roja fue una ocasión inolvidable. Piensa. Analiza. A pesar de que en el pasado algunas puertas se cerraron para que apareciera en la pantalla chica de la televisión, Dios me llevó a la pantalla grande del cine. Sorprendente, ¿no? Desde luego que sí, porque los planes de Dios para nosotros son siempre perfectos y enormes. Disculpa que te lo diga así, pero hasta se podría considerar como una jalada de orejas con guantes blancos por parte de Dios a estas personas celosas y envidiosas. Es evidencia empírica de la respuesta a la pregunta: si Dios conmigo, ¿quién contra mí? Yo sé que tú sabes la respuesta. Vamos, dila en alto conmigo: nadie. ¡Si Dios conmigo, nadie contra mí![7]

5. Continúo viviendo mi vida con fe y con la firme convicción de que cuando Dios está conmigo, nadie podrá levantarse en mi contra. Los chismosos, celosos y envidiosos pueden intentar herirme —porque eso es lo único que logran, intentar—, pero a final de cuentas Dios gana cada una de mis batallas.

Una productora que conozco cierta vez nos dijo, a mí y a mi *sonager*, JP, algo así como que el hecho que tengamos enemigos significa que hemos llegado a las grandes ligas. Piensa en ello. Si no estuvieras brillando, ¿se tomaría el tiempo una persona mala y grosera de escribir comentarios desagradables? Desde luego que no. Como el autor Larry Winget afirma: "Si te puedes llevar bien con todos y todos te aman, entonces no vales demasiado. Una persona que se mantiene firme a sus principios y no compromete su integridad no es querida por todos".[8] ¡Bravo! A seguir cambiando al mundo sin importar los criticones.

He aprendido a sentir pena por los chismosos, celosos y envidiosos. Al dedicar aunque sea un minuto para hablar mal de alguien que ni siquiera conocen, demuestran cuán superficiales son. Mi hijo ha encontrado una manera de lidiar con los envidiosos. Es un dicho que usa al final de cada uno de sus videos: "Y para los envidiosos, *ciao, mi vida*" ("adiós, mi amigo"). Dice esas palabras mientras les tira un beso al aire, enviándoles bendiciones. ¡Cuán asombroso es eso! Elige bendecir incluso a quienes tratan de ser groseros con sus comentarios en las redes sociales. Digo *tratan*,

Ojo —*Sidebar*—

Menciono algo sobre las redes sociales. Me entristece cuando hablo con alguien que está triste, herido o incluso deprimido tras leer un comentario en su contra en las redes sociales. Hace algunos años, cuando comencé a involucrarme en este campo, descubrí que es una plataforma muy poderosa. Decidí entonces utilizarlo para brindar información que podría ser de bendición para otros, pero en el proceso aprendí cuán irrespetuosa podía ser la gente en internet. Recuerdo cómo me sentí cuando leí algunos de los primeros comentarios negativos. Mi hijo JP tomó acciones inmediatas y le pidió a nuestro equipo de medios de comunicación que se asegurara de que yo no leyera ninguno de esos comentarios. Ahora ni siquiera los leo, pero si me llego a encontrar con alguno, hago una oración rápida por esa persona y sigo adelante. No permitas que los comentarios de las redes sociales arruinen tu día. Di una oración por la persona que publicó dicho comentario y sigue adelante. Vale la pena orar por ellos porque son infelices. Son la clase de personas que van a Disneylandia, uno de los lugares más felices del mundo, y se quejan porque Mickey tiene la nariz muy grande. Ten presente que no somos moneditas de oro y no le vamos a caer bien a todos. Lo importante es que la mayoría de personas nos quieren y aprecian; los demás, que encuentren algo mejor que hacer con su tiempo.

porque eso es lo que de hecho intentan. Pero no pueden herirnos porque nada ni nadie puede dañar a un hijo de Dios. Recuerda, si Dios está de tu parte, nadie puede estar en tu contra. [9]

Cualquier ser humano quisiera tomar represalias y usar sus palabras en contra de aquellos que causan heridas o tratan de causarlas. Desearía poder decir que todas las veces me he apartado del chisme o de reacciones negativas al ser el centro de ello, pero ha sido y continuará siendo un proceso de crecimiento para mí. Sé lo bien que se siente cuando una descarga su ira y su frustración. Recuerdo vívidamente comportarme así cuando era más joven y menos sabia. Pero he aprendido que una después se siente horrible, y no logra nada. O pierdes el control o tu integridad en ese momento, y corres el riesgo de hacer realidad lo que la persona chismosa diga sobre ti. Esas acciones no reflejan los valores de una mujer victoriosa.

Existe otra cara de esta moneda. Así como es triste que alguien dedique tiempo para andar chismeando, también es triste cuando pasamos incluso un minuto preocupadas, tristes o infelices porque no obtuvimos muchos "Me gusta" en nuestra actualización de estado de Facebook o porque una de nuestras buenas amigas no nos comentó la hermosa fotografía que publicamos recientemente. He aquí una palabra para las sabias: "¡Supéralo!". Tengo amigas queridas cuyas redes sociales no siempre visito; e incluso cuando lo hago, si no pongo "Me gusta" o comento sus publicaciones, no significa que las aprecie menos. Significa que no dispongo de mucho tiempo para pasar en las redes sociales. Así que, si sientes pena por ti misma porque no estás consiguiendo demasiada atención en las redes sociales, encuentra una manera mejor de invertir tu tiempo.

No andes en chismes

Te lo ruego, mujer victoriosa, evita con todas tus fuerzas hablar mal de alguien. El chisme es como el cáncer. Por poco que sea, es peligroso. No uses tus palabras para andar chismeando. No prestes tu oído al chisme. No participes en eso, punto final. Una pequeña cantidad puede destruir relaciones, negocios, familias y reputaciones. Si luchas porque te encanta el chisme, pregúntate por qué lo haces. Por lo general, se debe a que estás creyendo una mentira, como que eres superior a alguien más o que te sentirás mejor si destrozas a alguien, o peor aún, crees que porque eres la jefa tienes el derecho de hablar mal de tus empleados. Déjame que te recuerde que, de ser así, la triste realidad es que tendrás el título de jefa, pero para que llegues a ser una auténtica líder te falta mucho. Niega las mentiras que te abruman y deja de chismear aceptando la verdad de que el chisme no es parte de la vida de una mujer victoriosa.

Habrá momentos en los que necesitarás pedirle un consejo a una amiga o a alguien de tu confianza sobre algún asunto delicado que haya sucedido. Asegúrate de que esa persona sea alguien lo suficientemente sabia y de confianza, alguien en quien realmente puedas confiar. Si ella no respeta la confidencialidad, no te desveles al respecto. Has aprendido una gran lección y ahora sabes con seguridad que no puedes confiarle información confidencial. ¡Acepta el hecho de que no es confiable y sigue adelante!

Si gente de tu entorno anda en chismes, hay maneras de salirte del círculo chismoso sin herir a los demás. Por ejemplo, supongamos que te encuentras en una reunión con ejecutivos de alto nivel o con líderes de la Iglesia y comienzan a hablar sobre otros de una manera que sientes que es inapropiada o chismosa. Quizá no te sientas cómoda poniéndolos en su lugar, pero puedes pedir permiso para ir al baño o encargarte de un asunto en tu lista de quehaceres, para no participar en tal conversación. Aunque no te lo digan te habrás ganado su respeto porque no están acostumbrados a que personas se alejen del chisme a tal punto que se levanten y se retiren. Tal vez tu actitud los contagie para que ellos aprendan a hacer lo mismo. No tengas miedo, hazlo y la recompensa será indescriptible. Más y más personas aprenderán que eres alguien confiable. Y eso, mujer victoriosa, no se puede comprar.

Otras maneras de usar palabras hirientes

Si bien el chisme es la enfermedad de la boca más común y dolorosa, existen otras maneras en que una lengua desenfrenada pueda causar daño.

Detallo otras personas que usan palabras imprudentemente.

La juzgadora: A esta persona le encanta señalar cuando alguien ha cometido un error o no cumple con sus estándares. Puede resultar agotador estar cerca de alguien así. Recordemos no pasar tiempo criticando la astilla en el ojo de nuestro hermano, en lugar de darle importancia a la viga que está en el nuestro.[10]

La quejona: Es la víctima, la que siempre tiene problemas, pero nunca hace nada al respecto. Es triste ver a alguien que desperdicia su tiempo quejándose cuando podría usarlo para mejorar su vida. Cuanto más tiempo pasemos quejándonos, no añadiremos nada positivo porque solo nos estamos enfocando en lo negativo.

Tengo que admitir que a veces me sorprendo cayendo en la trampa de la queja. Por lo general, sucede cuando estoy cansada y abrumada. Estoy aprendiendo a reconocer esos momentos, e intento encontrar una manera de descansar o de pedir socorro. También me ayuda a recordar todas mis bendiciones. ¿No es sorprendente cómo podemos enfocarnos en una o dos cosas que están saliendo mal, en lugar de los cientos de otras que van bien? Cada minuto que pases quejándote es un minuto menos que destinas a cumplir una de tus metas. ¡Deja de quejarte! No desperdicies otro minuto valioso de tu vida. Nunca recuperarás el tiempo perdido.

La cobarde: Se trata de la que no es lo suficientemente valiente como para enfrentar un asunto y hablar frente a frente con quien tenga el problema. En cambio, habla a sus espaldas.

No te atrevas a justificarte diciendo que no puedes atacar estas enfermedades de la boca porque las aprendiste desde niña. No culpes a quienes te rodean o te criaron por el uso de tu lenguaje grosero y dañino. Creo que el uso de las palabras necias te quita valor, te sustrae. Según mi experiencia, las personas que dicen palabras hirientes lo hacen por rabia o porque sienten que están perdiendo una discusión. Creo que si tus palabras hacen daño en lugar de hacer bien, tu discusión ya está perdida. Sé responsable. Decide *ahora* que detendrás ese círculo vicioso. Decide y actúa para cambiar y ser una bendición para futuras generaciones. Nunca es demasiado tarde.

Una mujer victoriosa usa el discernimiento para vencer las mentiras que la llevan a usar sus palabras para maldecir en lugar de bendecir. Al usar el discernimiento como tu guía, te detienes a reflexionar y filtrar lo que dices para asegurar que tus palabras sean honestas, compasivas y con amor. Muchas veces decides que es mejor no decir nada. Imagínate si cada una de nosotras creyera realmente que a veces es mejor permanecer calladas. Como dice la Biblia: "Hasta un necio pasa por sabio si guarda silencio; se le considera prudente si cierra la boca".[11]

El poder del discernimiento al usar nuestras palabras es muy a menudo difícil de usar, pero vale la pena hacerlo. Nunca olvides el poder de tus palabras. Usa tus palabras para dar vida a otros y no para herirlos ni para asesinar el carácter de un individuo. Si llegas a ser el centro de un chisme o la receptora de palabras que buscan destruirte, en lugar de edificarte, aprende a analizar la situación antes de responder. No actúes por impulso. Practica una y otra vez hasta que logres casi automáticamente tomar los pasos de análisis antes de buscar defenderte erróneamente. Deja que tus acciones hablen más alto que sus palabras. Memoriza y repite para ti misma una y otra vez: "¡Si Dios conmigo, nadie contra mí!".

Así como es importante saber responder a una situación en la que se ha dicho algo mal de ti, es más importante aún tomar decisiones y acciones que reflejen que no tenemos enfermedades de la boca, como lo es el chisme. Analízate y pregúntate si estás siendo chismosa, porque tal vez sientes celos o envidia. Usa tu poder del discernimiento al usar nuestras palabras para pulverizar cualquier acción que te haga hablar mal de otros por tu arrogancia o sentido de superioridad. Tú no eres más que nadie. Si no me crees, pregúntale a todo ejecutivo, periodista o artista que ya no son famosos. Se sienten vacíos y solos porque se dan cuenta de que el halago recibido por otros fue superficial. Usa el poder del discernimiento de tus palabras para pulverizar la arrogancia y superioridad y usa tus palabras con honestidad y humildad.

Al darte cuenta lo pequeñita que te haces cuando cuentas chismes de otros, usualmente esto ayuda para aplastar tu ego negativo y escuchar la voz de tu alma que te dicta no chismear. No podría ser la mujer que soy hoy si no hubiera, a diario, tratado de usar mis palabras lo más sabiamente posible. Sé que me llevará toda la vida dominar el poder del discernimiento del uso de mis palabras y usar mi vocabulario con sabiduría 24-7, pero vale la pena seguir intentándolo. Te desafío a que me acompañes en este camino digno de transitar. Usa tus palabras para bendecir y no destruir. Hazlo ahora, no mañana ni pasado mañana. Comencemos a usar el poder de nuestras palabras de la mejor y más eficiente manera posible. De este modo, afectaremos positivamente nuestras relaciones actuales y también las generaciones futuras al fortalecerlas y edificarlas. ¿Qué te parece? Comencemos hoy. ¡Vale la pena!

Parte III

Vive la vida de tus sueños hoy

Disfruta y goza de la vida a través de la oración, la conexión y la gratitud.

Muchas mujeres en la actualidad padecen de una enfermedad que me gusta denominar *el síndrome del cuando*. Consiste en el comportamiento de una persona que no está conforme con su situación actual y espera el futuro para comenzar a vivir en plenitud. La escucharás decir: "Cuando sea exitosa…" o "Cuando conozca al hombre de mis sueños…", como si ello fuera realmente el comienzo de su vida. Al usar el poder de la oración, la mujer victoriosa podrá comenzar a ver las bendiciones en el aquí y el ahora, y recibir la sabiduría y dirección de Dios. Y al conectarte y alcanzar a otros a tu alrededor podrás construir una comunidad fuerte de familia, amigos y mentores, quienes te apoyan incondicionalmente y creen en cada uno de tus sueños. Entonces hallarás paz y gozo al conectarte con personas que valen la pena y enriquecen tu vida, y al vivir contenta con lo que ya tienes podrás dar de corazón y eso te conducirá a vivir feliz y plena. De este modo encontrarás la felicidad en tu vida presente, en este mismo momento, y serás agradecida por todo lo que ya tienes.

Debes darte cuenta de que *ahora* es el tiempo perfecto para comenzar a vivir como una mujer victoriosa. En esta sección, abordaremos los siguientes poderes:

Poder N° 7: La oración

Aprende a conversar, escuchar y seguir a Dios por medio de la oración.

Poder N° 8: La conexión

Usa el poder de la conexión para construir un ejército fuerte de apoyo.

Poder N° 9: La gratitud

Desarrolla un corazón verdaderamente agradecido por lo que ya tienes, a fin de experimentar la bendición de multiplicación. Llegarás a desarrollar una profunda satisfacción, el gozo de dar a otros y vivir una vida plena desde ya.

CAPÍTULO SIETE

El poder de la oración

Derrota la mentira de la autosuficiencia

Pasar tiempo con Dios mediante la oración y su Palabra es un requisito previo para tener una gran vida y cumplir tu propósito.

—JOYCE MEYER

No existe ningún poder tan grande como el de la oración. Nos ayuda a mantenernos firmes al reconocer que una fuerza más grande y superior está obrando en nosotros: nuestro Padre celestial. Nos ayuda a darnos cuenta de que no tenemos que hacer todo mediante nuestras fuerzas, ni llevar nuestras cargas solas, ni encontrar todas las respuestas a los desafíos que enfrentemos (de hecho, *no podemos*, aunque a veces lo intentamos). La oración o conversación con Dios con palabras no memorizadas, pero que nos salen directamente del corazón, nos permite acceder a la sabiduría y fortaleza infinitas de Dios. Es el poder que nos ayuda a abrazar la verdad de que Dios está aquí, junto a nosotros, en lugar de la mentira de que está lejos. La oración nos ayuda a desarrollar una relación con Dios y a sentirlo justo a nuestro lado. Nos ayuda a conocerle como un Padre amoroso que está con nosotros en este mundo, y no pensar que es un ser inalcanzable que habita en algún lugar lejano. Es la oración y la meditación en la palabra de Dios que nos ayuda a llegar a conocerlo tan bien que llegamos a entender que es imposible que solamente el universo esté encargado de nuestro futuro, sino que Dios es el creador de ese universo y por lo tanto tiene el poder para lograr todo.

La noticia maravillosa sobre la oración es que no tiene que ser de una determinada manera, así que no debería ser una carga orar. Algo tan simple como agradecerle y alabar a Dios cuando recién te levantas puede cambiar tu día. La oración se basa en abrir tu corazón, mente y alma a Él. Habla con libertad. Dile cómo te sientes. Adelante. No tienes nada que temer. Dios quiere hablar contigo.

Quizá pienses que la oración consiste únicamente en contarle a Dios tus problemas y preocupaciones, pero la oración es de hecho un camino de doble sentido. Sí, se trata de contarle a Dios nuestras frustraciones y desafíos y pedirle su ayuda, pero eso no es todo. La oración también consiste en escuchar lo que Dios quiere decirnos. Es como cuando conversas con una amiga. Le cuentas algo y luego escuchas lo que ella tiene que decir. Así es también con Dios. De hecho, Él ya sabe lo que vamos a orar porque conoce nuestros corazones y nuestros pensamientos. La razón por la que necesitamos contarle nuestras preocupaciones es que podamos entregárselas a Él. Vale la pena saber que hemos confiado en Dios para resolver determinado asunto. También vale la pena detenernos, estar quietas y escuchar lo que Dios quiere decirnos.

Mi objetivo en este capítulo es señalar, de la manera más simple posible, lo que para mí significa la oración y su efecto en mi vida. Realmente me gustaría ayudar a la mujer que por alguna razón u otra piense que la oración es una tarea difícil o que está demasiado ocupada para orar, como si la oración fuera una acción que tuviéramos que hacer encajar dentro de un marco de tiempo, o de lo contrario no contará ni tendrá el mismo efecto. Las oraciones no necesitan palabras perfectas, un formato perfecto o una ubicación perfecta. La oración no debería ser una carga. En cambio, debería ser una bendición siempre presente en nosotras.

Existen muchos expertos en materia de oración a quienes respeto profundamente. Y si deseas estudiar la oración con detenimiento, hay muchos libros disponibles. Uno de mis favoritos se titula *Too Busy Not to Pray* ("Demasiado ocupado para no orar") de Bill Hybels.

Me encanta la pregunta que este autor una vez sugirió que nos hagamos: "¿Está el nivel de ruido ambiental de mi vida lo suficientemente bajo como para oír el susurro del Señor?".[1] Esta pregunta continúa desafiándome.

Significado de la oración

Mientras llevaba a cabo mi investigación para escribir este capítulo, me venían a la mente muchas personas que me han preguntado o manifestado dudas sobre la oración. Aquí te menciono lo que algunos de mis seguidores de Facebook comentaron cuando les pedí que definieran la *oración*:

Para mí, orar a Dios significa que Él me va a escuchar. Es saber que Él existe y que mi ser lo reconoce. Es poderoso tener una relación personal con Dios y estar seguro de que aunque el mundo se desmorone, mi fe en Dios no se perderá. Significa agradecerle, adorarle, entregarle todos mis problemas, pedirle y saber que Él existe y que responde. Es la única manera de verle y sentir su manifestación hasta el día en que regrese por nosotros y podamos verle cara a cara. Esta es mi humilde opinión.

Hablar con Dios nuestro Padre significa despojarnos de las cargas que llevamos dentro de nosotros. Cuando le hablamos y le pedimos algo con todo nuestro corazón, Él escucha. Orar significa hablar con Dios, no necesariamente una oración que ya haya sido escrita, sino desde nuestro corazón. Jesús no es una religión; Él es una relación. A Dios no le interesan un montón de palabras, sino más bien un corazón sincero. Orar a Dios es la manifestación más poderosa de mi necesidad de Él.[2]

Me encanta cada uno de estos comentarios. Hablan de una experiencia real con la oración.

Decidí que la mejor manera de presentar este capítulo era volver a lo elemental. Cuando digo *elemental*, lo digo en serio. Aquí responderé seis preguntas básicas sobre la oración: qué, dónde, quién, cuándo, por qué y cómo. Te daré respuestas que considero muy sencillas, pero que abordan el corazón del tema, en función de mis propias experiencias con la oración. Así que comencemos.

¿Qué?

La oración es una conversación sincera con tu Padre celestial, una conversación honesta y liberadora. No hay nada que puedas decir que Dios ya no sepa sobre ti o tus circunstancias. No existe nada que puedas ocultarle porque Él ya lo sabe todo. Este hecho no debería asustarte sino animarte. Cuando oras, estás teniendo una conversación individual con tu Creador, aquel que solo quiere lo mejor para ti. Al comenzar a usar el poder de la oración, el acercamiento de Dios a tu vida se convertirá en una realidad y lo conocerás de una manera poderosa y real.

¿Dónde?

Deberías orar dondequiera que puedas. Oro en mi cama, en mi auto, en la ducha, en la mesa, en cada lugar posible. He orado desde pequeñita al acostarme, cuando quería que Dios me ayudara en la escuela, en la iglesia; ahora de adulta, en las salas de los tribunales mientras esperaba que me llamaran para un caso; en las oficinas de inmigración, antes de representar a un cliente; en los estudios de radio y televisión, antes de salir al aire e incluso en la Casa Blanca y en el Capitolio de los Estados Unidos. He orado prácticamente en todos lados antes de realizar algo importante tanto en lo relacionado con mi vida personal como profesional. Estaré siempre aprendiendo cómo orar, cómo hablar con Dios y, más importante aún, seguiré aprendiendo a escucharle a lo largo de mi día, aunque solo sea para agradecerle. Invoco su nombre dondequiera que puedo.

¿Quién?

Muchas veces pensamos en la oración como en la manera de hablar con Dios. Pero existe otra cara de la moneda que no deberíamos ignorar. No debemos solamente usar el poder de la oración para hablar con Dios, sino también debemos aprender a oírle. A fin de escucharle hablar, debemos ser receptivos para oír su voz. Es imperativo que separemos un momento de tranquilidad para oír su voz y aprender a escuchar lo que nos dice.

¿Cuándo?

Deberíamos orar tan a menudo como sea posible. Es cierto, la respuesta es un poco vaga. Pero se debe a que creo con todo mi ser que cuanto más oremos, más claramente veremos el camino por el que debemos andar para vivir con propósito y con intención, y no solo por nuestro instinto. Cuanto más oremos, podremos ver mejor las promesas de Dios cumplidas y resistiremos mejor las mentiras que nos bombardean todos los días. Mi familia y yo oramos antes de cada comida, antes de los exámenes de nuestros hijos, en la noche, en la mañana y antes de eventos importantes. Oramos juntos tanto como podemos. Todos creemos en el dicho: "Las familias que oran unidas permanecen unidas". Sé un ejemplo para tus hijos. No ores solamente para guardar la apariencia, y no ocultes a otros tu compromiso con la oración.

Nunca olvidaré cuando JP comenzó a acompañarme a los almuerzos de negocios. Podía ver en sus ojos que se estaba preguntando si oraría por los alimentos durante los almuerzos con los ejecutivos o personalidades de alto perfil. Pronto descubrió que haría lo que siempre había hecho. Les explico a aquellos con quienes me reúno que siempre bendigo los alimentos antes de comer para agradecerle a Dios por su provisión. Luego les pido permiso para orar con ellos para bendecir los alimentos. Después que están de acuerdo, sostengo sus manos y doy gracias. También oro para que Dios bendiga sus vidas. Nunca nadie me dio una respuesta negativa cuando pregunté si podíamos orar juntos por los alimentos, pero estoy preparada para el caso en que alguien me diga que no en el futuro. De todos modos, cerraré mis ojos y oraré para mí misma. La oportunidad de enseñarles a mis hijos con el ejemplo es invaluable. Deberíamos darle gracias a Dios sin importar quién esté presente. Nadie es más importante que Dios para mí.

¿Por qué?

Oro porque me ayuda a darme cuenta de cuánto apoyo y dirección tengo de Dios y oro para rechazar la mentira que debo ser autosuficiente y resolver por mi cuenta lo que se presente. Oro porque no puedo imaginarme no tomarme el tiempo para hablar con Dios. Oro porque tengo fe en que no solo Él escucha mi oración, sino que también me dará la sabiduría necesaria. También oro porque siento en mi alma que no tengo que esperar a morir e ir al cielo para ver a Dios. En la oración siento que Dios está aquí conmigo, que Él está a mi lado. Y cuando oro, Dios hace realidad en mi vida las promesas de su Palabra.

La oración también me recuerda que debo estar agradecida por su ayuda. Cuando oramos, se vuelve mucho más fácil contar nuestras bendiciones, porque la oración nos hace más conscientes del obrar de Dios en nosotros. Deberíamos orar con frecuencia, porque al hacerlo demostramos un corazón agradecido, que apreciamos lo que Él es, lo que ha hecho por nosotros y lo que continúa haciendo en nuestras vidas. La oración también nos ayuda a darnos cuenta de que dependemos completamente de Él. Como dicen las Sagradas Escrituras: separados de Él no podremos lograr nada que valga la pena.[3]

¿Cómo?

Comienza agradeciéndole. Reconoce su grandeza y su soberanía. ¡Sé audaz! Dios es el Creador de todo cuanto existe. No existe nada que no pueda darte. Ora con fe —debes creer— y con confianza en que si pides, se te dará. Existen muchos libros sobre la oración escritos por respetados maestros de la Biblia. Aquí solo te cuento mi experiencia personal con la oración. Para mí la oración es sencillamente hablar con mi Padre celestial, quien me ama más allá de las palabras. Personalmente creo en su cercanía y como algo que todas debemos descubrir al ser cada vez más constantes en nuestras oraciones diarias.

No creo que exista el "cómo orar" perfecto. Lo que sí sé es que siempre llevo presente tres temas muy claros en mi mente, mi corazón y mi alma: que tengo que tener fe en Dios que escuchará mis oraciones, en que me dará todos los deseos de mi corazón siempre y cuando estén de acuerdo a su perfecta voluntad y que debo orar en el nombre de Jesús.

Aprendí a pensar así basada en información que aprendí del libro de sabiduría. En Mateo 21:22 (NVI) dice: "Si ustedes creen, recibirán todo lo que pidan en oración." En Juan 5:14 (NVI) nos dice: "Esta es la confianza que tenemos al acercarnos a Dios: que, si pedimos conforme a su voluntad, él nos oye". Le pido a Dios los deseos de mi corazón pero siempre teniendo en cuenta que Su voluntad incluye planes más perfectos que los míos y de acuerdo a Su divina agenda para mi vida. Otra escritura que encuentro de suma importancia está en Juan 14:13-14; "Cualquier cosa que ustedes pidan en mi nombre, yo la haré; así será glorificado el Padre en el Hijo. Lo que pidan en mi nombre, yo lo haré".

No hay necesidad de complicar la oración. Solo habla con Dios. Abre tu corazón, tu mente y tu alma a Él. Habla con libertad y cuéntale cómo te sientes. Adelante. No hay nada que temer. No existe nada que Él no sepa sobre ti o sobre tu vida.

El arte de escuchar a Dios

Confieso que esta es el área más difícil para mí cuando se trata del poder de la oración. Soy buenísima para orar y para dedicar tiempo a orar en las mañanas. Cuando termino siento que soy un resorte listo para levantarme y saltar a emprender mi día. Dedicar tiempo en silencio y con los ojos cerrados a escuchar la voz de Dios respondiendo mis oraciones es para mí un proceso de aprendizaje diario. Una de las palabras más poderosas que he recibido en mi vida, y que literalmente me ha cambiado, vino en un momento en que buscaba una respuesta a mis oraciones. Oraba y le pedía a Dios que me indicara una dirección, para que me mostrase qué quería que hiciera en el futuro. Sentía que ya había alcanzado mucho en la vida, sin embargo, quería avanzar hacia aquello que Él tuviera preparado para mí. Recuerdo hacer la misma pregunta una y otra vez durante años e incluso a veces sentirme frustrada porque lo que fuera que Él tuviera planeado para mí no llegaba lo suficientemente rápido.

Cuando he terminado de hablar con Dios, como usualmente hago, dedico un momento a desarrollar la parte más importante de la oración: el arte de escuchar. ¿Puedes imaginarte tener una conversación con alguien que habla todo el tiempo, pero nunca escucha? Nada bueno puede resultar de una comunicación unilateral. Pero si en la oración te tomas el tiempo de escuchar, milagros transformadores pueden suceder justo delante de ti. Cuando dediqué tiempo a escuchar, oí claramente las siguientes palabras: "Estate quieta, y reconoce que yo soy Dios". Es el contenido de una porción de las Sagradas Escrituras que había leído en varias ocasiones y que no me gusta mucho porque me dice que me quede quieta. Quedarme quieta es para mí casi, casi, una misión imposible.

Ahora pienso que probablemente te estarás preguntando cómo sonaba la voz, cuál era el tono, si sonaba como la de un locutor; pero eso no importa. Cuando Dios habla, las Sagradas Escrituras dicen que sus ovejas conocen su voz,[4] incluso si una persona oye una voz audible, otra siente algo en su corazón, otra recibe su mensaje mientras lee la Biblia, otra recibe un mensaje de confirmación por medio de otra persona. Cualquiera que sea la manera que elija Dios para hablarnos hará que su mensaje sea fuerte y claro. Eso fue lo que hizo conmigo. Entendí exactamente lo que Dios me estaba diciendo, y por años me he esforzado para estar quieta y confiar en Él. Algo súper difícil para mí de lograr. Para mí ha significado que debo estar contenta en mis circunstancias actuales y confiar plenamente en sus planes perfectos para mi vida y en el tiempo de su agenda divina. Sé que puedo alcanzar este objetivo mediante la práctica diaria de la oración.

Desde que oí claramente esas palabras: "Estate quieta, y reconoce que yo soy Dios", muchas oportunidades se han cruzado en mi camino —comenzar un nuevo ministerio, participar en otro programa de televisión, tomar una posición de liderazgo en mi comunidad, aceptar un cargo en dos juntas directivas diferentes de dos muy reconocidas asociaciones y comenzar algunos negocios, solo para nombrar algunos—. Hay una única explicación por la que pude haber hallado la sabiduría para rechazar distracciones que se me presentaron y que continúan presentándose: por medio de la oración, por medio de mi esfuerzo constante para seguir escuchando a Dios y obedeciéndole.

Por favor, no me malinterpretes. Haber rechazado esas distracciones en un pasado no significa que los rechazaré en el futuro. Significa que solo cuando uso mis poderes de la oración, de fe y propósito, logro tener un mayor entendimiento sobre la etapa de vida que estoy actualmente disfrutando, mis actuales misiones, y de esperar la perfecta fecha de acuerdo a la agenda divina de Dios.

Ojo —*Sidebar*—

Quisiera mencionar aquí un punto crucial. Así como es importante escuchar, también es importante actuar a fin de no perder la información recibida. Me refiero a lo siguiente: durante más de una década me he reunido con miles de familias en mi despacho de abogados; familias que vienen en busca de mi asesoramiento con respecto a su futuro en los Estados Unidos. Cuando llegan, tienen que completar un cuestionario con toda la información pertinente para que cuando me reúna con ellos, esté informada sobre sus casos. Una vez reunidos, les hago preguntas específicas. Después de recopilar toda la información necesaria, estoy en condiciones de asesorarlos. Cada vez que intervengo en una de estas reuniones, estas familias prestan atención a cada palabra que menciono. Realmente me escuchan.

Escuchar es de vital importancia. Sin embargo, la acción de escuchar en sí misma no es suficiente. Supongamos que les dijera que no pueden salir de los Estados Unidos hasta que completemos sus procesos jurídicos, pues hacerlo podría significar que tendrían que permanecer fuera del país por años. Si no siguen mi consejo, no importa cuán atentamente escuchen, no obtendrán buenos resultados. Como verás, existe otro aspecto además de escuchar. Las familias deben oír y actuar en función del consejo que reciben a fin de gozar del fruto del asesoramiento jurídico. Lo mismo sucede con Dios. Él es nuestro consejero, maestro, guía y abogado *pro bono* 24/7. Pero no solo es suficiente escucharle, sino también obedecerle.

Esto me posibilita tomar decisiones más sabias que estén alineadas con mi propósito y los planes perfectos que Dios ya preparó para mi vida. Significa que trato arduamente de no tomar las riendas impulsivamente ni hacer lo que me parece mejor; en cambio, espero el tiempo perfecto de Dios. Y significa que mientras espero, lucho con todo mi ser para no creer las mentiras, tales como que la vida se me va, o que el reloj no se detiene, o que se me va el tren. Cuando paso tiempo en oración, Dios me confirma que su tiempo es perfecto y que sus planes son siempre mejores que los míos. Y eso me llena de su paz y del valor para decir que no —o todavía no— a todas esas distracciones. El poder de la oración —el dedicar tiempo para hablar con Dios, escucharle y actuar en función de su consejo— es la única manera de luchar contra la enfermedad de la autosuficiencia.

Shema: *Escuchar y obedecer*

Mi pastor, Michael Yearley, dio una de las explicaciones más hermosas que he oído sobre el arte de escuchar verdaderamente a Dios. Dijo que *oír a Dios* no significa solamente escucharle, sino escuchar y luego seguir su consejo. Explicó que la palabra *shema* en hebreo suele traducirse como "oír" o "escuchar", pero tiene un significado más amplio. Lleva la connotación de entrar en acción sobre lo que se oye, de seguir y obedecer. En otras palabras, cuando escuchas a Dios, no solo lo escuchas de manera pasiva, sino también sigues su consejo y sus caminos. Le obedeces.

Cuando asesoro a mis clientes, si realmente me escucharon, seguirán mis instrucciones. De lo contrario, queda demostrado que no me escucharon. Y si toman el camino equivocado, será en detrimento propio. A través de estas páginas te he desafiado a usar este libro no solo para obtener más información sino para tu transformación. Recuerda, la transformación requiere más que solo tomar la decisión de cambiar. Dicha decisión debe estar acompañada de una acción inmediata seguida de muchas otras acciones destinadas a obtener el resultado deseado. Espero que el significado de la palabra *shema* permanezca contigo, como permaneció conmigo, y te recuerde que no es suficiente escuchar o leer la palabra de Dios. Debemos poner en práctica la sabiduría recibida.

La oración cambia vidas

¿Te encuentras todavía indecisa, preguntándote si la oración realmente puede cambiar tu vida? ¿Preguntándote si de verdad existe el poder en la oración? ¿Cómo podría yo no creer en el poder de la oración cuando cada día estoy rodeada de pruebas milagrosas? Inclusive tengo un milagrito diario en mi hogar, a quien llamo mi milagro andante. Durante años, Josh ha sido mi recordatorio de que hay respuesta a nuestras oraciones y de que los milagros sí existen.

Como ya mencioné, cuando Josh nació, Javier y yo nos sentimos extremadamente felices. Estábamos muy agradecidos a Dios por este milagro, pero nuestro bebé milagro enfrentó muchas pruebas debido a su salud y cuidados especiales. Tenía apenas algunos meses cuando sufrió la primera convulsión. Después de eso, durante su niñez recibió un diagnóstico difícil tras otro. Nos dijeron que era autista y que tenía TDAH (Trastorno por Déficit de Atención e Hiperactividad), y un psicólogo incluso reportó que sospechaba de un retraso mental en su desarrollo (todos diagnósticos incorrectos).

Cuando Josh era muy pequeño, los profesionales nos informaron que dado que aún no hablaba, sería mejor para él y nuestra familia aprender el lenguaje de señas. Hicimos según se nos recomendó, y todos asistimos a una clase en la Universidad Estatal de California, Northridge para aprender a comunicarnos con él en lenguaje de señas. Posteriormente, Josh asistió a terapia de lenguaje dos veces por semana en ese mismo lugar.

Fue durante esos primeros años cuando dejé que el temor me sobrepasara y me convertí en una persona débil en todas las áreas. Fue como si la fe que había tenido en el hospital antes de que Josh naciera, y la fe que había tenido en el hospital después de su primera convulsión, ya no estuviera presente en mí. Así como dejé caer mi escudo de la fe, también dejé caer mi recurso de la oración y lo dejé en alguna parte juntando polvo. Una vida sin oración me debilitó más allá de las palabras. Estaba tan débil que no tenía las fuerzas suficientes para luchar en contra de todas las malas noticias que recibíamos sobre la salud de Josh durante esos primeros años. Entonces fue cuando tomé varias decisiones incorrectas que me causaron un tremendo dolor. Me encontraba en un agujero negro de depresión del cual creí que nunca escaparía. Solo el poder y el amor de Dios me ayudaron a salir de ese lugar oscuro a su luz omnipresente. Pero créeme que no fue nada fácil.

Gradualmente, comencé a tomar mi escudo de la fe y mi poder de la oración que habían estado juntando polvo por algunos años. Fue solo por medio de la oración que aprendí que no era por mis fuerzas sino por el poder de Dios que la vida de Josh sería aquello que Dios quisiese que fuera. La oración te recordará a diario la mentira peligrosa de la autosuficiencia. A través de los años he aprendido a usar mi escudo de la fe y mi poder de la oración, y ahora no dejo pasar ni un solo día sin utilizar esos poderes para confrontar el temor. Esta fortaleza espiritual recuperada fue únicamente posible a causa de la oración.

La vida de Josh me ha enseñado a ser la mujer victoriosa en la oración que soy hoy. Como podrás ver, desde el nacimiento de Josh, nuestra familia ha estado recibiendo noticias difíciles sobre su vida. A lo largo de toda su educación, Josh ha participado en programas de educación especial. Tuvimos incontables reuniones con doctores, psicólogos, terapeutas y maestros, y en cada una de esas reuniones se nos decía que no iba a lograr hacer esto, eso o aquello. Después de cada reunión, iba a mi automóvil y lloraba con todo mi ser, desde lo más profundo del alma, sentía tanto dolor y tristeza. Durante sus primeros años, eran lágrimas de derrota y de un sufrimiento desgarrador.

Cuando Josh creció y aprendí a mantener el poder de la oración a mi lado, mi auto se convirtió en mi clóset de oración. Era un lugar en donde hablaba con Dios y reclamaba sus promesas para la vida de Josh. Oraba para que Dios usara la vida de él como un testimonio de Su increíble poder. Oraba para que la historia milagrosa de Josh no terminara en el momento en que nació, sino que continuara y que su historia de vida estuviera llena de victoria. Reclamé incontables promesas sobre la vida de mi hijo, incluso aquella en la que Dios nos dice que Él solo tiene planes de bienestar para nuestras vidas.[5]

Cuando Josh cursaba la escuela secundaria, se nos informó que carecía de capacidad para procesar información y aprender lo necesario para aprobar el CAHSEE (Examen de Egreso de la Secundaria de California). En otras palabras, no se graduaría de la escuela secundaria. Recuerdo vívidamente salir devastada de una de sus reuniones de IEP (Programa Educativo Individualizado), porque una profesora nos había llamado irresponsables por continuar animando a Josh a hacer planes para entrar en la universidad. Los otros tres profesionales en la sala estuvieron de acuerdo con ella. Tuve que luchar muy fuerte para no responderles con palabras agresivas.

En cambio, les pedí a todos los presentes que por favor escribieran sus nombres y direcciones en una hoja de papel, porque en un futuro cercano le enviaría a cada uno una tarjeta de agradecimiento con una copia de la carta de admisión de Josh en la universidad. Era capaz de decir esas palabras porque mediante la oración podía creer que los planes de Dios para Josh incluían que se graduara de la escuela secundaria y que asistiera a la universidad.

Dios ha sido fiel. No solo Josh pasó el examen CAHSEE en una primera instancia, sino que además dio un discurso en su graduación de la secundaria (sí, Josh puede hablar y lo hace maravillosamente y con sabiduría) y su admisión fue aceptada en la Universidad Estatal de California, Northridge (CSUN, por sus siglas en inglés). Josh ingresó en la misma universidad donde recibió su terapia de lenguaje cuando era un niño y donde nuestra familia en ese entonces intentó aprender un poquito el lenguaje de señas. Josh ahora posee una Licenciatura en Estudios de Sordomudos, es intérprete de personas sordomudas y está buscando alcanzar un certificado profesional en este campo. Por cierto, sí les envié una tarjeta de agradecimiento a todos esos profesores que mencioné antes. Les agradecí por sus palabras porque me dieron la motivación para orar más fuerte por mi hijo. Y por supuesto, incluí una copia de la carta de admisión de Josh a CSUN.

Recuerdo preguntarle tantas veces a Dios por qué Josh padecía tanto y trabajaba tan duro para cada uno de sus logros. Cada una de las veces lo oía susurrar a mi oído, diciéndome que Josh tenía un llamado y un propósito especial en la vida. Cuando observé a mi hijo interpretar para los sordos por primera vez, oí la voz clara pero apacible de Dios, diciéndome: "Esta es la razón". Ahora nuestro Josh es una voz para los que no tienen voz. ¿Acaso no es Dios increíble? ¿Que si Dios responde nuestras oraciones? ¡Más vale que lo creas!

Una vez que le entregas algo a Dios en oración, debes confiar en Él, incluso cuando parece que no recibes respuestas. Debes tener la seguridad de que todo se desarrolla de acuerdo con su perfecto tiempo. Durante tu momento de duda o impaciencia, cuando parece que Dios no responde tus oraciones, debes tomar el poder de la fe. Tienes que creer sin lugar a duda que Dios tiene la situación bajo su control, que Él te sostiene en sus amorosos brazos y que te hace esperar por una razón.

Una vez oí decir que Dios tiene tres respuestas para las oraciones: sí, no, o todavía no. Quizá no sea el tiempo perfecto para que Él responda tu petición, tu pedido. Tal vez sea demasiado pequeño para la grandeza que Él tiene preparada para ti, o quizá Él te está protegiendo de algo. Debes tener fe en que Él sabe qué es lo mejor para ti. Siempre lo sabe.

Hay muchos otros ejemplos sobre cómo Dios responde las oraciones. Todavía recuerdo cuando mi amiga Elena y yo dábamos uno de nuestros paseos durante la hora de almuerzo, hace algunos años. Estos paseos eran nuestro momento para conectarnos y hablar sobre lo que estábamos viviendo cada una. Recuerdo vívidamente que mencionó que sabía que algún día Dios le daría un hijo, a quien amaría con todo su ser. Hablamos sobre cómo Dios responde las oraciones en su debido tiempo y de acuerdo a sus planes perfectos. Le dije que me uniría a ella en oración por el deseo de su corazón. Ahora cuando sostengo a su bebita en mis brazos, siempre le agradezco a Dios, porque ella es una respuesta a nuestras oraciones. Su bebé no solo es la manera en que Dios muestra su amor por Elena, sino que además es una prueba viviente de que Dios responde las oraciones.

Recluta a tus compañeras de oración

Estuve allí para orar con mi amiga Elena, y muchas personas estuvieron conmigo cuando necesitaba de sus oraciones. No sé cómo sería mi vida sin mis compañeras de oración. Mis amigas Julia, Martha y Silvia me vienen a la mente. Javier y yo también nos sentimos bendecidos por contar con mi cuñada y mi cuñado, Norma y Tom. Ellos residen en Colorado, pero cada vez que vienen a nuestra ciudad, van a nuestras oficinas y a nuestro hogar para orar. En nuestras oficinas, oran con nosotros por cada sector, por cada escritorio, por cada empleado, por la familia de cada empleado y por las familias que representamos. En nuestra casa, siempre bendicen nuestro hogar y oran para que la luz de Dios reine en nuestra morada. Nuestra oración constante es que nuestro hogar sea nuestro pedacito de cielo. Estamos agradecidos porque ellos han sido nuestros compañeros de oración por años, y sus vidas reflejan el poder de la oración.

Durante al menos una década, Javier y yo hemos sido extremadamente bendecidos por poder contar con las oraciones y la sabiduría de nuestro pastor Dave Cox y su esposa Christie. Sus oraciones y sus consejos nos han ayudado a tomar las decisiones correctas para vivir una vida con propósito. No exagero cuando digo que sus oraciones y consejos nos han impactado más allá de lo que las palabras puedan expresar. Tampoco sé cómo sería mi vida sin mis amigas Mary Ledbetter, Rosemary Arévalo, Eveline

Davis, Julia Pérez y Silvia Rayas, quienes me han apoyado con sus oraciones por años.

Cuando me mudé al edificio en donde hoy está mi despacho de abogados, contacté a estas queridas mujeres para orar por nuestra nueva oficina. Lamentablemente, Eveline no pudo acompañarnos esa vez; pero Mary, Rosemary, Julia, Silvia, mis cuñadas Norma, Angela y algunas otras amigas más vinieron y escribieron con un gran plumón escrituras sobre las paredes y oraron por cada rincón de nuestra oficina. Recuerdo a Rosemary orar para que un ángel monte guardia siempre, para proteger a todos los que trabajamos allí, para proteger a las familias que entren, para bendecir el trabajo que hacemos y para pedir que nada malo suceda. Cuando he orado en mi oficina, muchas veces he imaginado a ese ángel con una espada entre las manos, siempre vigilando, siempre en vela y preparado para protegernos a nosotros y a nuestro trabajo. También mi familia y yo tuvimos el privilegio de que nuestros pastores Dave y Christie Cox oraran en cada una de las habitaciones de nuestro hogar antes de mudarnos. Ellos caminaron con nosotros por toda la casa, por los jardines, orando y dedicando ese lugar a Dios. Como ves, el poder de la oración es de suma importancia para nuestra familia.

Hace aproximadamente un año, tuve la certeza de que Dios me estaba llamando a otra área profesional diferente. Como conté, me siento privilegiada de ser abogada, pero sé en lo más profundo de mi corazón que Dios me está llamando a nuevos retos. Como por ejemplo el de este libro y anunciar el mensaje de fe y esperanza al mundo. Mi familia y yo tuvimos una reunión. Yo sabía que uno de los principales objetivos de prepararme para esta nueva etapa era crear un lugar de oración. Lo llamo mi cuarto de guerra. Sí, leíste bien. ¿Has visto la película *War Room* (*Cuarto de guerra*)? Trata sobre una pareja que parecía tenerlo todo —una casa de ensueño, autos lujosos, trabajos envidiables—, pero las apariencias pueden ser engañosas. Todo su trabajo los llevó a dar lo mejor al mundo, pero no a su propia familia. Esto los lleva a sentirse insatisfechos. En la película, una mujer anciana llamada Sra. Clara le muestra a la joven esposa y madre un lugar en su hogar que ella ha dedicado para orar. Lo llama su "cuarto de guerra" porque, como afirma la Sra. Clara, "A fin de pararte y luchar contra el enemigo, necesitas arrodillarte y orar".[6]

Después de ver esa película, colgué un tablero en la oficina de mi casa y convertí una esquinita de esa habitación en mi pequeño rincón de oración. En un cuaderno apuntaba no solamente mis pedidos de oración, sino también mis agradecimientos cuando recibía respuesta a mis oraciones. Sin embargo, el anhelo de mi corazón era tener mi propio cuarto de guerra, mi propio espacio específicamente para orar y pasar tiempo a solas con Dios. Un lugar mío donde pudiera estar a solas con Dios cuando se me antojara. Javier me dijo que podía hacerlo posible, ¡y lo hizo!

Antes de que pintáramos las paredes contacté a mis queridas compañeras de oración. Me acompañaron ellas, mi esposo y mis hijos para dedicar mi cuarto de guerra a Dios. A pesar de que les avisé solo con algunos días de anticipación, me acompañaron Mary, Rosemary, Julia, Silvia, Eveline y su esposo Jack. Vinieron un domingo por la tarde y escribieron pasajes de la Biblia en las paredes y oraron por mí y por mi cuarto de guerra. Ahora cada mañana después de pasar allí mi tiempo con Dios a solas, sin distracciones, me siento preparada y fortalecida para luchar mis batallas diarias.

Somos victoriosas por medio de la oración

Confiar y entregarnos a la voluntad de Dios es un proceso diario. Tuve que reaprender esta lección al embarcarme en este último viaje de escribir este libro y al prepararme para hablar en conferencias. Ha tenido muchos años de intenso trabajo para que este proyecto dé sus frutos. Cada paso del camino ha estado lleno de desafíos.

Uno de los desafíos más recientes fue encontrar un editor que pudiera comprender el mensaje que quería transmitir. Aunque es costumbre primero firmar un contrato después de presentar uno o dos capítulos del manuscrito a la editorial y luego escribir el libro, yo no quería hacerlo de esa manera. Primero quería leer el libro y estar completamente satisfecha con el mensaje exacto que yo quería entregar, pero más importante que eso, quería que reflejara que se trata de un proyecto hecho con excelencia, así como todo lo que hace una mujer victoriosa. Un proyecto que reflejara la seriedad de anunciar este mensaje y que demostrara al mundo la gran luz que Dios me ha dado para brillar. En un período de tres años, trabajé con al menos tres personas diferentes. Cada una de ellas era talentosa, pero por alguna razón u otra yo no estaba completamente satisfecha.

Había estado orando por algún tiempo para que Dios me enviara un editor que se adaptara a mis necesidades. Me encontraba frustrada y desilusionada por el proceso. Claramente recuerdo una noche orar y visualizar el libro en mis manos y decirle a Dios algo así: "Dios, tú sabes que he estado orando para obedecer tu llamado de escribir este libro y hacerlo realidad, pero no lo presentaré hasta que encuentre al editor correcto que pueda trabajar a mi lado. Dado que eso no ha ocurrido, solo puedo suponer que no es tu voluntad o no es el tiempo perfecto para que dé mi mensaje al mundo. Aquí está mi manuscrito. Te lo entrego. Haz lo que quieras". Literalmente me vi a mí misma entregando el libro en sus amorosas manos.

Un mes después, encontré a la mejor editora con la que he trabajado, Cindy Clemens. Cindy es ex abogada y una mujer asombrosa. Es excelente y sobresale en cada tarea que emprende. Dios respondió mi oración, no tengo dudas, pero tuve que dejar de creer las mentiras y de tratar de ser autosuficiente. Tuve que entregarle mi libro a Dios y confiar en Él. Pedí y esperé con fe, y recibí. El poder de la oración derrota las mentiras como la de que podemos caminar solas o que debemos ser autosuficientes.

Los poderes de preparación y ganas también fueron de suma importancia para mí en este proyecto. Después de unos meses trabajando juntas, y cuando ya estábamos en la edición del último capítulo, acepté la oferta de una editorial para publicar este libro. Aunque como ya mencioné esa publicación no se llevó a cabo, me alegra mucho haber terminado el manuscrito porque así lo pude entregar completo a la editorial que decidió difundir este libro por el mundo el mismo día en que firmé el contrato.

La gente suele preguntarme cómo tuve tiempo de escribir este libro. Logré hacerlo porque mediante la oración comprendí que Dios me estaba llevando por un camino nuevo. Me estaba desafiando a salir de mi zona de confort y contar mi historia. No fue fácil perseguir este nuevo camino, pero por medio de la oración descubrí su promesa que Él tiene el control y que me guiaría a encontrar el tiempo de cumplir esta tarea. ¡Sabía, sin lugar a duda, que así sería!

No ha cambiado mucho mi vida. Mis días están repletos de responsabilidades conforme a las funciones que ejerzo. Soy esposa, madre de dos hijos, abogada principal en mi despacho jurídico, experta legal del programa *Despierta América* de la cadena Univision, comentarista jurídica en el programa de noticias de Univision *Primer Impacto*, y en el *Noticiero Nacional de Univision*. También grabo videos para Univision Digital, que son vistos por millones de familias inmigrantes, y la presentadora de mi propio canal de YouTube, JessicaDominguezTV con más de 20 millones de vistas. La única manera de hacer todo esto con excelencia mientras emprendo este apasionante nuevo camino es orando constantemente y dándole el crédito solo a Él. Dios me da la fortaleza y me guía en cada paso de este nuevo camino. Él ha abierto puertas —puertas enormes— que la mayoría de la gente encuentra difícil creer que hayan sido abiertas. *Nada* es imposible para mi Creador. Al usar mi poder de la oración, he descubierto el gran aliado que Dios es y siempre será en mi vida.

¿Te acuerdas de la última vez que hiciste una inversión y recibiste resultados increíbles? Esa clase de resultados positivos tan asombrosos que seguían multiplicándose y multiplicándose. Te desafío a que incluyas en tu vida diaria el poder de la oración. Un recurso que multiplica buenos resultados. Es el poder de la oración que nos mantiene en contacto con la realidad que no debemos tratar de ser autosuficientes. No tienes que hacerlo o tratar de hacerlo todo tú sola, accede a las fuerzas de Dios. Orar no es una tarea difícil, mientras más a menudo ores, más rápidamente se convertirá en un hábito positivo para ti.

Recuerda dedicar tiempo en silencio para escuchar las respuestas de Dios. Usa tu poder de la oración para conversar, escuchar y obedecer a Dios. Multiplica tus bendiciones cuando al conocer el significado de *shema* no solamente escuches, sino también obedezcas la guía que recibas. Busca rodearte de un buen grupo de guerreras de oración y únanse en cadena de oración por las peticiones de cada una. Encuentra tu propio clóset de oración, puede ser tu cocina, tu auto, un rincón de tu cuarto, el lugar que tú decidas. Como mujeres victoriosas, necesitamos el recurso poderoso de la oración, para luchar a diario en contra de la mentira de la autosuficiencia que dice que podemos alcanzar nuestras metas por nuestra cuenta. ¿Quieres acompañarme? De ser así, haz de la oración un hábito diario. Cambiará tu vida para siempre. ¡Vamos, toma hoy mismo la decisión y prepárate para experimentar muchísimos más milagros en tu vida!

CAPÍTULO OCHO

El poder de la conexión

Deshazte de las mentiras del aislamiento y la desconexión

> *En este mundo no logramos nada solos... y todo lo que sucede es resultado del tapiz completo formado por la vida de cada persona, compuesto por todos los tejidos de hilos individuales, de uno a otro que permiten crear algo.*
>
> —Sandra Day O'Connor

Dentro de muchos años, cuando mires hacia atrás en tu vida, ¿qué esperas poder ver? ¿Habrás vivido una vida feliz? ¿Serán otros mejores por haberte conocido? ¿Está tu vida actualmente apuntando en esa dirección? De lo contrario, ¿estás desperdiciando tu tiempo, tratando de agradar a gente que realmente no debería conseguir ni un minuto de tu valioso tiempo? Quisiera animarte a que dejes de creer la mentira de que tienes que agradar e impresionar a todos. No necesitas agradarle a todo el mundo. Tu enfoque debería estar puesto en fortalecer las conexiones con miembros de tu familia, amigos verdaderos que te ayudarán a contraatacar las mentiras que te bombardean a diario.

Necesitas personas que estén de tu lado para ayudarte a levantarte en tiempos difíciles. Para mí esas personas son mi esposo, mis hijos y mi círculo íntimo de amistades. El apoyo de mi familia y de mis verdaderos amigos es para mí invaluable. El poder de conectarse con aquellos que realmente importan es imprescindible para vivir una vida feliz y plena y para derrotar el aislamiento. Este poder, mujer victoriosa, es el que te llenará el corazón y el alma y te hará sentirte verdaderamente completa, realizada y satisfecha.

Quisiera dejar muy claro que en este capítulo no me referiré a las conexiones que haces con compañeros de trabajo o colegas o cuando te relaciones en ámbitos laborales. La clase de conexión que abordaré está profundamente vinculada a tu alma —relaciones personales en las que merece la pena invertir tu valioso tiempo y te conectan con tu propósito y tu yo auténtico—. Conexiones que cuando se llevan a cabo, te completan y te dan un profundo sentimiento de plenitud. Hablo de esa clase de plenitud que te llena la mente, el corazón y el alma. Mujer victoriosa, no fuiste destinada a viajar sola por este mundo o luchar las batallas por tu cuenta. Fuimos diseñadas para fortalecernos unas a otras al conectarnos.

Si alguna vez has tomado una clase de psicología en la escuela secundaria o en la universidad, probablemente hayas oído de la Jerarquía de las Necesidades, de Maslow. Es una teoría que explica cómo los seres humanos le dan prioridad a aquello que necesitan para sobrevivir. Nuestras necesidades más importantes son fisiológicas: aire, alimentos, agua, etc. Una vez que se satisfacen, el siguiente nivel de necesidad es seguridad y protección. Cuando se suple también eso, el siguiente nivel de necesidad es social, como por ejemplo: amor, aceptación y pertenencia. Estos niveles de necesidades (fisiológicas, de seguridad y sociales) forman parte de lo que Maslow describe como "necesidades de déficit", entendiéndose que nuestro comportamiento humano es impulsado a evitar la deficiencia de tales cosas.[1]

Así como actuamos para evitar la desnutrición, aquello que hagamos para conseguir y mantener conexiones sociales está determinado por nuestra necesidad de evitar la soledad. Por eso hacemos todo lo posible para conectarnos con otros seres humanos a través de las relaciones familiares, amistades, búsquedas románticas y grupos sociales y religiosos.

Antes de continuar, quisiera aclarar que la soledad no es lo mismo que estar sola. Estar sola constituye un estado intencional y temporal en el cual te apartas de otros. Estar sola te restaura; la soledad te consume.

Cuando no tienes personas que te conocen y te aman y que sabes que estarán a tu lado, tu aislamiento te convierte en un blanco fácil para la mentira de que eres insignificante, ya que nadie se preocupa por ti. Te sientes como una gacela al final de la manada, esperando ser devorada por un chita. Y piensas que nadie lo notará. Allí pierdes la batalla contra las mentiras que el aislamiento y la desconexión te dicen. Hay un gran dolor en no estar conectada. De hecho, de acuerdo con los neurocientíficos, nuestro cerebro siente la desconexión del rechazo u otros "dolores" sociales igual que el dolor físico.[2] El ánimo para cumplir nuestros grandes propósitos, disfrutarlos en el proceso y tener la fuerza constante para lograrlos provienen del apoyo que nos brindan nuestras conexiones con aquellos con los que verdaderamente podemos contar. El uso del poder de la conexión te beneficiará a ti y a las personas con quienes elijas conectarte. Pero estar conectada es un poder efectivo en tu arsenal solo si estás construyendo conexiones relevantes. Se trata de la calidad, por encima de la cantidad. Tener quinientos amigos en Facebook no significa que tengas quinientas relaciones de calidad. Las pocas personas que aparecerían a las 2:00 a.m. con una llanta de repuesto cuando estás varada a un lado del camino son tus conexiones verdaderas. Tú puedes determinar quiénes son. Si esto te sucediera, ¿a quién te atreverías a llamar? Mejor aún, ¿quién no solamente te contestaría sino que además se presentaría en tu auxilio, con la llanta de repuesto, sin importar la hora?

Las conexiones con nuestra familia

Existen muchas clases de relaciones diferentes, pero las primeras y, por lo general, las más cercanas son las que tenemos con nuestros familiares.

Mi familia y yo estamos muy ocupados. Mi esposo, Javier, tiene algunos negocios. Nuestro hijo mayor, JP, es su socio en uno de ellos. JP trabaja media jornada y asiste a la Facultad de Derecho. Nuestro hijo menor, Josh, está en la universidad a tiempo completo y también trabaja media jornada. Probablemente, al igual que en tu familia, todos asumimos muchas responsabilidades diferentes que nos alejan uno del otro cada día.

Sin embargo, mantenemos y atesoramos nuestro día de la familia. Como ya mencioné, el día de la familia es cuando nuestra tarea principal es solo disfrutar de nuestro tiempo juntos. No tenemos que salir y hacer alguna actividad costosa. Solo queremos invertir ese tiempo en conectarnos. Durante años, el día de la familia fue el domingo, y un día típico incluía ir a la iglesia, luego regresar y preparar juntos el almuerzo. Alquilábamos algunas películas y las veíamos en la sala de estar. Después cenábamos y conversábamos. Durante la cena todos contaban algo sobre lo que estaban viviendo en la escuela, el trabajo o en alguna otra área. Con el paso de los años incluimos un momento en esas cenas para hablar de nuestras

Ojo —Sidebar—

Así como es importante encontrar tiempo para pasar en familia, más importante aún es destinar tiempo de calidad para pasarlo con tu compañero de vida. Una de las razones más importantes por las cuales puedo lograr vivir intencionalmente y con propósito es por tener a un hombre que es el faro de mi vida. Y no lo es porque su luz sea más intensa que la mía, sino porque me guía y me apoya para ser la mujer que soy. En nuestro hogar él ha sido el mejor ejemplo para que nuestros hijos crezcan siendo hombres que creen en la equidad e igualdad con la mujer. Javier es clave para que yo pueda gozar de los logros familiares y profesionales que me hacen vivir una vida plena. Una vez escuché decir que el secreto para equilibrar la vida profesional con la personal es encontrar un buen esposo. Como te dije al principio del libro, para mí no es suficiente solo tratar de equilibrar mi vida. Yo necesito vivir dando pasos firmes y vivo agradecida sabiendo que tengo a mi compañero de vida a mi lado. Si todavía sigues buscando a tu compañero de vida, tranquila, no te desesperes. Goza esta etapa; ya llegará quien te aprecie, respete y valore lo necesario como para apoyar tu propósito y misiones en la vida. Además, según me cuentan mis hijos, una mujer con visión, propósito y misión son características muy atractivas. Recuerda que como mujeres queremos y anhelamos un mundo mejor y constantemente deseamos cambiarlo. El cambio empieza en nuestros hogares y no existe mejor manera de hacerlo que dedicando tiempo, cuidando y protegiendo la relación que tenemos con nuestro compañero de vida.

alegrías y aflicciones, una idea que obtuvimos del psicólogo y autor Dr. Sam Alibrando, autor del libro *The 3 Dimensions of Emotions*. Nos preguntamos unos a otros cuáles fueron los momentos alegres de esa semana, qué hicimos individualmente o como familia que fuera digno de celebrar y qué aspecto debíamos trabajar.

Cuando nuestros hijos crecieron, también comenzamos a hablar sobre nuestras aflicciones —si hicimos algo esa semana que hiriera a alguien en nuestra familia—. ¿Le faltamos el respecto a alguien? ¿No cumplimos con algún compromiso? ¿Olvidó alguien hacer alguna tarea? Estas charlas han sido una de las mejores inversiones de nuestro tiempo. Los cuatros hemos aprendido unos de otros y nos conectamos mucho más.

Debido a que nuestros hijos ahora son jóvenes adultos, no siempre podemos juntarnos los domingos. A veces sus trabajos o estudios no lo permiten. Así que hemos tenido que cambiar de pasar todo un día juntos a solo algunas horas durante una noche que sea posible para todos. Sí, es difícil encontrar el tiempo, pero luchamos por mantener esa conexión, porque de lo contrario la extrañaríamos tremendamente. También nosotros nos extrañaríamos; echaríamos de menos la oportunidad de sentirnos verdaderamente plenos, conectados y completos.

Deja a tus hijos la herencia de *"experiencias"*, en lugar de solo *"pertenencias"*

Pasamos muchas horas trabajando arduamente para ganar dinero y así poderles comprar a nuestros hijos más cosas, más pertenencias. No conozco a nadie que diga que de pequeña estaba contenta por recibir regalos de sus padres en lugar de tiempo de ellos.

He aprendido con mis hijos que lo que ellos más valoran son las experiencias que adquirimos juntos y que llevarán en sus corazones y almas de por vida.

Uno de mis mejores momentos tuvo lugar hace algunos años. Muchas veces perdemos oportunidades que llaman a la puerta, oportunidades que Dios envía para que podamos aprender lecciones importantes. A modo de ilustración, quiero contarte una historia.

Cierto día, mi hijo menor Josh me llevó al gimnasio. En el trayecto mencionó que el auto no tenía mucho combustible. Miles de pensamientos vinieron a mi mente. Quería preguntarle por qué esperó hasta el último momento para recordaer que tenía que echarle gasolina. No quería que el auto se parara en medio de la calle bajo el sol abrasador, etc. Pero solo le pregunté: "¿Tienes suficiente gasolina para ir y regresar?". Me respondió: "sí".

Cuando volvíamos del gimnasio (donde, por cierto, él me hizo ejercitar muy duro), me di cuenta de que estaba por girar a la izquierda y tomar un camino diferente rumbo a casa. Nunca uso esa calle porque me lleva más tiempo llegar a mi destino. Nuevamente, muchos pensamientos comenzaron a cruzarse por mi mente. "¿Por qué estaba mi hijo tomando la ruta más larga? ¿Acaso no recordaba que teníamos poco combustible? ¿Por qué tomar el camino largo? Él sabe que estoy cansada y retrasará nuestro regreso a casa".

Pero no dije nada. A fin de optimizar el tiempo, pensé, mejor leo mis correos electrónicos desde mi celular. Lo que sucedió cinco minutos después me dejó sin palabras y con un gran nudo en mi estómago. Estaba mirando mi teléfono, cuando sentí que el auto se detuvo. No, no nos quedamos sin gasolina, aunque créeme que esa opción pasó por mi mente. Mi hijo detuvo el auto a propósito.

Se volvió hacia mí y me dijo: "Mamá, mira qué vista maravillosa. Cuando quiero apreciar la grandeza de Dios, tomo este camino, detengo el auto por unos minutos en este mismo lugar y observo las montañas, los árboles y la belleza de este paisaje. Mamá, hoy quería que disfrutáramos juntos de esta hermosa experiencia".

En medio de mi ajetreo, mi hijo escogió pasar un momento especial conmigo. Inmediatamente sentí un nudo en la garganta y las lágrimas llenaron mis ojos y corrieron por mis mejillas. Lo abracé y le agradecí. ¿Cuántos momentos de una verdadera conexión con aquellos que realmente importan perdemos en la vida porque creemos que estamos demasiado ocupadas?

Ni se te ocurra darme la excusa que no puedes tener gratas experiencias con tus hijos porque no tienes suficiente dinero. Llévalos al parque más cercano de tu comunidad, juega con ellos. Prepárales una merienda ligera y disfruta de un pícnic con ellos. Tú y ellos solos, sin teléfonos, sin distracciones. Corta una sandía, haz una limonada, prepara unos sándwiches de atún y llévatelos a la playa. Para Navidad, en lugar de comprarles regalos, objetos, llévalos a un parque de diversiones, dedícales todo el tiempo solo a ellos. Pregúntales qué les gustaría hacer un fin de semana. Verás que las opciones son interminables. Dales experiencias inolvidables, en lugar de objetos muchas veces olvidables. Te aseguro que el tiempo invertido en tu poder de conexión te hará sentir completa, realizada y satisfecha. Podrás vivir una vida feliz y plena.

Hace algunos años, mi hijo Josh me pidió dirigir un estudio bíblico semanal solo para nosotros dos. Qué precioso fue ese tiempo. Con el pasar de los años, me ha dicho que soy su líder espiritual. No sé si puedes imaginarte cuánto significa eso para mí. Es uno de los mejores títulos, si no es que el mejor título que alguien me haya conferido. ¿Fue difícil hallar tiempo cada semana para pasarlo con él debatiendo temas espirituales? ¡Claro que sí! Pero no lo cambiaría por nada del mundo. Si bien el estudio bíblico solo duró unas pocas semanas, durante el mismo no solo estudiamos las Sagradas Escrituras, sino también fortalecimos nuestra profunda conexión. Valoro esos momentos porque sé que algún día se irá de nuestro hogar, y ya puedo imaginarme entrar a su habitación y extrañarlo.

Mientras escribo estas líneas, mis ojos se llenan de lágrimas al solo pensar en ese día y en cuánto lo voy a extrañar. Pero cuando vea su cama vacía, escucharé un susurro en mi oído, diciéndome: "Hiciste bien. Encontraste tiempo para él y lo ayudaste a saber que él era digno de tu tiempo". Solo imaginarme ese día me recuerda los beneficios de estar conectados y me hace sentir plena. Me hace sentir muy agradecida de haber luchado arduamente para conectarme con mi familia.

Se me conoce por ser una guerrera en mi profesión. Nunca me rindo. Lucho incansablemente en representación de las familias, para cumplir mi propósito de mantenerlas unidas. Los casos de alto perfil que he manejado, los segmentos que presento en televisión, mis visitas a la Casa Blanca y al Capitolio para debatir sobre la reforma migratoria y los muchos premios que he recibido me dan un enorme sentido de realización. Pero en realidad, nada en este mundo se compara con la relación que tengo con mi esposo y mis hijos. Mi conexión con ellos me da un sentido de realización, satisfacción y plenitud que no se compara con nada en este mundo. Ellos me completan.

Si por razones laborales vives lejos de tus seres amados, por favor no lo utilices como una excusa para no encontrar tiempo para estar con ellos. Varias personas han logrado superar esta excusa. Me viene a la mente una joven mujer llamada Silvia, que por razones laborales vive en Miami, aunque sus padres y parientes viven en Chicago. Si bien es muy exitosa y admirada por muchos en su profesión, aprovecha cada oportunidad para volar de regreso a su casa y pasar tiempo con su familia. Cuando un día me reuní con ella para almorzar, me mencionó que esos momentos la hacen sentir plena y renovada.

Otra persona es Jorge Mario, un joven muy trabajador que se propuso llevar a su madre de vacaciones cada año. Su madre ahora es jubilada, él dice que llevarla de vacaciones le da satisfacción. Él y

Ojo —*Sidebar*—

Sé por experiencia propia que las relaciones familiares pueden ser muy complicadas. La angustia y el daño que tuvieron lugar en tu familia de origen impactan en la manera en que te conectas con ellos y con tu propia nueva familia, tu propio esposo e hijos. Las consecuencias del dolor de la niñez pueden tardar generaciones en sanar. Quizá no tienes una relación cercana con tu familia de origen a causa de las distancias geográficas que los separa o porque los miembros de tu familia han escogido aislarse y desconectarse. O tal vez tomaste la decisión, aunque fuera dolorosa, de desconectarte de aquellos familiares que no respetan tus valores o deciden vivir de manera diferente a la tuya. Hace años aprendí, gracias al consejo de varios pastores y pastoras, que decidir desconectarte de aquellos que te hirieron en el pasado y que continúan haciéndolo con sus acciones y palabras es una manera aceptable de protegerte tanto a ti misma como a tu bienestar. Puede que no hayas tenido la autoridad para hacerlo cuando eras una niña, o cuando eras una adolescente, pero ahora puedes establecer todas las barreras necesarias para protegerte a ti y a la familia que ahora has formado con tu esposo e hijos.

Silvia son dos jóvenes que han descubierto la importancia de estar conectados con personas que sí valen la pena. Esto es inspirador para mí. Todos podemos encontrar el tiempo para conectarnos y hacer lo que sea importante para nosotros; solo necesitamos tener claro nuestro propósito y nuestras misiones.

Obstáculos que entorpecen las conexiones familiares

Nuestro propio equipaje de la niñez y nuestros intentos fallidos por relacionarnos pueden ser un punto de apoyo para las mentiras que usamos para justificar el aislamiento y la desconexión. Como ya mencioné, fui criada por mis abuelos. Mi abuelo, mi papito Jorge, siempre me animaba y me decía que era muy buena en todo lo que emprendía. Independientemente de si leía, bailaba o hablaba en las actividades de la iglesia, siempre me hizo sentir segura. Estoy muy agradecida de que me haya inculcado un sentido de confianza en mí misma. Crecí con tantas inseguridades al ser criada sin mis padres que realmente necesitaba apoyo. Estaba determinado a crear una fuerte conexión conmigo, y en el proceso me demostró que valía su esfuerzo. Como podrás imaginarte, esto contribuyó en gran medida a comenzar el proceso de sanación en mi vida.

Dado que crecí sin mis padres, anhelaba el día que tuviera mi propia familia. Quería crear conexiones valederas con mis hijos, estar allí cuando me necesitaran. Para lograr tener esa vida, tuve que decidir si permitiría que el equipaje y el dolor de mi niñez se convirtieran en un lugar donde las mentiras de la desconexión y del aislamiento pudieran echar raíces. Tuve que decidir si escucharía los pensamientos que me mantendrían enojada por las circunstancias de mi niñez o temerosa de no poder relacionarme de verdad, o si escogería tomar mi poder de la conexión y rechazar la soledad y la desconexión.

Elegir tomar tu poder para estar conectada puede resultar muy difícil si las relaciones familiares te han ocasionado mucho daño. Por mi experiencia sé que habrá momentos que será necesaria la guía de un consejero profesional para traer paz o solución al problema, tanto para el individuo como para la unidad familiar. Es fácil perder la perspectiva o tomar decisiones insensatas cuando existen antecedentes personales de sufrimientos.

Si resulta necesario, en caso de que el comportamiento perjudicial aún continúe, un consejero sabio puede ayudarte a tomar la decisión difícil de distanciarte de las personas tóxicas que atentan contra tu bienestar emocional. Es doloroso cuando te das cuenta de que incluso miembros de tu familia, personas a quienes quieres, necesitan oír que si no respetan tus límites, tendrás que dejar de relacionarte con ellos, pero esa decisión es a veces necesaria. En esas situaciones, la terapia puede ofrecer el apoyo necesario para tomar esa decisión tan difícil. Si piensas que pedir ayuda es una señal de debilidad, por favor vuelve a pensarlo.[3] Puede ayudarte a ser más fuerte. Y al pedir ayuda, les enseñarás a tus hijos la importancia de buscar el consejo sabio.

Me encantaría que ninguna familia tuviera que lidiar con la desconexión, pero también sé que a veces es necesario alejarte de gente tóxica si esto significa proteger a tu propia familia. Mi oración es que encuentres una manera de mantener a toda tu familia unida. Si ellos tienen problemas para relacionarse, considera buscar ayuda para dejar atrás las heridas del pasado y construir un futuro mejor. La conexión en estas relaciones primarias tiene tremendos beneficios vivificantes por los que vale la pena luchar. Lucha por ellos. No permitas que las mentiras o las heridas del pasado te roben este gozo.

Relaciones con los amigos

La habilidad de tomar el poder de la conexión se aprende mejor en un entorno familiar saludable, pero incluso si no lo has tenido, o no gozas de una familia propia, es posible aprender a relacionarte con otros a través de la amistad.

Conéctate con amigos

No importa si eres una persona introvertida o extrovertida. Resulta que todos necesitamos un cierto número de conexiones humanas para sentirnos satisfechos. (Los introvertidos por lo general necesitan menos conexiones que los extrovertidos.) Algunas tenemos una familia de la iglesia, vecinos cercanos o personas afines a las que consideramos familia. Estas son personas con quienes hemos elegido conectarnos y que ayudan a que nos sintamos completas.

Vuelve a mirar la cita de Sandra Day O'Connor al comienzo de este capítulo. ¿Puedes ver cómo nuestras conexiones se entretejen en un tapiz en común? ¿Sabías que algunos de los tapices más bellos del mundo no poseen ningún nudo para mantener los hilos sujetos? Cada hilo depende de la estructura y del apoyo de los demás para mantenerse en su lugar y formar un hermoso dibujo. Eso es lo que hacen las conexiones. Cuando nuestro hilo personal comienza a desenredarse por una enfermedad, la pérdida de un ser querido, un divorcio, dificultades económicas, una mudanza, el nacimiento de un hijo o la vuelta al colegio, si tomamos el poder de la conexión y permitimos que nuestros amigos nos sostengan lograremos no desarmarnos.

Las conexiones con los amigos son cruciales porque nos ayudan en nuestro viaje por la vida. Uno de los usos de la palabra *conexión* está relacionado con viajar. Hacemos conexiones de vuelos y conexiones de autobuses. Dichas conexiones nos mantienen en movimiento, incluso cuando las circunstancias son difíciles. Piensa en un momento en que te sentiste estancada, triste, deprimida, estoy casi segura de que te sentías sola, sin verdaderas conexiones, estabas desconectada. Imagino que no tenías a nadie que te hablara palabras de vida y te proclamara la verdad. Estoy casi segura de que entonces no tenías conexiones significativas.

Desconéctate de las garrapatas

¿Tienes algunas garrapatas en tu vida? Sabes a qué clase de "amigas" me refiero, del tipo que entra en tu vida para usarte, aquellas que son solo tus "amigas" mientras les seas útil. Esta clase de personas son pura sonrisa cuando puedes darles lo que necesitan, pero tan pronto como dejas de complacerlas, te dan la espalda y te tratan como si nunca hubieras existido. Estas no son amigas. Son garrapatas succionando tu vida. Te usan. Es probablemente la clase de amiga cuyos mensajes de texto ignoras y cuyas llamadas dejas entrar en el contestador siempre que puedes. Quizá también las hayas reconocido en el capítulo seis, en la descripción de personas insensatas que no practican el discernimiento cuando usan sus palabras poderosas.

Deja de desperdiciar tu tiempo en las garrapatas de este mundo. No vivas solo para agradar a todos a tu alrededor. Deberías invertir tu energía en las personas que te alientan, en personas con quienes puedes construir conexiones significativas, aquellas que te animan a seguir adelante y luchar por tus sueños.

Una querida amiga, Jennifer, me contó que le preguntó a un artista famoso por qué siempre estaba feliz y sonriente. ¿Cómo lidiaba con la gente complicada y las circunstancias difíciles? Su respuesta fue: "Jennifer, en este punto de mi vida es muy simple. Solo mantengo cerca de mí a las personas que suman y no a las que restan". Vaya, qué manera simple de explicar esta importante lección de vida. Debes desafiarte a mantener cerca solo a aquellos que te fortalecen, te motivan y te inspiran a ser una mejor persona. Caramba, si es necesario alejarse de familiares tóxicos, con más razón aún alejarte de conocidos que solo buscan restar y no añadir nada valioso a tu vida. Dejar de lado a las personas tóxicas que te rodean es un objetivo valioso que ayudará a que tu luz brille con más fuerza.

Deshacerse de las garrapatas no es tan difícil como parece. Si son amigos o conocidos, solo puedes dejar de responderles. Realmente no te valoran. Valoran tu donación de energía, y si dejas de darles de tu tiempo y atención, seguirán su curso hasta encontrar a otra persona a quien aferrarse. Sé que si son compañeros de trabajo o miembros de tu familia, no puedes simplemente separarte de ellos. Debes hallar el valor para conversar honestamente y explicarles cómo te sientes. No utilices oraciones en segunda persona, aunque sea tentador. En cambio, usa muchas oraciones en primera persona y explícales que te sientes usada y no valorada como persona. Pídeles que consideren tus comentarios y espera el resultado. Si están dispuestos a cambiar, grandioso. De lo contrario, deberás reducir al mínimo tu contacto con ellos; siéntete libre de apartarte y escapar de su negatividad.

Barreras para conectarse con los amigos

Hay una enorme cantidad de gente con quienes establecer relaciones de algún tipo. Puedes encontrarlos en el trabajo, la escuela, la iglesia, organizaciones profesionales u organizaciones comunitarias. No hay escasez de personas en este mundo. Sin embargo, nada menos que el treinta y cinco por ciento de las personas adultas se sienten solas.[4] Uno de cuatro estadounidenses no tiene ni siquiera una persona en quien confiar.[5] ¡Ni siquiera una! ¡Qué lamentable!

¿Cuál es el problema? Si la conexión es una necesidad humana y hay siete mil millones de habitantes en la Tierra, ¿cómo es que fracasamos en relacionarnos? Si no se debe a la falta de oportunidad, ¿por qué hay tantos que no conocen cómo usar el poder vivificante de la conexión?

Encontrar amigos auténticos no es una tarea fácil, cierto, pero vale la pena seguir intentando. Tienes que encontrar a alguien que esté dispuesto a superar múltiples barreras antes que tú puedas forjar una conexión. Los antecedentes de dolor y nuestro equipaje constituyen una de las razones por las que tenemos dificultades para relacionarnos, como te expliqué en la sección de la familia. Una relación profunda con alguien solo es posible si eres capaz de ser tú misma, sin temor a que tu amiga se aleje si conoce como eres realmente o tus dolores más profundos. Cuando olvidamos o perdemos de vista la verdad de quiénes somos, cuando no levantamos la vista para conocer nuestra verdadera identidad, comenzamos a pensar que estamos demasiado quebrantadas para relacionarnos. Las tres barreras para relacionarnos son: nuestro equipaje, nuestro quebrantamiento y nuestras ocupaciones o trajines. En lugar de aferrarnos a nuestro poder de la conexión y disfrutar de sus bendiciones, nos ocultamos detrás de estas barreras para evitar el dolor del rechazo o el fracaso en las conexiones. Pero en vez de protegernos, estas barreras nos conducen al aislamiento y a la desconexión. Evitamos el dolor del crecimiento personal y abrazamos un estilo de vida de soledad, depresión y ansiedad.

Todas en algún punto luchamos contra la idea que merecemos estar conectadas. Quizá nos escondamos detrás de barreras

Ojo —*Sidebar*—

Quiero que prestes mucha atención a lo que tengo que decirte. Debes ser lo suficientemente lista para atesorar y valorar el tiempo con tu familia y amigos. No estás actuando de manera sabia cuando usas constantemente tu teléfono celular mientras que tus amigos o familia están queriendo pasar tiempo contigo. Cuando pasas tiempo con la gente que consideras que es importante, desafíate a estar plenamente presente para ellos. No existe una cantidad de "Me gusta" o visitas en las redes sociales que pueda remplazar la sensación de respeto que tus familiares o amigos tendrán cuando sepan que tienen tu completa atención. Cuando partamos de esta tierra, no nos llevaremos ningún "Me gusta" con nosotros. Solo nos llevaremos el amor, los buenos recuerdos del tiempo compartido con nuestros seres amados y los verdaderos tesoros que les dejamos a ellos en sus corazones y almas. Si no puedes evitar revisar las redes sociales cuando estás con ellos, simplemente diles que no dispones de tiempo. No puedes conectarte verdaderamente con tus seres queridos si estás conectada con tus aparatos electrónicos.

tales como el ajetreo, pero esa mentira está basada en nuestra incapacidad de ser auténticas con nosotras mismas y con los demás. No creas la mentira de que no mereces tener relaciones gratificantes, porque no tuviste una buena familia al crecer o porque has tenido problemas para encontrar conexiones amistosas auténticas. Es difícil. Está bien. Pero vale la pena el esfuerzo. Conéctate. Debes relacionarte con personas que añadan algo a tu vida. El aislamiento es el mejor amigo de la depresión, y la conexión es su peor enemiga.

Cómo desarrollar conexiones saludables

No necesitamos garrapatas en nuestras vidas, pero sí necesitamos formar conexiones saludables con las personas correctas. Las siguientes estrategias me han ayudado a desarrollar conexiones saludables y vivificantes.

Forma tu propia junta directiva de vida

Toda compañía exitosa tiene una junta directiva constituida por personas talentosas y confiables. Una junta directiva se reúne para tomar decisiones importantes para el futuro de la empresa. Cada mujer debería tener su propia junta directiva. Hace algunos años, decidí crear una junta directiva para mi vida. Está integrada por tres queridas mujeres a quienes conozco desde hace años y con quienes me reúno con frecuencia. Julia, Marta y Silvia son mujeres con las que comparto momentos importantes de mi vida. No solo son auténticas, transparentes, sabias, discretas y confiables, además son las que me animan en todo momento. En nuestras reuniones cada una vuelca su meta y luego su progreso (o la falta del mismo) para lograr los objetivos que nos propusimos.

Porque hemos formado profundas conexiones vivificantes, podemos con amor, pero al mismo tiempo con firmeza, desafiarnos unas a otras para alcanzar nuestro potencial. Nos alentamos mutuamente y contamos nuestras más profundas necesidades. Intercambiamos pedidos de oración, y nos hemos convertido en guerreras de oración unas de otras. Hemos estado orando durante años por nuestros matrimonios y por cada uno de nuestros hijos. En cada reunión predomina la responsabilidad, el aliento y el apoyo entre todas nosotras.

Estas mujeres forman parte de las conexiones en mi tapiz de vida que me completan y me convierten en una mejor persona, una mejor esposa, una mejor madre y una mejor profesional. Nuestra relación genera tremendos beneficios vivificantes. Si todavía no tienes mujeres sabias que puedan sostenerte en oración y darte consejos sabios, considera crear tu propia junta directiva. Estas relaciones pueden transformar tu vida.

Conéctate con mentores sabios y devuelve el favor

Como ya te habrás dado cuenta, soy una persona ocupada. Mi maravilloso esposo y mis hijos me mantienen bajo control para que descanse lo necesario. Sin embargo, encontrar el momento para conectarme con personas sabias es para mí una prioridad. Javier y yo somos bendecidos al compartir juntos almuerzos, cenas y tiempos de oración con personas sabias que nos inspiran, como el pastor James Tolle y su esposa Alicia; el pastor Dave Cox y su esposa Christie y otras parejas que consideramos buenos ejemplos de matrimonios. Hemos aprendido mucho de estas parejas. Si estás casada, te recomiendo que con tu cónyuge hagan una lista de parejas sabias con quienes puedan relacionarse; no solo cuando estén pasando por tiempos difíciles, sino simplemente para pasar momentos agradables juntos, momentos divertidos y crear recuerdos que perduren en tu corazón y en tu alma.

También le doy prioridad a conectarme con otras mujeres. Mi amiga Ángela una vez me dijo que cada mujer debería tener al menos tres amigas que representen cada etapa de la vida: una amiga mayor que ella, otra de la misma edad y otra que sea menor. Fue un gran consejo transformador para mí. En función de mis experiencias en un ministerio de mentoras durante varios años, he modificado su enseñanza para aplicarla de una manera diferente en mi vida. Toda mujer sabia debería tener al menos tres mujeres en su vida: una más sabia que ella, otra tan sabia como ella y otra que esté tratando de ser tan sabia como lo es ella. Aprendí que la edad no es una buena medida para determinar la sabiduría de una persona. He experimentado los beneficios de esta clase de enseñanza en carne propia.

Una de las primeras en mostrarme el poder de contar con una amiga sabia fue Sue. Ella es una mujer de fe que estuvo a mi lado cuando más la necesitaba. Conocí a Sue hace más de veinte años en un estudio bíblico que tuvimos en casa. Me contacté con ella cuando comencé a ejercer la abogacía y necesitaba de mucha sabiduría. Ella aceptó reunirse conmigo una vez a la semana después del trabajo. Compartió conmigo su valioso tiempo y me guio en un momento crucial en mi vida. Otra mujer sabia que me ha impactado fuertemente es mi mentora, Mary Ledbetter. La conocí a través del ministerio de mentoras en mi iglesia, y ella cambió mi vida para mejor. Ha habido otras como Evelyn, Rosemary, Shannon y Rose, solo por nombrar algunas. Todas estas sabias mujeres me han ayudado a convertirme en una mejor persona.

Formar parte del programa de mentoras en mi iglesia es una de las mejores inversiones que he realizado. Colaboré como mentora por algunos años, y las amistades duraderas que gané son invaluables. Servir como mentora puede cambiar vidas. He visto cuánto las personas pueden crecer cuando se toman el tiempo para interactuar y enseñar a otros. Me viene a la mente una joven mujer que conocí hace cinco años, Denise. Le he estado dando algunos consejos de vez en cuando. Ha seguido mis consejos en varias ocasiones y la he visto crecer tanto en lo personal como en lo profesional. El gozo de ver a otra mujer tener éxito es inmensurable. Considera encontrar una mentora y también convertirte en una.

Conéctate con profesionales

Decidí hace muchos años rodearme de los mejores expertos en cada área de mi vida porque, como dicen las Sagradas Escrituras: "El éxito depende de los muchos consejeros".[6] Estoy muy agradecida a los *coaches* que me enseñan en la iglesia cada semana: mis pastores, Michael Yearley, Dave Cox y James Tolle. Mi esposo y yo creemos que sus enseñanzas son como una lámpara que ilumina nuestros caminos. También soy muy bendecida al haber encontrado a mi *coach*, Cindy Clemens. Ella me hace responsable de mis acciones, guiándome a enfocarme para cumplir mis metas en medio de tantas responsabilidades. Del mismo modo que los atletas de primer nivel trabajan con entrenadores deportivos, las personas verdaderamente exitosas trabajan con *coaches* para alcanzar sus metas, llevar a cabo prioridades y vivir de la mejor manera posible para gozar una vida feliz y plena.

No podría ser la profesional exitosa que soy hoy si no hubiera tenido la guía de dos abogados asombrosos: Anthony W. Hart y Robert Ackrich. Mi familia y yo los consideramos nuestros amigos, no solo mis colegas. Estos mentores me han guiado desde antes de que me convirtiera en abogada. Con mi familia, les estaré siempre agradecida. Me han enseñado mucho, pero quizá la lección de vida más importante que me han transmitido es que ser una abogada exitosa no significa nada si una termina la carrera sola, sin familia ni amigos para celebrar cada logro. O como lo diría el doctor Dr. José Luis Pérez-Albela B.: "Ningún éxito profesional puede reemplazar el fracaso familiar". ¡Auch! Palabras que conllevan una verdad poderosa. Rodéate de mentores que te lo recuerden muy a menudo.

También tengo mentores en mi campo de especialización. Son abogados de inmigración, mis mentores profesionales, a quienes admiro por su dedicación y pasión en esta rama del derecho, y siempre les voy a estar agradecida. Gloria, Mary, Jane, Shirin, Merrilee, Faith, Kerry, Lucy, Roxana, Vanessa, Chaim, Luis Carlos, Fred, Robert, Andrew y Ron han dedicado parte de su tiempo a enseñarme y continúan estando disponibles para responder mis preguntas. Sé que puedo contar con sus experiencias y que solo están a una llamada de distancia. Creo firmemente que, a fin de ser una experta en tu campo, debes rodearte de los mejores expertos en esa área.

Estoy muy agradecida a Ellen, Sally, Lesli, Anita, Scott, Kevin, Mark, Greg, Rick y Susan, abogados que están prestos a aconsejarme sobre mis decisiones profesionales. Cada uno de ellos es un experto en las diferentes áreas del derecho. Agradezco mucho haber encontrado al mejor equipo jurídico con cuyo asesoramiento y representación puedo contar antes de tomar cualquier decisión profesional.

Como puedes notar, estoy rodeada por un ejército de expertos. No obstante, a quienes veo en acción a diario son aquellos con los que tengo el privilegio de trabajar, los abogados de mi bufete: Jesús, Elena y Ednna. Admiro a cada uno de ellos por su dedicación y pasión, y cada día laboral aprendemos juntos. También está nuestro grupo maravilloso de asistentes jurídicos que diariamente dan lo mejor de sí para mejorar las vidas de las familias que representamos. Estoy extremadamente agradecida de contar con el regalo que disfrutamos al contar con Rosa, Verónica, María, Aurea, Liliana, Susie, Javier, Jeanette, Yesenia, Alejandra, Jacqueline y Sra. María. Ellos trabajan diligentemente para ayudarnos a cumplir nuestro llamado de mantener familias unidas. Como siempre les digo: todos formamos parte de una gran familia porque pasamos mucho tiempo juntos dando lo mejor de nosotros para cumplir el mismo objetivo. Admiro su ética laboral, su integridad y su arduo trabajo para hacer de sus propias familias una prioridad. Son testimonios reales de lo que significa ser grandes profesionales que aman y cuidan de sus familias. Sobresalen en el trabajo porque sus conexiones familiares les brindan el combustible que necesitan para dar lo mejor al mundo.

Asimismo, es una bendición para mí trabajar con varias mujeres muy talentosas en mis segmentos televisivos. Son mujeres profesionales y expertas en sus funciones. Ellas me han abierto puertas y apoyado, además de haberse asegurado de que haga mi mejor esfuerzo en ofrecer las herramientas necesarias para mantener informada a familias inmigrantes sobre las leyes de inmigración, no solamente en televisión, también en las redes sociales. Gracias Luzma, Aura, Denise, Silvia, Zoia, Melissa, Paola, Claudia, Jessica, Alessandra y otras mujeres cuyo apoyo me permite destacarme cuando estoy en la pantalla conectándome con la audiencia.

También hay hombres que hacen esto posible. Gracias a ustedes: Marco, Pablo, Antonio, George, Lorenzo, Willy, Alex Alfredo, Gino y JP, por sus asombrosos trabajos de cámara y edición. No pasan inadvertidos. También debo mencionar lo agradecida que estoy por contar con Patty, Leo, Ada, Luna, Juan, Ana, Kathy, Mindy, Elena, Elizabeth, Lorena, Alberto, Conrad, Sybil y Minga. Son buenas personas que trabajan en función de mi agenda para hacerme lucir lo mejor posible. Cortan, tiñen y secan mi cabello, arreglan mis uñas, me maquillan, me peinan, son estilistas que me ayudan en varias maneras para dar lo mejor de mí al mundo. Además, por supuesto que vivo agradecida de poder conectarme con cada uno de ustedes en las redes sociales, a fin de poder brindar a todos el maravilloso contenido que mi equipo y yo compartimos a diario.

Sería algo descuidada si no mencionara a los profesionales médicos que me ayudan a tener una excelente salud. Los doctores Renee, Frank, Susan y Bruce son formidables. Todas las personas que he nombrado son dignas de mi admiración; son individuos profesionales y dedicados con pasión a sus vocaciones y han estado a mi lado durante años. Cada experto en mi vida ha sido elegido para ser parte de mi equipo, no solamente por su cargo o por su popularidad, son expertos que han comprobado que su título no les queda grande y que sus acciones son más grandes que sus títulos y que sus palabras. Para mí esa es prueba de un liderazgo auténtico. Como puedes notar, se requiere toda una villa para llegar a ser y cumplir las obligaciones de la guerrera que soy hoy. No logro nada sola. Cuento con un equipo guerrero, mi equipo de lujo, en diferentes áreas cada uno camina a mi lado para afrontar mis batallas. El poder de la conexión hace posible que yo brille en diferentes áreas gracias a las conexiones que tengo con gente de calidad, gente que añade valor a mi vida. Te animo a que busques tu propio equipo de apoyo y hazles saber cuánto los necesitas y los aprecias.

Si eres jefa o supervisora y no expresas tu gratitud tus empleados o subalternos, tienes un cargo pero no eres una líder auténtica. Ten presente que el arduo trabajo, esfuerzo y sacrificio de tu equipo te fortalecen en la posición que ahora ocupas. No detenerte para reconocer sus esfuerzos es señal de un liderazgo pobre. Si se te hace difícil ser una buena líder sin bajarte de tu pedestal y estás acostumbrada a maltratar o gritar a las personas que trabajan para ti, tal vez te ayude a mostrarles respeto si te pones a pensar algo que nunca debes olvidar: así como tratas a tus empleados, así otros también tratarán a tus hijos cuando los empleen. ¡Auch!

Sin arrepentimientos

Bronnie Ware trabajó en cuidados paliativos, pasaba tiempo con hombres y mujeres en sus últimos años de vida, y decidió extraer toda la sabiduría posible de las experiencias de sus pacientes. Les preguntaba acerca de sus arrepentimientos, y tres de los cinco principales arrepentimientos de ellos estaban relacionados con no haber hecho conexiones reales por trabajar tanto, porque no expresaron sus sentimientos o porque no permanecieron en contacto con sus amigos.[7]

Mujer victoriosa, ¿qué harás para no sentir esos arrepentimientos al final de tus días? Cuando eso ocurra, ¿cuáles serán tus pensamientos? ¿Quieres arrepentirte de haber creído las mentiras del aislamiento y la desconexión o quieres recordar los momentos vivificantes cuando te relacionaste con tu familia y buenos amigos?

Usar tu poder de la conexión con tus seres queridos y con amigos de calidad te llenará cada fibra de tu ser con la sensación de estar plena, realizada y satisfecha. Recuerda rodearte de aquellos que añaden y no le restan valor a tu vida. No temas cortar relaciones con familiares o amigos tóxicos. Crea tu propia junta directiva y encuentra mentores y expertos de calidad para las diferentes áreas de tu vida.

Tomemos hoy la determinación de desafiarnos a nosotras mismas a usar a diario nuestro poder de conexión, para conectarnos con los que más amamos y apreciamos y así no morir con arrepentimientos que podemos evitar. Así siempre tendrás un ejército de apoyo a tu lado y derrotarás las mentiras del aislamiento y la desconexión. Usemos nuestro poder de la conexión para promover las relaciones que sí importan, porque nada en esta vida puede hacernos sentir tan completas como las relaciones reales y valiosas.

CAPÍTULO NUEVE

El poder de la gratitud

Aprende a vivir contenta, a vivir en el presente
y a dar de corazón

> *Cuanto más reconozcas y expreses gratitud por lo que tienes, más*
> *motivos se tienen para expresar gratitud.*
>
> —ZIG ZIGLAR

La vida puede ser difícil y a veces enfrentamos desafíos ante los cuales no tenemos control. Sin embargo, sí tenemos control sobre nuestra actitud. Una actitud de gratitud es un antídoto inmediato para rechazar pensamientos y sentimientos que nos obligan a vivir insatisfechas. Incluso, cuando elegimos vivir agradecidas somos capaces de dar gracias por las circunstancias difíciles que atravesamos y aprender de ellas. Es el poder del agradecimiento el que nos ayuda a vivir contentas. Vivir contentas es vivir alegres, felices y satisfechas por lo que ya logramos y por lo que ya tenemos. Es el poder de la gratitud que nos empodera para vivir contentas, vivir nuestro presente y dar de corazón.

Numerosos estudios científicos han demostrado que una actitud de gratitud conduce a vivir de manera más saludable y a alcanzar más momentos de felicidad. Los resultados tienen sentido porque una actitud de gratitud nos trae más claridad a nuestra mente, alma y corazón y, por lo tanto, nos empodera para estar contentas con lo que tenemos en el presente.

Es únicamente a través de la gratitud que podemos pulverizar las mentiras que nos hacen sentir disconformes, mentiras que nos dicen que no tenemos lo suficiente o, peor aún, que no seremos felices hasta que logremos u obtengamos más. El dar es resultado natural de la gratitud, porque cuando pasamos de enfocarnos en lo que no tenemos a enfocarnos en las muchas bendiciones que ya gozamos, naturalmente buscaremos la manera de compartir nuestra abundancia con otros.

El poder de la gratitud es transformador. Quisiera que guardes estas tres verdades cruciales en lo profundo de tu alma:

1. Podemos lograr vivir contentas solo si logramos vivir constantemente con una actitud de gratitud.
2. Podemos disfrutar del presente y de la abundancia que ya poseemos si tenemos gratitud en el alma.
3. Podemos dar de una manera que transforme vidas solo si tenemos gratitud en nuestros corazones.

Vivir contentas, felices y plenas solo se puede alcanzar cuando una mujer comienza a reconocer y dar gracias por aquello que ya ha logrado y por todo lo que ya tiene.

La gratitud derrota el descontento

El egoísmo, que demuestra tanto vacío, está de moda. No hay manera de que tenga un gran futuro. ¿Qué piensas acerca de las muestras de egoísmo que se publican en las redes sociales? ¿Alguna vez has publicado una *selfie* en la que no luces bien? Me atrevo a decir que la mayoría de nosotras nunca lo ha hecho.

Como diría mi amiga Carolina: vivimos en una cultura obsesionada con las *selfies*. Creo que es una buena manera de describirla. Vivimos en una cultura que cree la mentira que más es mejor, que para sentirnos realizadas en la vida tenemos que correr sin cesar y hacer más para obtener cada vez más, para lucir o sentirnos mejor.

Tener más se vuelve aburrido y a menudo conduce hacia un final poco gratificante. Piensa en aquellas personas que parecían tenerlo todo. Pienso en artistas famosos y comediantes reconocidos. ¿Por qué muchos de ellos terminaron de manera trágica por sobredosis de drogas o suicidio? Estoy segura de que todas podemos ofrecer diferentes razones, pero me atrevo a creer que tuvo algo que ver el hecho de que aunque tenían todas la posesiones imaginables no estaban conformes, sintiéndose vacíos e insatisfechos. Créeme, testimonios e historias reales de personas demuestran que no importa cuántas carteras, pares de zapatos o casas tengamos o cuánto dinero guardemos en el banco si no aprendemos a vivir contentas, alegres, felices y satisfechas en medio de nuestras circunstancias actuales, desperdiciaremos nuestra energía y nuestro tiempo valioso e irrecuperable persiguiendo algo que a fin de cuentas no nos traerá plenitud. Y cuando un minuto de nuestras vidas se nos va, se va para siempre.

Es imposible saber qué retos enfrentaremos en la vida, pero me atrevo a decir que hay uno que de seguro enfrentaremos: el descontento. Puedo asegurarles que el descontento reduce nuestra calidad de vida. El descontento es una enfermedad espiritual muy peligrosa porque puede conducir a enfermedades físicas, como por ejemplo la ansiedad, la depresión, y a enfermedades espirituales graves, como la ingratitud, la autosuficiencia, el síndrome de la Mujer Maravilla, etc.

¿Cuántas veces le has pedido a Dios que te dé más? Piensa en esto: ¿pasas más tiempo en tus oraciones, en tus conversaciones con Dios, pidiendo lo que te falta o agradeciendo a Dios por lo que ya tienes? ¿Cuándo fue la última vez que solamente te encomendaste a Dios para agradecerle todas las bendiciones de las que ya gozas? Una fórmula a la cual le doy el crédito en esta etapa de mi vida en la que me siento completa, realizada y satisfecha es que cuando quiero o espero algo, al orar no se lo pido a Dios. ¡Leíste bien! No le digo: "Dios, por favor, protege a mis hijos". Ni tampoco: "Dios ayúdame a viajar a ese país que quiero conocer". O: "sana a mi amiga que está enferma". No es que yo no quiera todo lo que acabo de mencionar, sino que existe otra manera en que le expreso los deseos de mi corazón. Esa manera es agradeciéndole. Le doy gracias por cuidar, proteger y guiar a mis hijos. Si están en exámenes finales, le digo a Dios: "Gracias Dios porque ya mis hijos pasaron sus exámenes finales". "Gracias por conocer los deseos de mi corazón, y saber que me gustaría visitar ese país". "Gracias te doy porque en tu agenda divina la fecha que visitaré ese país ya está escrita. Aquí seguiré yo esperando pacientemente". "Gracias Padre celestial, por el privilegio de poder orar por la salud de mi amiga, por mandarle ángeles sabios, las mejores doctoras y enfermeras". En otras palabras, en lugar de pedir y pedir, le agradezco porque doy por hecho que ya Él tiene todo bajo control.

Si vives tu vida como en una competencia feroz para lograr y obtener más, con el tiempo quedarás exhausta y tristemente aún anhelarás la libertad, la paz y la tranquilidad. Aparta algo de tu tiempo para orar y meditar en las promesas de Dios. Pregúntate cuánto es suficiente. ¿Cuántos pares de zapatos o cuántos vestidos y carteras tendrías que comprar para sentirte conforme?

Apunta el número. ¿Cuántas cenas románticas por mes necesitas para estar satisfecha? Apunta el número. ¿Cuándo aprenderás a vivir contenta? Lamentablemente, no importa la cifra que hayas apuntado, nunca será suficiente, porque la verdadera felicidad no puede hallarse en zapatos, vestidos, carteras o cenas románticas. La verdadera felicidad la encuentras cuando tu corazón está lleno de una actitud de gratitud que te permita estar contenta con lo que ya tienes y lo que ya lograste.

Aprecia tu vida tal cual es

Como ya mencioné, muchas mujeres sufren del "síndrome del cuando…". Están disconformes en el lugar en que se encuentran, y en lugar de vivir en el presente desperdician su tiempo esperando que la situación sea mejor en el futuro. Como consecuencia, realmente nunca disfrutan la vida y a veces no se dan cuenta de las muchas bendiciones que ya tienen. ¡Qué desperdicio!

Acepta el lugar en el que estás. Agradece por tu presente, aprecia y goza cada minuto de tu "ahora". Aprende a aceptar y respetar la etapa de tu vida en la que te encuentres. Si no te agrada el presente de tu vida profesional, sentimental o cualquier otro aspecto, regresa al capítulo cuatro y esfuérzate para caminar con tu propósito en la vida, sigue tu llamado. Establece algunas metas e implementa hoy algunos cambios. Regresa al capítulo cinco y recuerda la importancia de alimentarte de tus ganas para lograr cambios. Toma hoy la decisión de hacer que cada minuto valga la pena. Vive tu vida hoy.

¿Has estado alguna vez en un centro comercial y utilizado el directorio para encontrar una tienda en particular? De ser así, probablemente hayas notado el círculo con la frase *Usted está aquí*. Cuando ves esa indicación, ¿dudas al respecto? Desde luego que no. De hecho, utilizas esa información para llegar a tu destino. Te animo a que hagas lo mismo. Acepta el hecho de que *tú estás aquí* en la vida, y usa esa información para fijar el rumbo al destino deseado. Haz esto para evitar "el síndrome del cuando…", el cual dice que cuando obtenga un mejor empleo, seré feliz; cuando termine la escuela, seré feliz; o cuando encuentre a un novio o esposo, entonces seré feliz.

Por cierto, no me gusta desviarme del tema, pero si piensas que un hombre te va a hacer sentir ciento por ciento feliz, estás equivocada. Algún día escribiré un libro sobre este tema. Nada ni nadie podrá hacerte realmente feliz hasta que descubras qué es la felicidad verdadera. Tú eres la única persona que puede decidir qué significa para ti ser feliz. Por ejemplo, el que un hijo con necesidades especiales pase al próximo grado escolar puede ser la felicidad más grande de su madre. Para otra mujer el terminar sus estudios, conseguir un empleo o encontrar al hombre de sus sueños es lo que le puede traer gran felicidad durante esa etapa de su vida. Tú eres la única que puede decidir qué es la felicidad para ti. Si has vivido buscando la felicidad basada en posesiones o posiciones, nunca es tarde para dedicar tiempo a descubrir el significado de la verdadera felicidad para tu vida. Puedes usar varios de tus poderes de mujer victoriosa para vivir contenta, alegre, feliz y satisfecha. Reserva tiempo para orar con un corazón agradecido, vivir con propósito y revisar tus misiones te ayudará a aprender cómo vencer las mentiras que nos bombardean para llevarnos a la insatisfacción.

Durante años, solía decir: "Cuando termine mis estudios universitarios, seré una nueva mujer". Luego fue: "Tan pronto como termine con los finales de la Facultad de Derecho, seré una nueva mujer". Luego: "Cuando mis hijos terminen este semestre en la escuela, seré una nueva mujer". Hace algunos años, usé una frase parecida mientras cenábamos con mi familia. Dije algo así: "Después de esta semana, cuando termine con estos proyectos de mi agenda, seré una nueva mujer, a partir del próximo lunes". Decía esto porque no podía esperar para salirme de mi agenda alocada de esos días que me impedía hacer ejercicios.

Mi hijo Josh me preguntó: "Mamá, ¿por qué tienes que esperar hasta el lunes? ¿Por qué no te conviertes en una nueva mujer hoy? ¿Por qué no tomas la decisión ahora mismo de encontrar algunos minutos para comenzar a hacer ejercicios hoy?". Su respuesta realmente me dejó pensando. ¿Por qué tenía que esperar hasta la semana siguiente para encontrar algunos minutos para eso? ¿Por qué no podía entrar en acción en ese momento? Seguí su consejo y ese mismo día regresé a mi rutina de ejercicios. Agradezco mucho a mi hijo esa gran lección.

Durante años viví esperando el famoso "cuando". Cuando termine la Facultad de Derecho dejaré de correr con tantas tareas. Cuando mis hijos terminen la universidad tendré más tiempo para disfrutar con mi esposo. Cuando baje estas últimas libras estaré más contenta. He cumplido y alcanzado muchas metas y te puedo decir que hubiera valido la pena no esperar hasta que llegara el famoso "cuando" para disfrutar de cada etapa de mi vida.

Te cuento que por supuesto existen todavía muchos logros y metas por alcanzar, pero mientras estoy en camino, mientras lucho batalla a batalla para llegar ahí, trabajo arduamente, aprecio y agradezco que mi mente, alma y corazón aprecien y agradezcan el esfuerzo que me toma el trayecto. Un camino en el cual muchas veces corro, me caigo, me levanto, me caigo nuevamente y nuevamente me vuelvo a levantar. A veces con las rodillas raspadas, a veces con magullones espirituales en el alma, pero al pasar los años aprendo que cada experiencia no solamente me fortalece más, sino que hace que mi fe crezca aún más.

Desconozco cuáles son tus "cuando…", qué mentira estás creyendo o qué esperas para actuar y vivir una vida más gratificante. Pero déjame decirte que de ninguna manera conseguirás más de veinticuatro horas al día. Así que entra ahora en acción. Comienza ya a disfrutar de tu vida.

Sé agradecida con lo poco y prepárate para la bendición de la multiplicación

Me encanta la historia cuando Jesús multiplicó los pescados y el pan para dar de comer a las multitudes. Es uno de los milagros con el cual nos podemos identificar. Cuántas veces hemos invitado a personas a almorzar o cenar a nuestro hogar y llegaron más de los que esperábamos y temimos no tener suficiente comida para todos. La historia de la multiplicación nos deja una enseñanza. Cuando sus apóstoles le entregaron los dos panes y los cinco pescados, Jesús los tomó en sus manos, los levantó hacia al cielo, bendijo el nombre de Dios y bendijo los alimentos. De su boca no salieron palabras pidiéndole a Dios que le diera más o que por favor lo ayudara a dar de comer a las multitudes. Él bendijo esos alimentos como en cualquier otra ocasión, bendiciendo y reconociendo a Dios. Al así hacerlo nos dio una gran lección. Si tú y yo aprendemos a agradecer por lo poco, entonces abriremos las puertas a la multiplicación divina.

Es realmente triste cuando pensamos, creemos y actuamos como si tuviéramos poco. El hecho de que tengas este libro en tus manos es evidencia de que eres más privilegiada que un gran porcentaje del mundo. Tú y yo gozamos de la bendición de poder leer. Creo que cuando pedimos más, en lugar de agradecer más, estamos viviendo una vida de escasez, en lugar de una vida de abundancia.

Me da tristeza cuando escucho a personas decir que son pobres o que no tienen para esto o aquello. Ya sabes lo que pienso acerca del poder de las palabras y nunca deberíamos declarar palabras que menosprecian nuestro existir, sino todo lo contrario.

Hace muchos años Javier y yo leímos en Salmos sobre cómo Dios dispone un banquete y llena la copa a rebosar. ¿Sabes lo que significa rebosar? Es como cuando algo está tan lleno que el contenido se rebalsa. Como cuando pones la leche a hervir y te olvidas y se desborda el recipiente, desparramando la leche por todas partes. Así es como Javier y yo nos imaginamos nuestras copas de bendiciones. Todas las mañanas, al orar juntos, agradecemos a Dios por la copa de bendiciones que gozamos, una copa que no solamente se rebalsa por la abundancia del contenido, sino que también el plato en el que se coloca la copa rebalsa de bendiciones. Así nos imaginamos la inmensa copa de bendiciones que Dios ha preparado para nosotros y se lo agradecemos a diario.

¿Entiendes lo que te quiero decir? Expresar, confesar, orar en voz alta y agradecer por lo que tenemos, sin lugar a dudas, multiplica nuestras bendiciones porque al estar sumamente agradecidos por lo que ya disponemos nos abre las puertas a recibir más.

Agradece también por los momentos más difíciles de tu vida

Como mencioné en un capítulo anterior, los recuerdos de abuso físico y emocional que sufrí en mi niñez me han afectado. Puedo decirte que, al escribir estas palabras, me resulta todavía muy difícil pensar sobre aquellos momentos dolorosos, pero tengo la libertad para contarlos ahora porque he perdonado a quienes me causaron tanto daño físico y emocional. Aunque sea difícil de creer, hasta agradezco el haber aprendido de cada uno de esos momentos. Incluso he aprendido de las personas que me hicieron pasar por ellos. No destruyeron mi alma ni me robaron el poder de tomar las decisiones correctas. Aprendí que no quería ser o actuar como ellos. Es gracias a que yo no quería ser en nada como aquellas personas que mis hijos nunca han experimentado el maltrato infantil. Tomé la determinación y actué para salir de mi propia cárcel mental, y al perdonar a quienes me hirieron obtuve libertad. Obtuve una vida mejor.

A menudo me preguntan cómo es posible que yo crea que existe un Dios, y mucho más creerle a Dios y a sus promesas, si Él permitió que me hicieran tanto daño. Me preguntan: ¿dónde estaba tu Dios durante cada uno de esos momentos tristes y dolorosos? Mi respuesta: "Dios estaba en el mismo lugar en el cual se encontraba cuando su Hijo primogénito, Jesús, fue injustamente juzgado, maltratado y asesinado. Estaba siendo Dios y respetando el libre albedrío que le ha dado a los hombres y mujeres en esta tierra". Yo no tengo la menor duda de que Dios me ama, que solamente quiere lo mejor para mí y que ha estado presente en cada uno de los momentos dolorosos de mi vida. Es más, sé que estuvo ahí secando cada una de mis lágrimas, cuidando de mis heridas y esperando con ansias poder milagrosamente curar cada una de las heridas espirituales de mi alma. Es solamente mi Dios, el que tiene un poder sobrenatural, el que me cuidó y permitió que pudiera llegar hasta donde he llegado.

Si sufres porque alguien te hirió profundamente, quizá necesites del consejo profesional para ayudarte a caminar hacia la libertad. Te animo a buscar ayuda porque la falta de perdón conduce a una vida frustrada, en lugar de una vida de libertad.

Créeme que sé, te entiendo, y me conecto con tu dolor y rencor. Pero he aprendido que aferrarnos a un pasado doloroso solamente causa daño y nos mantiene estancadas en un lugar que se asemeja a la arena movediza, en la cual damos un paso y otro, pero nunca salimos adelante; por el contrario, nos enterramos más y más en un agujero negro de emociones que causan distintas enfermedades dañinas. Usa tu poder del agradecimiento para pulverizar la mentira del rencor y encuentra la libertad espiritual que te dará una vida nueva.

Sé agradecida aun en momentos estresantes

Es una tarea de cada día aprender a ser agradecida en medio de momentos estresantes.

Te cuento una historia personal.

Podía sentir que todo mi cuerpo se tensaba. Tenía a tres personas en mi oficina, todas requiriendo algo de mí, y el camarógrafo estaba en la sala de conferencias preparado para grabar algunos comentarios que me pidieron respecto a una política migratoria que se había anunciado aquella mañana. Tenía programados a varios clientes para ese día. Y para darle un matiz aún más emocionante, no había llevado al trabajo una chaqueta que se viera profesional en televisión. ¿Por qué era eso un problema? Como comentarista jurídica necesitaba dar una apariencia profesional ante las cámaras. Basada en que uso mi poder de preparación, usualmente dejo un traje en el clóset de mi oficina para tales ocasiones, pero resultaba que lo había llevado a la tintorería. Esta oportunidad de dar un comentario legal de último momento no estaba colaborando con mi agenda.

Una cuarta persona entró en mi oficina, mi hijo JP, y supe que podía percibir la angustia en mi rostro. Podía sentir la tensión en la sala y él tenía pleno conocimiento de mi ocupada agenda. Sabía que el camarógrafo tenía un plazo, que los abogados en mi oficina necesitaban una respuesta para un cliente, que la asistente en mi oficina necesitaba que firmara un documento y que la recepcionista estaba esperando una respuesta a una pregunta que hizo antes que todos entraran.

Mientras todos estaban parados allí esperando que resolviera sus necesidades, JP se inclinó sobre mi escritorio, me miró directo a los ojos (un hábito que aprendió de mí, ya que solía hacérselo desde que era un niño pequeño), y me dijo textualmente: "Mírame, por favor. Escúchame. Cambia tu actitud de estresada a una de gratitud. Tienes una familia que te ama y te apoya, y haces lo que te gusta. Tienes un equipo maravilloso a tu lado para ayudarte en todo lo que haces. Informas a una comunidad que te aprecia. Sé agradecida. Siéntete agradecida. Agradece a Dios por sus bendiciones y por tener la oportunidad de hacer lo que amas".

La tensión que había estado sintiendo se derritió tan pronto como me enfoqué en mi agradecimiento sincero por las bendiciones en mi vida. Estaba agradecida por la sabiduría de mi hijo, por la paciencia de mi equipo, por la espera del camarógrafo y por la oportunidad de elaborar comentarios jurídicos. Pero principalmente le estaba agradecida a Dios por permitirme cambiar mi actitud de preocupación y estrés a una actitud de agradecimiento. Solo unas pocas palabras de sabiduría fueron necesarias para que cambiara al instante mi actitud negativa por una de gratitud. Realmente podrás vivir sintiéndote contenta, feliz y tener libertad para compartir con otros cuando aprendes a ser agradecida, cuando reconoces todas las bendiciones que tienes en medio de tus circunstancias presentes. Ese poder es liberador porque estás satisfecha contigo misma por lo que eres, con el lugar en donde estás y con lo que ya tienes; y puedes ver y compartir tus bendiciones con otros porque sabes que ya vives una vida en abundancia.

Dar desde un lugar de gratitud

Dar con una actitud de gratitud es la mejor manera de dar. Porque el poder de la gratitud te permite dar, ya que te sientes satisfecha y sabiendo que tienes lo suficiente como para compartir tus bendiciones con los demás. Cada vez que des tu diezmo, asegúrate de hacerlo con un corazón de gratitud y no solamente porque alguien te dijo que tienes que hacerlo. Yo no sé lo que pienses o creas acerca de dar por lo menos el diez por ciento de tus ganancias a Dios, y no intento por esta vía tratar de darte una lección acerca del tema. Sin embargo, sí encuentro necesario compartir contigo que una de las acciones que más bendiciones ha traído a nuestras vidas es que Javier y yo desde los primeros años de nuestro matrimonio hemos gozado de la bendición de diezmar. Lo hacemos no por obligación, sino porque lo consideramos una bendición.

Muchas mujeres creen que no tienen nada que ofrecer, pero hay muchas oportunidades que les permiten hacer su aporte al mundo en el que viven. Incluso en tiempos difíciles o cuando el día no tiene para nosotros suficientes horas para siquiera pensar en poder dar, todas tenemos algo que ofrecer. Cuando estás agradecida por todo lo que ya tienes, puedes dar desde un lugar de amor. Das, no porque quieres que te vean o te alaben, sino porque aprendiste a vivir contenta; tienes mucho, y sabes que hay suficiente para dar a otros.

Actos de bondad

Hay tanto que podría decir sobre ser generosa, pero quisiera mencionar una historia que expresa muy bien lo que produce en nuestra alma el poder dar. Me criaron abuelos que me enseñaron la importancia de ofrecer mi ayuda y dar a otros. Ir a la iglesia y servir era algo obvio; se trataba de quiénes éramos como familia. Así que cuando comencé mi propia familia, empecé a buscar maneras de colaborar cuando mis hijos eran aún pequeños. Hemos participado como voluntarios en viajes misioneros y asistido a incontables ferias y encuentros comunitarios. Sin embargo, un recuerdo siempre quedará grabado en mi memoria.

Javier, JP, Josh y yo nos habíamos registrado para colaborar en un refugio contra la violencia doméstica en nuestra ciudad. JP probablemente tenía once años, como mucho, y Josh alrededor de siete años. Cuando llegamos se nos asignó el área de la cocina para servir los alimentos. Josh y JP solo tenían que colocar el pan en el plato de las familias que estaban haciendo la fila para recibir una ración de comida.

Cuando terminamos de servir, regresamos al auto para dirigirnos a nuestro hogar. Recuerdo que JP y Josh estaban súper tranquilos. No dijeron una palabra hasta que llegamos a casa. Por lo general siempre pedían que nos detuviéramos para alquilar una película (sí, fue hace mucho tiempo) o comprar algún postre. Pero esta vez no dijeron nada. Más tarde, les pregunté por qué habían estado tan callados durante el regreso a casa. JP me contó que mientras estaban ayudando a servir los alimentos, vio a un niño pedir más pollo, y los líderes le dijeron que tenía que esperar hasta que todos en la fila recibieran su comida. El niño no volvió después a la línea. JP me dijo que él y Josh encontraron al niño y le dieron sus dos platos de comida. Sintieron compasión en sus corazones y me dijeron que se sentían bendecidos por tener tanto. La lección que aprendieron aquel día ha permanecido en sus corazones hasta hoy. El poder dar impacta nuestra vida, pero las de los que nos rodean mucho más de lo que podamos imaginar.

Atravesamos diferentes etapas en la vida. Ahora mismo quizá seas la madre de un niño pequeño y puede que apenas encuentres el tiempo para tomar una ducha cada día. Lo sé. He pasado por eso. Solo recuerda que este período pasará. Disfruta de la etapa que Dios te dio ahora. Ya tendrás más tiempo en el futuro, y entonces podrás decidir ser voluntaria en algún área. Si todo lo que puedes dar ahora a las personas que te rodean es bondad al ofrecerles una sonrisa o una palabra amable, es suficiente. Es mejor que nada. Vale la pena poder dar. Cuando das, aquellos a tu alrededor aprenderán a dar al observarte, y ver vidas impactadas por tu servicio llenará tu corazón con gratitud.

Hace unos días, Josh vino a casa y nos contó —a JP, Javier y a mí— algo que había sucedido en el restaurante de comida rápida en el que había estado más temprano. Notó que había un oficial de policía un poco más atrás en la fila. Cuando Josh se aproximó a la caja para hacer su pedido, le entregó su celular a la cajera con un mensaje que había escrito. "Señorita, hay un oficial de policía en la fila que está por hacer su pedido. Por favor, cóbreme mi pedido y guarde mi tarjeta de débito, y cuando él venga a hacer su pedido, dígale que alguien más ya se encargó de la cuenta. Ah, y por favor, no le deje saber quién pagó por su comida".

La cajera cumplió con su solicitud y se quedó con la tarjeta. Cuando Josh fue a buscar kétchup, sintió una palmada en su hombro. "Disculpe, joven. ¿Acaba de pagar mi pedido?". Josh se volteó y respondió: "Bueno, se suponía que no debía enterarse". Josh prosiguió a explicar que desde que era un niño, yo le había dicho a él y a su hermano que siempre hay que estar agradecidos con los oficiales de policía, los bomberos y otros que sirven a la comunidad por sacrificar sus vidas para protegernos.

Una vez, en una tienda multiservicio 7-Eleven, les agradecieron a unos oficiales de policía por su servicio y los oficiales les dieron unos cupones para bebidas heladas. Nunca me olvidé de esa historia y se las recordé a mis hijos una y otra vez. Cuando los niños crecieron, hicimos el trato de pagar anónimamente la comida de los agentes de servicio cada vez que los viéramos en un restaurante. Josh le confesó al oficial de policía que a lo largo de los años solamente una vez un grupo de bomberos descubrió que nuestra familia había pagado sus comidas. Siempre lo atribuí al hecho de que la camarera fue contra nuestro pedido de anonimato debido a que se dejó llevar por el encanto de los bomberos y les dijo quién les había pagado la cuenta.

Después que Josh le contara al oficial todo esto, él dijo: "Bueno, quizá la cajera se sintió intimidada por mis habilidades de interrogación". Ambos se rieron. Josh le dijo al oficial que últimamente había habido tantas historias de desprecio hacia los oficiales de policía que quería hacer algo para recordarle que había personas que estaban agradecidas con todos los oficiales de policía que realmente cuidan nuestra comunidad y arriesgan sus vidas por nosotros a diario. Hablaron durante al menos diez minutos. Imagínate qué buena historia tuvo para contarle a su familia este oficial cuando llegó a su casa aquella noche.

Fue maravilloso ver el brillo en los ojos de Joshua cuando nos contaba esa historia. Podíamos sentir el gozo en su corazón. Como ves, tus acciones de gratitud pueden influenciar a las generaciones venideras y crear un efecto dominó que repercutirá para siempre.

Quisiera decir algo más sobre ser dadivosos. Resulta inevitable que la mayoría de las veces cuando damos, otros observen nuestra acción. Quisiera desafiarte (y desafiarme) a encontrar otras formas de dar que solo Dios pueda ver. No dejes que el mundo sepa lo que haces, con el fin de obtener el reconocimiento de la gente. Es mejor dar de forma anónima. Mi familia y yo hemos gozado de los beneficios de bendecir a otros de forma anónima. Las bendiciones que recibes por dar sin hacer púbica tu acción son imposibles de describir con palabras.

Entiendo que a veces es imposible dar sin que existan testigos. En esas ocasiones también existen buenas noticias. El Dr. Steve Taylor escribió un artículo interesante sobre los beneficios de ser dadivosos. En *Elation: The Amazing Effect of Witnessing Acts of Kindness* ("Euforia: El efecto asombroso de presenciar actos de bondad") describe cómo el acto de dar tiene un triple efecto positivo. Por una parte, los beneficios del receptor y la sensación de bienestar del dador. Pero aquellos que son testigos del acto de bondad también se benefician porque ven la generosidad en acción y recuerdan que todos estamos conectados.[1]

Cuando oí acerca de esta investigación hace algunos años, la información tuvo un profundo impacto en mi corazón. Realmente creo que cuando realizamos un acto de bondad, nos sentimos maravillosas, así como el receptor, y podemos dejar un profundo impacto en quienes presencian nuestras acciones. ¡Dar es, definitivamente, un beneficio para todos!

Es imposible vivir contenta y feliz sin gratitud en tu corazón por lo que ya tienes y por lo que ya has logrado. El reto es ser agradecidos, aun durante las pruebas más difíciles. No puedes dar de corazón a menos que cada partícula de tu ser esté llena de gratitud por las bendiciones de las que ya gozas a diario.

Aceptemos el desafío de usar nuestro poder de la gratitud cada segundo, a fin de rechazar las mentiras del descontento. Este poder increíble nos permitirá, sin duda, vivir una vida feliz y plena. Seamos agradecidas, aun en medio de las circunstancias difíciles. Demos de todo corazón porque sabemos que ya todo lo tenemos. Agradezcamos por lo que ya tenemos, a fin de mostrarle al mundo que creemos en el poder de nuestro Dios para hacer que nuestras copas rebosen de imaginables bendiciones. Su amor no nos limita, su amor nos da en abundancia. Es vivir agradecidas por lo que ya tenemos lo que nos abre las puertas a la bendición de la multiplicación. Agradece todo lo que ya tienes en el presente y prepárate para recibir la bendición de la multiplicación. Así no solamente podremos dar más a los demás, sino que lo haremos con un corazón lleno de gratitud, el cual nos permite entonces vivir vidas de plenitud. Tú eliges, es tu decisión. Tú decides si agradecerás por la abundancia que ya gozas o si te quejarás porque crees equívocamente que vives una vida de escasez. Por último, reservemos un momento cada día para contemplar todo lo que ya tenemos y darnos cuenta de las magníficas bendiciones que Dios ya nos ha concedido. ¡Vamos, vivamos contentas y plenas desde ya!

Parte IV

Encuentra el equilibrio
a través de la renovación

La renovación debe convertirse en una actividad cotidiana y, fundamentalmente, en una prioridad en la vida de una mujer victoriosa.

Aprendí de una manera difícil que debemos encontrar tiempo para renovarnos. Quizá creas estar demasiado ocupada para dedicar tiempo para ti misma, pero el hecho es que no podrás vivir como una mujer victoriosa si no sabes cómo utilizar este poder crucial. Podrás disfrutar una vida abundante y plena sucederá cuando separes parte de tu tiempo para orar, meditar en la palabra de Dios, reflexionar, ejercitar y relajarte, incluso cuando tengas una agenda demandante. Debes apartar algo de tu tiempo para renovarte. Esta debería ser una actividad regular y una de tus principales prioridades.

En esta sección, analizaremos:

Poder N° 10: La renovación
El poder de la renovación vence la mentira del síndrome de la Mujer Maravilla, nos protege del agotamiento constante y dañino y permite a la mujer victoriosa vivir una vida completa, realizada y satisfecha.

CAPÍTULO DIEZ

El poder de la renovación

Vence el agotamiento dañino y experimenta la vida plena para la que fuiste destinada

> *El cuidado personal no es egoísmo.*
> *No se puede servir con una vasija vacía.*
>
> —ELEANOR BROWNN

No podemos vivir vidas plenas si siempre nos estamos poniendo en el último lugar. Incluso cuando la vida se vuelve demandante, una mujer victoriosa se asegura de dedicar tiempo para orar, reflexionar, ejercitarse y relajarse. Una mujer puede aparentar ser exitosa a primera vista, pero no importa cuán buena sea tu apariencia exterior, no podrás vivir una vida intencional y con propósito si estás vacía en tu interior. Debido a las presiones que nuestra sociedad ofrece es muy fácil sufrir el síndrome de la Mujer Maravilla.

La Mujer Maravilla es la que *trata* de hacerlo todo por sí sola, es autodemandante y trata de ser perfecta en cada rol que desempeña. ¿Te diste cuenta del énfasis que puse en *trata*? Porque en realidad eso es lo único que logra: "tratar". El problema es que, después de complacer al mundo, cuando se quita la capa y se apagan las luces y las cámaras de grabación, se siente agotada, vacía y muy poco valorada. Te desafío a usar tu poder de la renovación para vencer la mentira de que el exceso equivale al éxito, y así evitar el agotamiento dañino para vivir la vida plena para la que fuiste creada.

¿Quieres saber cómo es que sé que está perfectamente bien que dediques tiempo para ti misma? Porque las Sagradas Escrituras dicen que uno de los mandamientos más importantes es que debemos amar a nuestro prójimo como a nosotras mismas.[1] Sí, tú debes amarte y cuidarte. Por haber decidido que necesitaba tomarme tiempo para ocuparme de mí misma es que tú ahora tienes este libro en tus manos.

Cómo aprendí la importancia de la renovación

A finales del año 2011, experimenté lo que solo puedo describir como un tiempo irreal. Atravesé por un período muy desafiante que dejó huellas en mi salud. En aquel entonces me sentía extremadamente cansada, tanto que ni siquiera quería levantarme de la cama. Después de visitar a varios doctores, finalmente se descubrió que sufría de insuficiencia adrenal. ¿Qué cosa!? Sí, fue exactamente lo que le pregunté al doctor. Utilizó un término diferente para explicármelo, algo que seguramente habrás oído. Conocía ese término, pero creía que era inmune a sus efectos. Esa expresión era *fatiga o burn out*. Sé que suena horrible, pero era una realidad. Fue como si alguien me echara una cubeta de agua fría en la cabeza. Quedé conmocionada.

¿Estás preparada para escuchar mi prescripción médica? ¡Reposo! Mi primer pensamiento fue: "¿Qué? ¿Yo, hacer reposo? Soy alérgica al reposo". Tuve que aprender a la fuerza la importancia de la renovación. Comencé con mis pensamientos y a dónde escogía enfocar mi atención. Usé (y aún uso) una herramienta que llamo mi "Lista de lo que quiero y no quiero". Realmente me ayuda a mantenerme enfocada y a decirle no a las distracciones de la vida, esos objetos brillantes que me sacan de rumbo y sobrecargan mi plato ya lleno.

Sí, di algunos pasos para hacer menos, para desocuparme, para decir no a más compromisos y usar más a menudo mis poderes del propósito intencional y de la oración. Mi familia hizo todo lo posible para asegurarse de que yo siguiera las indicaciones del doctor y reposara. Gracias a Dios, y a la obediencia a las a las instrucciones de los médicos, poco a poco fui recuperando la energía y me sentí mucho mejor. Desearía poder decirte que en ese entonces aprendí mi lección y me cuidé maravillosamente bien las 24 horas del día, pero no sería verdad.

Sí cambié muchas de mis costumbres, pero continuaba trabajando excesivamente y persiguiendo varios objetos brillantes. Un par de años después, mi cuerpo volvió a reaccionar, esta vez con gastritis. He consultado a los mejores doctores y tomado los mejores productos naturales del mercado y, si bien estoy mejor, no tengo la excelente salud que una vez gocé. Estoy increíblemente agradecida de que ya no sufro de gastritis, pero soy muy consciente del hecho de que ya no puedo comer como solía hacerlo o tan tarde como solía cenar. Ahora como saludable, hago ejercicios y continuamente implemento métodos para disminuir mi estrés. Es una batalla diaria muy difícil para mí, pero vale la pena. Desearía haber hecho todo esto antes que mi cuerpo volviera a tocar la alarma para forzarme a desacelerar, antes de que mi cuerpo me pasara factura.

Sinceramente, espero que no tengas que enfermarte como yo para comenzar a cuidarte. Incluso con todos los cambios que hemos implementado, todavía atravieso períodos en que mi amorosa familia me tiene que frenar. Aún tengo que renovar mis pensamientos y mis acciones para llegar a vivir y disfrutar de la vida como una verdadera mujer victoriosa, enfocándome en mi ser, en lugar de solo en el quehacer.

Un ejemplo no muy reciente tuvo lugar el 20 de noviembre de 2014, cuando el presidente Obama anunció que más de cuatro millones de personas, familias inmigrantes trabajadoras y de buena conducta, podrían salir de las sombras y dormir en paz, sabiendo que no serían separados de sus seres queridos. El presidente Obama no anunció una medida permanente a nuestro sistema migratorio deficiente; ofreció una solución humana, transitoria. Esa solución les permitiría congelar su deportación si lograban demostrar su permanencia en los Estados Unidos durante cinco años, la existencia de hijos estadounidenses o residentes permanentes y si se sometían a una revisión de antecedentes criminales. Esto significó un aplazamiento a la amenaza que enfrentaban a diario: la deportación.

Aunque no fue una solución perfecta, porque aún el Congreso necesitaba hacer su trabajo y aprobar la reforma migratoria completa, la solución del presidente permitió que los inmigrantes indocumentados durmieran más tranquilos. Lamento decir que la acción del Poder Ejecutivo no se implementó. El 23 de junio de 2016, la votación de la Suprema Corte resultó en un empate y confirmó el fallo del Tribunal de Primera Instancia de detener los beneficios planteados por el Poder Ejecutivo.

Después que el presidente Obama hiciera su anuncio en noviembre de 2014, mi equipo y yo pasamos al modo turbo. Trabajamos incansablemente y grabamos contenido para brindarles a millones de familias la información necesaria. Mi esposo y mis hijos no estaban contentos. Creí que estaba feliz porque ese era un momento muy importante en mi vida profesional. Era el momento que millones de familias inmigrantes trabajadoras habían estado esperando y trabajando por años.

Por suerte, tenía programadas unas vacaciones en casa durante Navidad, un tipo de vacaciones que he tomado en el pasado, durante el cual en lugar de irme fuera de la ciudad me quedo en casa descansando y haciendo cosas divertidas, les llamo mi *Staycations*. Sin embargo, mis planes no le agradaron a mi familia. Era fin de año, y por lo general solemos tomar juntos unas vacaciones. Mi familia no quería renunciar a la oportunidad de irnos fuera de la ciudad ese año.

Mis vacaciones en casa quedaron truncadas cuando mi esposo nos sorprendió diciendo que nos iríamos a Costa Rica por una semana. Me esforcé por convencerlo de no hacer el viaje. Le expliqué que solo quería descansar en casa algunos días. Me dijo que hablara con mis hijos. Para hacer la historia corta, después de una reunión familiar, sentí que necesitaba hacer ese viaje en familia. Al final, fuimos a Costa Rica, un lugar pacífico y mágico en donde es fácil experimentar las maravillas de Dios en la naturaleza. Pasamos unos días asombrosos, pero Costa Rica quedará siempre en mi corazón no solo a causa de su belleza, sino también porque me dio el espacio para renacer espiritualmente. Tuve muchos momentos de tranquilidad mientras estábamos en ese país y mucho tiempo para reflexionar. Y al reflexionar sobre mi vida, me di cuenta de que no estaba completamente satisfecha por cómo me sentía al terminar el año.

Nunca voy a olvidar nuestra visita a un bosque hermoso. Nos llevaron a un área en donde había un montón de mariposas de colores muy bellos. Al entrar allí con mi familia, una mariposa de precioso color azul se posó en mi mano por algunos minutos. En ese momento sentí como si Dios me hablara y me dijera que necesitaba cuidar de mi salud. Él estaba complacido con que trabajara tan duro para ayudar a tantas personas, pero necesitaba cuidar de mi cuerpo, mi templo. Entendí con claridad por qué tenía que cuidarme. Sin salud no podría continuar haciendo lo que hacía. Siempre estaré agradecida por esa experiencia. Costa Rica fue el lugar ideal para mí en esos momentos. Regresé a casa con el deseo de hacer algunos cambios y procurar vivir de una manera más gratificante. Regresé con el deseo de disfrutar de la vida en su plenitud, vivir pura vida, como dicen en Costa Rica.

Hace muchos años, comencé una tradición en mi vida. En lugar de establecer resoluciones en Año Nuevo, las establezco durante el mes de mi cumpleaños, septiembre. Por años he ido sola al mar por un día para revisar mis metas, formular algunas nuevas y escuchar mi corazón y mi alma.

Mientras me encontraba en Costa Rica, admití que no había sido fiel a mis metas de salud, a "la lista de lo que quiero y no quiero". Me di cuenta que había dedicado la mayor parte del año a *hacer* en lugar de *ser*, lo cual es completamente opuesto a lo que pretendo hoy. Ahora sé que la sabiduría requiere de escucharme a mí misma, de escuchar las voces de mi corazón y de mi alma y que es una tarea diaria. No había estado escuchando, ni a mí misma ni a Dios. Solo había estado haciendo, haciendo, *haciendo*, en lugar de *siendo*. No fui honesta conmigo misma.

Empecé a usar mi calendario personal como mi mejor aliado. Si leíste la lista de responsabilidades que mencioné en el capítulo anterior, tal vez pensaste que estabas en un maratón que parecía no terminar. Ahora, ¿te imaginas cómo estaría hoy en día si no hubiera tomado los pasos necesarios para proteger mi salud? Por primera vez empecé a poner en agenda: descanso. Desde que empecé a ejercer mi profesión de abogada decidí que no abriría mi oficina los sábados, y así ha sido. Considero esa decisión que tomé hace muchos años como una bendición para mis empleados, para mí y para nuestras familias. Pero después del incidente de los últimos días del 2014, aprendí que tendría que ser muy intencional en la manera que agendaba "descanso" en mi calendario. ¿Te imaginas tener que agendar "descanso" para mí? Así, es. Así de seria es la situación.

Además, empecé a establecer mi bufete jurídico de tal manera que pudiera compartir mis responsabilidades con los otros brillantes abogados de mi oficina. Tuve que admitir que no podía seguir encargada de todo. Por eso es que hoy en día puedo cumplir con las responsabilidades y compromisos que leíste en el capítulo anterior. Porque he establecido límites y he establecido mi oficina de tal manera que ahora puedo contar con mi equipo para seguir adelante.

Escribir este libro ha sido un sueño por algún tiempo, no se volvió una necesidad personal hasta hace muy poco. Finalmente, entendí que necesitaba vivir este libro. Necesitaba aplicar cada uno de estos conceptos a fin de ser la que quiero ser y estar donde quiero estar. Ambiciono que mi luz brille y esté siempre resplandeciente. Al escribir este libro, tengo la oportunidad de usar cada uno de estos poderes para recargar mis baterías y permitir que mi luz brille y saque a otros de la oscuridad.

Me creas o no, esta etapa tan difícil de mi vida fue la que más me enseñó acerca de la importancia de cuidarme. Fue un despertar a la importancia de poner mi salud en primer lugar. La lección más grande que aprendí es que este es un reto que debo enfrentar a diario. He aprendido tanto sobre este tema que he comenzado a escribir mis notas al respecto para algún día poder también contártelas. Como verás, este constituye otro ejemplo de vida real de cómo algo bueno puede surgir de tiempos difíciles.

He orado para que este libro no solo te ofrezca información, sino también transformación a tu vida. Recuerda, la transformación requiere más que una decisión para lograr cambios; requiere de una decisión combinada con una acción inmediata y seguida de muchas otras. Así como tuve que decidir actuar y transformar mi vida, tú también debes tomar una decisión. Tú eres la única persona que puede decidir comenzar tu transformación. Puedes comenzar ahora mismo. ¿Qué te parece? ¿Deseas transformar tu vida? Si es así, el cambio que buscas empezará en tu mente porque cada acción está precedida de un pensamiento.

El poder de la renovación está, de hecho, compuesto por muchos minipoderes. Me gusta compararlo con disponer de un estuche secreto lleno de flechas que puedes sacar cuando necesites vencer mentiras como que tienes que hacer muchas cosas para tener valor, y por eso la vida es extenuante, abrumadora y muy difícil. Que tienes que ser la Mujer Maravilla para tener un valor especial. Esto no es verdad. Dios quiere que vivamos con vigor, energía y gozo. La única manera de lograrlo es continuamente llenando nuestro tanque. La renovación es la única forma de ser una mujer victoriosa y fuerte, y la renovación comienza con tu manera de pensar.

Reorienta tu mente

Deja los pensamientos negativos. Deja de culpar a los demás por los desafíos que enfrentas. Tu pasado no te define. No se trata de lo que otros dicen o piensan de ti. Es de suma importancia que entiendas el poder de la mente para forjar tus acciones.

He aquí dos ejemplos de cómo abordar los pensamientos negativos y renovar tu mente.

Pensamiento antiguo: Estoy sola. Pensamiento nuevo: No estoy sola.

No eres huérfana. No fuiste abandonada por tu madre o padre que abandonó el hogar o murió cuando eras una niña. Tú tienes al mejor Padre del mundo, un Dios que jamás duerme ni se adormece, sino que está siempre a tu lado.

Pensamiento antiguo: Soy incompetente.

Pensamiento nuevo: Soy competente y calificada.

Comienza a pensar como una persona segura de sí misma. Si no eres una mujer segura, entonces ¿cómo esperas que otros puedan confiar en ti? No te preocupes por lo que otras personas, especialmente en las redes sociales, digan sobre ti. Piensa en esto: si tienen tiempo para criticar a otros, significa que no tienen nada mejor que hacer, lo cual es muy triste. Siempre va a haber chismosos, envidiosos y celosos. ¡Ignóralos! No permitas que te quiten un minuto de tu valioso tiempo. Recuerda que nadie tiene poder sobre ti, a menos que tú se lo entregues. Actúa como una mujer victoriosa y no les des poder.

Acalla tus pensamientos

"Conócete a ti misma", "sé honesta contigo misma" y "aprende a escuchar a tu alma" son tres consejos muy buenos, pero solo funcionan si podemos silenciar la charla constante en nuestras cabezas y estar a solas con nosotras mismas por más de cinco segundos.

Los hábitos de orar y meditar en las promesas de Dios han sido para mí el mejor remedio para volver a estar saludable. Estamos dentro de nuestras propias mentes y pensamientos todo el tiempo, así que oímos constantemente nuestras conversaciones incesantes. Las mismas no siempre son verdad; simplemente son lo que pensamos. Ten presente que nuestros cerebros no pueden distinguir la verdad de la mentira. Procesan cada pensamiento con el mismo grado de creencia.

El desafío es revertir la tendencia de oír las ideas y pensamientos negativos por encima de los positivos. Entonces eso es lo que pensamos y creemos sobre nosotras mismas, aunque no sea una visión exacta de quienes somos. Y mientras que nuestros cerebros no distinguen la diferencia entre lo que es cierto y lo que no, en nuestra manera de pensar, nuestro espíritu sí.

Muchas veces las conversaciones interiores terminan ahogando lo que realmente es verdad, y no solo un pensamiento reaccionario. Debes detener la charla interior negativa el tiempo suficiente como para oír la verdad desde lo profundo de tu ser. Tienes que construir una relación auténtica y significativa contigo misma y tu propia alma. Y como sucede con una amiga, ese proceso implica tiempo y esfuerzo. Afortunadamente tú y tu ser interior tienen la misma agenda, así que por lo menos coordinar tiempo para estar juntos debería ser sencillo, y aunque no lo sea, vale la pena encontrar y dedicar ese tiempo a tu vida. Cuando me siento un poco abrumada, me preparo un té, enciendo unas velas y respiro profundo. La tibieza de la taza de té en mis manos y el placentero parpadeo de la vela funcionan de maravilla. También tengo una tradición durante esos momentos mientras tomo mi taza de té. Empiezo una charla interna súper positiva. "Jessica, quiérete, respétate, cuídate y relájate". Te darás cuenta de que cada palabra termina en "te". Mi taza de té me recuerda la importancia de los "te" en mi vida. Al tomar mi té puedo sentirme relajada, y me siento fabulosa. Si tengo más tiempo, voy a dar un paseo para disfrutar del equilibrio profundo que provee la naturaleza.

Incluso si no puedes tomar un descanso completo, de seguro puedes tomar un minuto para respirar a conciencia. Haz una pausa —sí, detente— en medio de tu ajetreado día, respira profundamente, inhala tanto aire como puedas, ahora exhala. Toma tu tiempo y hazlo correctamente. También puedes incluir este ejercicio en tu rutina matutina. Tu respiración está conectada con tu alma. Al respirar, recuerda que Dios te guarda como a la niña de sus ojos. Al exhalar, visualiza el cinturón de una mujer victoriosa alrededor de tu cintura.

Si te resulta difícil estar a solas sin hacer nada, ¿por qué crees que sea? ¿Qué mentira de soledad o desconexión estás escuchando que te impide aquietar tu mente y escuchar lo profundo de tu corazón? Tu corazón es el cofre del tesoro de tu alma. Si todo el bullicio se acallara, ¿qué tienes miedo de oír? Tú tienes todo lo que necesitas para luchar las batallas en las que te encuentres. A veces significa solicitar la asistencia de un consejero para ayudarte a acallar las mentiras, descubrir la verdad y aprender a estar cómoda contigo misma. Las que no bajan la guardia usan todos los recursos a su disposición para restaurar y recargar sus tanques interiores.

Rodéate de amigas de calidad

Después de haber leído los capítulos anteriores, habrás notado a esta altura que protejo mi agenda como una leona. Incluso soy bendecida por mi *coach* que semanalmente me recuerda estar alerta y no agregar ninguna cita, compromiso o invitación a mi agenda antes de pasarlas por una lista de chequeo. Habiendo dicho esto, hay encuentros que siempre espero con ansias, sin importar qué suceda. Me encanta reunirme con mis amigas cercanas para almorzar o salir de paseo. Tú ya sabes cuánto valoro las conexiones con mis amigas. Me encanta pasar tiempo con ellas, incluso con las que viven afuera de mi ciudad, en la medida en que nuestras agendas lo permitan.

Estas amigas son miembros de mi equipo, me apoyan, me valoran y están a mi lado cuando necesito un consejo sabio. Siempre puedo contar con ellas cuando las necesito. Me aseguro de apartar tiempo para reunirme con ellas porque nuestras conversaciones me dejan una sensación inspiradora, de desafío y crecimiento. Me encanta que cuando me junto con ellas, que también están súper ocupadas, algunas me mencionan que sus agendas no les permiten asistir a muchos almuerzos o reuniones, pero que siempre tratan de reunirse conmigo porque disfrutan mucho de nuestro tiempo juntas. El sentimiento es mutuo, no solo por esos minutos que pasamos juntas, sino también porque sé que puedo contar con ellas.

Encuentra tiempo para reunirte con quienes te apoyan y sienten afecto por ti. Son como las estrellas. Quizá no siempre las veas, pero sabes que están allí. Si no tienes muchas de este tipo de amigas o aliadas, decide expandir tu tribu. Estate atenta a personas que te animen, te escuchen y te nutran el alma. Busca a amigas y aliadas que estarán a tu lado, no solo para almuerzos o momentos divertidos, sino también durante momentos difíciles.

Es imperativo tener amigos de calidad y aliados en la vida. Como ya mencioné, comencé a experimentar un tiempo difícil con mi salud hace algunos años. Después de visitar a varios doctores y recibir diagnósticos similares y la prescripción en común de "simplemente reposo", mi esposo y mis hijos me dieron un ultimátum: "Para cuidar tu salud, o renuncias a algunos de los compromisos de lo que estás haciendo o no tendrás alternativa más que dejar de hacer *todo* lo que amas hacer". No me desafiaron a renunciar a algunos de mis compromisos ni a organizar mi agenda reduciendo mi trabajo, me lo exigieron.

La dinámica de nuestra familia hace que cada miembro de la misma no solamente tome en cuenta este tipo de consejos. En cambio, tomamos medidas para asegurarnos de que consideramos estas solicitudes muy seriamente, a fin de remediar la situación. En lo profundo de mi alma sabía que tenían razón, y que tendría que renunciar a muchos de mis compromisos. Tuve algunas reuniones y realicé unas llamadas telefónicas con el propósito de librarme de algunos de los compromisos en ese momento.

No fue nada fácil para mí. También sabía que debía realizar algunas llamadas para pedir apoyo durante esos días. Recuerdo cuando tuve que llamar a Luz María Doria, autora de *La mujer de mis sueños* y vicepresidenta y productora ejecutiva de *Despierta América* de Univision. Ella es una mujer con una historia asombrosa. Como muchas de nosotras, llegó a los Estados Unidos en búsqueda de un futuro mejor. Ningún obstáculo era demasiado grande para ella. Tuvo que superar muchas pruebas para llegar a donde está ahora. Su historia es inspiradora, y su libro está lleno de historias reales. Si bien su *currículum vitae* contiene muchos títulos y destaca su experiencia profesional, en mi opinión, una de las principales cualidades que definen su carácter es su habilidad para extender una mano a otras mujeres. Les ha dado a muchas de ellas, incluyéndome a mí, oportunidades que las ayudaron a alcanzar sus sueños. Como dice el título de su libro, no solo se convirtió en *la mujer de mis sueños*, sino también ayudó a muchas de nosotras a convertirnos en la mujer de nuestros sueños.

Cuando decidí reducir mis compromisos para recuperar mi salud, tuve que llamarla para hablar sobre mis segmentos futuros en *Despierta América*. El programa ha sido el espectáculo de televisión matutino número uno de audiencia hispana por más de veinte años. Todos los días el programa brinda entretenimiento, asesoramiento y ayuda para las familias hispanas en los Estados Unidos, a fin de asistirlas en este país. Cuando grabo un segmento para *Despierta América* se sacia una gran parte de mi alma, porque con cada historia motivo a familias a nunca perder la esperanza, al mismo tiempo que les brindo información valiosa, dos de mis misiones como profesional.

Dado el impacto que he logrado causar en las familias que ven los segmentos en *Despierta América* puedes imaginarte cuán difícil fue para mí realizar esa llamada. Grabar menos no era algo que me llenara de alegría, tanto que estaba llena de temor el día anterior a hacer esa llamada. Los pensamientos negativos y las mentiras se cruzaban por mi mente, diciéndome que si admitía que estaba atravesando un tiempo difícil con respecto a mi salud, me podrían catalogar como débil o incapaz de continuar dando lo mejor de mí. Como ya sabes por los capítulos anteriores, tuve que confrontar tales miedos. Enfrenté mi temor y decidí perseverar con fe, creyendo que Dios estaba en control y que Él solo quería lo mejor para mí. Decidí usar la fe para librarme de las mentiras que bombardeaban mi mente, y finalmente realicé la llamada.

Tan pronto como le conté a Luzma lo que estaba viviendo, ella me dijo que trabajaría conmigo y con mi agenda. Todavía puedo recordar sus palabras exactas: "¿Cómo puedo ayudarte? ¿Qué puedo hacer por ti durante este tiempo?". No solo me dijo esas palabras en ese entonces, sino que a lo largo de los años sus acciones continuaron siendo una prueba real y verdadera de su apoyo y un testimonio a su compromiso de hacer lo mismo con otras mujeres.

Como si todo esto no fuera suficiente, ella ha sido una de las personas que continuamente me ha animado a escribir este libro. Este es un ejemplo de las relaciones de calidad que cada una de nosotras necesitamos, y a quienes debemos dedicar nuestro valioso tiempo. Personas que no hablan pura palabrería durante los buenos tiempos, sino que con sus acciones te enseñan lo que significa tener a alguien a tu lado, apoyándote y animándote hasta en los momentos difíciles.

Reconéctate con tu ser interior

Como ya mencioné, diciembre de 2011 fue un tiempo difícil para mí, cuando mi vida tal como la conocía había terminado. Fue un tiempo oscuro y horrible. Una de las principales herramientas que usé (y continúo usando) y que me ayudó inmensamente a renovar mi ser fue escribir. Tengo muchas libretas en las que vuelco mis pensamientos, cartas para Dios e ideas para futuros escritos. Conforme pasa el tiempo y leo mis libretas, aprendo mucho sobre mí misma.

Escribe en un diario. Escribe lo que quieres y lo que no quieres. Conócete mejor. ¿Qué llena tu tanque? ¿Qué agota tus reservas? ¿Cuáles son tus más profundos sueños y deseos? No existen reglas para escribir en tus libretas. Nadie va a calificar tu escritura. Puedes escribir líneas o párrafos o simplemente puedes optar por listas o frases. Este paso es de suma importancia para descubrir qué significa para ti, sí, para ti, no basada en lo que te digan otros, ni en las definiciones de otros, sino basada en lo que te dicta el alma y el corazón. Tienes que descubrir qué significa para ti la felicidad, la plenitud, el vivir completa, realizada y satisfecha. No existe definición más importante que la tuya para determinar qué es lo que verdaderamente te llevará a vivir una vida intencional y con propósito, a vivir contenta y a gozar una vida de plenitud.

Enfócate en sacar tus sueños y metas de tu cabeza para poderlos cumplir y volver a verlos cuando necesites retomar tu rumbo. Recuerda: este *es tu día*. Porque *es tu día*, estudia. Sí, estudia y dedica tiempo a esa persona preciosa y única que tú eres. Al estudiar encontrarás el conocimiento necesario para pensar y actuar de acuerdo a los deseos de tu alma y corazón.

Revive tu amor por la naturaleza

No es fácil para mí, una persona que constantemente trabaja en sus metas y debe cumplir plazos, tomarme el tiempo para simplemente ser y disfrutar del mundo que me rodea. Puedo conducir por las calles y autopistas de mi área urbana y nunca realmente prestarles atención a las montañas, los árboles y los parques. Gracias a Dios, mi esposo es un amante de la naturaleza, y cuando sabe que me siento triste, insiste en ayudarme a observar y amar la naturaleza. Llama mi atención para que observe las nubes, los árboles a lo largo de la autopista o los bellos jardines de las casas por las que pasamos.

Justo anoche me llevó a una de nuestras ventanas y me invitó a observar las nubes. Me ayudó a encontrar la figura de un perrito que estaba saltando, un conejo con orejas bien largas y la cara de un elefante. ¿Viste? Pasamos tiempo juntos conectándonos, renovándonos y disfrutando de la naturaleza. No necesitas ir a un viaje campestre para reconectarte con la naturaleza. Encuentra maneras de disfrutar de ella con tu familia. Los beneficios son fabulosos. Por lo general adquiero una mayor visión y claridad mental cuando aprecio la naturaleza. Tengo mucho que aprender cuando observo la naturaleza. Al caminar por mi jardín el otro día, noté que una flor se había caído hacia un costado. La levanté y encontré algunas piedras para darle apoyo. Hoy le eché un vistazo a la flor y vi que todavía estaba sostenida por las piedras, firme y radiante. Muchas veces somos como esas flores. Cuando flaqueamos, necesitamos que los que están cerca de nosotros nos sostengan para volver a estar firmes. Qué bueno que tomé tiempo para conectarme con la naturaleza y que esa linda flor me recordó la importancia de encontrar apoyo en otros.

Muchas de nosotras perdemos la oportunidad de conectarnos con la belleza simple pero exquisita que nos rodea. Sin embargo, he experimentado que aunque sean solo unos minutos invertidos para conectarnos con la belleza a nuestro alrededor, pueden hacer una gran diferencia en nuestro estrés y perspectiva. Sin importar cuán duro haya sido mi día en la oficina, cuando llego a casa intento hacer una pausa y empaparme de la naturaleza antes de pasar a la familia y a las actividades nocturnas. Me encanta observar las flores de mi jardín. Aun si dedico solo unos minutos, siento la diferencia en mi cuerpo, mente y alma.

Evalúa tu vida

Ya he mencionado mi tradición de cumpleaños. Me voy sola a la playa con mis notas y libretas y fijo mis metas para el año. Es el mejor obsequio de cumpleaños que podría darme. He estado haciendo esto por casi una década, y no existen palabras para describir el impacto que ha tenido en mi vida. Reviso mis libretas y metas, establezco nuevas metas y escribo lo que quiero y no quiero para el año venidero. Javier y yo nos tomamos un fin de semana de vez en cuando para alejarnos de todos y de todo y revisar nuestras metas como compañeros de vida, metas familiares, asuntos de negocios y para planear nuestras vacaciones. También hemos enseñado a nuestros hijos a evaluar sus vidas anualmente. Cada fin de año, en una reunión familiar mencionamos nuestras metas. Después de fijar las metas personales y familiares, oramos juntos y pedimos la bendición y sabiduría de Dios para ayudarnos a alcanzarlas. Estas son tradiciones maravillosas. Tú también puedes tomarte el tiempo para planear, orar y entregarle tus sueños a Dios. Para obtener una estrategia, necesitas tiempo para valuar tu vida. Una vida sin un plan es como lanzar una flecha al aire con los ojos cerrados y sin conocer el blanco.

Renuévate a ti misma

Renovarte a ti misma no necesariamente significa añadir más a tu vida, como recurrir a una cirugía plástica, adquirir un nuevo vestuario, un nuevo auto o una nueva casa. Tú puedes decidir renovarte de muchas maneras diferentes. Renovarte no significa añadir más de manera que te compliques. En algunas ocasiones significa tal vez dar pequeños pasos para escoger caminos que hagan tu existencia más simple.

He descubierto que al volverme más sabia y buscar vivir intencionalmente una vida más plena, escoger la simplicidad a menudo tiene un beneficio poderoso. Mi esposo y yo visitamos hace poco Israel y tuvimos un viaje transformador. (A propósito, si no has estado en Tierra Santa, debes ir algún día; es un lugar indescriptible.) Javier y yo regresamos de nuestro viaje hablando y pensando en cuán simple es allí la vida. Aunque las noticias a menudo hablan sobre tiempos turbulentos, con Javier experimenté una paz insuperable. Si bien visitamos muchos lugares, no nos sentimos abrumados. No corríamos todo el tiempo. Creemos que el motivo tenía mucho que ver con la sensación de paz que sentíamos en nuestros corazones y almas. Partimos de Israel con los deseos de algún día regresar. Llegué a casa con la meta en mente de implementar varias estrategias para una vida menos apresurada, consejos que me ayudaran a disminuir mi ajetreo.

Una de las decisiones que tomé fue aprender a maquillarme para mis segmentos de televisión. Verás, antes de salir en televisión existe un proceso especial donde una maquilladora nos maquilla y peina. Los resultados son maravillosos, y lucimos bellísimas, pero lleva tiempo. Ya que los estilistas son artistas, se toman su tiempo para obtener los resultados deseados. Disfrutaba que me maquillaran porque lucía muy bien, pero también me quitaba demasiado tiempo de mi agenda. Así que decidí poner en práctica lo que aprendí de Elena, la maquilladora de *Despierta América* en Los Ángeles, que es asombrosa en lo que hace. Descubrí gracias a ella cómo maquillarme por mi cuenta. Gracias también a muchos tutoriales de YouTube y la ayuda de una de mis asistentes de la oficina, ahora puedo realizar este proceso sin ayuda en mucho menos tiempo, y luzco más a mí misma, en lugar de parecerme a una estrella de cine.

Otra anécdota interesante ocurrió cuando me detuve en uno de los muchos estudios de televisión que he visitado. Vi a una mujer bellísima entrar al estudio. Mientras me saludaba, noté que estaba usando calzado deportivo. Se puso sus tacones solo unos minutos antes de salir al aire. Decidí allí mismo que cada vez que tuviera que aparecer en televisión, usaría unos zapatos planos y llevaría mis tacones en una pequeña bolsa y me los pondría antes de salir al aire. Así de sencillo como suena, ese cambio no solamente trajo un alivio enorme a mis pies, también fue una manera de renovarme al elegir la simplicidad en esa área.

¿Por qué te cuento estas historias? Porque muchas veces permitimos que nuestro ego negativo se lleve lo mejor de nosotras, porque estamos preocupadas por nuestras apariencias. Pero te aseguro que reducir mi tiempo de maquillaje y darles comodidad a mis pies me han traído mucho alivio y gozo. Decidir escoger la simplicidad en algunas áreas de mi vida ha contribuido a mi esfuerzo de disfrutar intencionalmente una vida más plena. Te desafío a intentarlo. ¿Qué te servirá a ti? ¿Quizá ejercitarte con videos de YouTube en lugar de ir al gimnasio? ¿Tal vez comprar menos pares de zapatos y carteras costosos a fin de no ser una esclava de la deuda? Tú decides. ¡Menos, muchas veces significa más!

Revoluciona tu mundo, desconéctate de tus equipos electrónicos

¿Quieres tomar una decisión que revolucionará tu mundo? Permíteme contarte algunas experiencias recientes que me condujeron a tomar ciertas decisiones que cambiaron mi vida para bien.

Hace más o menos dos años, le prometí a mi esposo que no pasaría tiempo en las redes sociales después del trabajo. Me complace decirte que al respecto he obtenido la victoria casi en un 80 por ciento. Mientras estamos pasando tiempo juntos, mientras está a mi lado, no les presto atención a mi celular, mi correo electrónico o a las redes sociales. Hago esto porque lo respeto y quiero que sepa que lo amo también con acciones que son importantes para él. ¿Difícil de lograr esta meta? Por supuesto que lo es, pero valoro mucho mi conexión con él y sé que no existe *like*, ni *tweet*, ni mensaje en las redes sociales que remplace el cariño y amor que él me da.

Hace un mes, me contacté con un profesional que conozco de muchos años. Llamé a su oficina alrededor de las 5:30 p.m. y me informaron que ya se había retirado. Llamé a su celular y fui derivada inmediatamente a su buzón de voz. Al día siguiente cuando me devolvió la llamada me explicó que no me había llamado antes porque decidió hace muchos años apagar su celular y no estar disponible para cuestiones laborales después de marcharse de su oficina. Cuán revolucionario. Creo que cuando Dios quiere enviarte un mensaje, usa a personas para entregarte el mensaje hasta que finalmente lo recibas.

En una consulta el año pasado, una doctora me dijo algo que estoy segura de ya haberlo leído y escuchado muchas veces, pero no significó mucho para mí hasta hace poco. Ella señaló: "Nuestra especie humana no fue creada para que estemos conectados con nuestros aparatos electrónicos hasta altas horas de la noche. Nuestros cuerpos necesitan descansar. Cada persona debería tener y obedecer esta regla: no deberían usar sus celulares o computadoras después de las 8:30 p.m. Nuestros cuerpos necesitan descansar". Me recordó aquello que le había contado previamente sobre una regla familiar que adoptamos en casa. No menciones ningún problema o situación complicada después de las 8:00 p.m. A menos que alguien se esté muriendo, puede esperar hasta mañana. Ella sugirió que debería aplicar la misma clase de regla para el uso de la electrónica en mi vida.

Este consejo lo recibí en un momento en que estaba preparada para implementar más cambios a fin de darle más descanso a mi mente y a mi cuerpo. Tomé sus palabras como un mensaje divino que me fue enviado por tercera vez. Desde ese día he estado apagando mi teléfono celular a las 8:30 p.m. Coloco el teléfono en el cargador y no lo vuelvo a encender hasta la mañana siguiente, después de haber leído mi devocional matutino, después de meditar y de hacer mis ejercicios. O sea, lo enciendo a la hora de ir a trabajar. Así que, querida, si me llamas y no puedes contactarme, no te estoy ignorando. Estoy intencionalmente dándole a mi cuerpo y mente un merecido tiempo de descanso. En otras palabras, ¡estoy revolucionando mi mundo! Te desafío a hacer lo mismo.

Rejuvenece tu cuerpo

Tu cuerpo es el único templo propio que tendrás en esta tierra. Es un regalo precioso que hace mucho por ti. Asegúrate de darle el cuidado que merece. Dedica tiempo a mover el cuerpo, nutrirlo con alimentos saludables y deliciosos y darle el descanso suficiente. A esta altura sabes qué necesitas hacer al respecto. Dudo que tengas que obtener más información. Solo necesitas hacer lo que tú ya sabes que es bueno para ti. No necesitas ser perfecta, pero sí necesitas ser consciente. Nota cómo se siente tu cuerpo cuando lo cuidas y cómo te sientes cuando no comes saludablemente o no descansas. Tienes un sistema de orientación interior que te guiará. Usa una libreta de apuntes para registrar el mejor plan de cuidado que conoces para mantener tu cuerpo pleno y saludable. Cualquier esfuerzo que hagas al respecto se te devolverá con creces en bienestar y longevidad. Si ignoras este consejo, puedo asegurarte que en el futuro lamentarás no haber cuidado de tu precioso cuerpo.

Otra manera importante de honrar tu físico es personalizándolo de vez en cuando. Prueba un nuevo corte de cabello, algún nuevo maquillaje o incluso algún tipo de accesorio diferente. Ve de compras con una amiga que te anime a probarte diferentes estilos y colores. Si eres como la mayoría de las mujeres, probablemente tengas un guardarropa lleno de indumentaria en la misma tonalidad y estilo. Reorganízalo y permite sentirte renovada y fresca. Intenta un nuevo ejercicio, baila, mueve tu cuerpo. Ama tu cuerpo. Sé que más allá de su forma, tu cuerpo es un campeón porque ha estado contigo en incontables batallas.

Una advertencia. Por favor, no creas la mentira de que un tratamiento facial, un masaje o un procedimiento quirúrgico van a crear una mujer nueva. Hoy se ofrecen una gran variedad de los mismos que prometen hacerte lucir y sentir veinte años más joven. Depende de ti decidir si quieres someterte a uno de ellos. No obstante, nunca perdamos de vista que la verdadera belleza proviene del alma. Estirarse la piel o hacerse una liposucción no cambiará lo que somos en nuestro interior. Lo que muchas más necesitamos son procedimientos espirituales: tiempo de oración, tiempo para meditar en la Palabra, tiempo de estar a solas contigo misma y tiempo para evaluar tu vida y analizar dónde estás y adónde te estás dirigiendo. Sabes de lo que hablo.

Respétate a ti misma

¿Te tratas con amor y respeto? Piensa en cómo tratas a tus amigas y a tu familia. Apuesto a que los colmas de amor, comprensión y perdón. ¿Te tratas de la misma manera? O, al igual que muchas mujeres, ¿tienes una tendencia a criticarte, pretendes la perfección y únicamente ves tus defectos e imperfecciones? ¿Crees las mentiras que te dicen, que no eres lo suficientemente buena? Detente ahora mismo.

Debes darte de que esta es una batalla diaria y, como mujer victoriosa, mentalmente tienes que remangarte, ponerte tus guantes de boxeo invisibles y entrar a ese cuadrilátero en tu mente preparada para ganar. Imagínate obtener una nueva joya o gema preciosa para añadir a tu cinturón de campeona después de cada batalla. ¿Puedes imaginarte a ti misma? Yo sí. Mi cinturón es rosadito, uno de mis colores favoritos, y está lleno de muchas gemas preciosas por cada batalla conquistada. Está lleno de joyas y letras grandes que dicen: "JESSICA, MUJER VICTORIOSA".

No esperes a que tu cuerpo te mande una factura que te obligue a cambiar. Reconéctate con tu interior, escúchate, respétate lo suficiente para cuidar de ti misma. Conéctate con personas de calidad que te impulsen a ser una mejor persona y te sirvan como ejemplo de cuidar tu precioso templo. Desconéctate de tus electrónicos en un momento determinado del día. Proponte una meta y cúmplela. Y si quieres añadir una frambuesa encima de tu delicioso postre, dedica tiempo a menudo para evaluarte. Analiza donde estás y a dónde quieres ir. Cuando uses este recurso con frecuencia, tu vida no será la misma.

Te desafío, tanto como a mí misma, a que usemos nuestro poder de la renovación todos los días. Ya es hora de que en lugar de tratar de ser Mujeres Maravilla luchemos arduamente para valorar la Maravilla de Mujeres que ya somos. Recuerda que, aunque nos veamos hermosas en nuestra apariencia exterior, para vivir una vida plena como una verdadera mujer victoriosa, necesitamos renovarnos y cuidar nuestro interior. Usemos este poder para vencer la mentira de que somos como la Mujer Maravilla de las películas o que el agotamiento no es dañino.

La responsabilidad de renovarte es *tuya*. ¿Notaste que enfaticé *tuya*? Así es, la responsabilidad de cambiar, estar saludable y vivir una vida saludable, plena, cumpliendo con tu propósito, depende de ti y solo de ti.

El veredicto: ¡Ya ganaste!

Emplear nuestros diez poderes no garantiza que ganemos todas las batallas. Ser una mujer victoriosa no se trata de ganar siempre. Una verdadera mujer victoriosa sabe en lo profundo de su ser que algunas batallas están destinadas a perderse, para que podamos experimentar un crecimiento verdadero y significativo.

Ha sido un gran privilegio para mí estar a tu lado durante esta jornada de aprendizaje de los impactos que tienen los diez poderes que están a tu disposición para ser una mujer victoriosa. Me emociona saber que incluso después de terminar de leer este libro podemos continuar en contacto. Me puedes encontrar en www.jessicadominguez.com y en mi canal de YouTube, JessicaDominguezTV. Y desde luego, puedes seguirme en Facebook, Twitter e Instagram.

Es mi oración que, tras haber leído este libro, decidas usar su contenido no solo para tu información sino para tu transformación. Recuerda, la transformación requiere más que una decisión de cambiar; esa decisión debe acompañarse de una acción inmediata, seguida de muchas otras acciones que te conducirán hacia la transformación que buscas. Mientras me preparo para despedirme, no puedo evitar cerrar mis ojos y hablar con nuestro Creador:

Dios del universo, el único Padre poderoso y maravilloso que nunca me ha fallado, al seguir viviendo mi vida, me esforzaré para continuar usando cada poder que me has regalado, a fin de vivir una vida plena digna de tu aprobación. Porque no soy perfecta, usar mis diez poderes de manera continua será un esfuerzo de 24 horas diarias, pero no me preocupa porque, aunque falle, sé que tus misericordias son nuevas cada mañana.

Al cerrar mis ojos, imagino el final de la película de mi vida en esta tierra. En lugar de aparecer la palabra *Fin*, veo la palabra *Eternidad*. Cuando llegue el último día de mi vida terrenal, sé sin lugar a dudas que no será el final.

Al cerrar mis ojos para siempre a este mundo, me veo caminando hacia una luz indescriptible. Al caminar hacia y a través de esa luz, llego a un lugar en donde todo se siente súper lindo y hermoso. Un lugar apacible con aromas frescos, como una combinación de vainilla y canela. Es hermoso, más allá de lo que las palabras puedan expresar. Veo a mis abuelas, las mujeres que me dieron los valores que llevo en mi ADN. Caigo de rodillas. Quiero pedirles que me perdonen, quiero explicarles mis errores y mi falta de sabiduría, pero mientras intento saber qué hacer, ellas corren hacia mí y me abrazan. Me siento amada, perdonada, me siento en casa.

El sentimiento de limpieza y libertad que recorre todo mi ser no puede describirse con palabras. Mis abuelas me ayudan a levantarme, y con sus miradas me confirman que todo está bien. Ellas me perdonan por los errores cometidos y por las decisiones equivocadas que tomé en mi vida. Me siento perdonada. Me siento libre. Veo a mi abuelo, mi papito Jorge, corriendo para abrazarme y decirme: "Lo lograste, campeona". Veo a mi papá y a mis abuelos orgullosos de mí, y veo a mis hermosos perros, Kenty, JD y Carter corriendo a saludarme. También veo a un gran grupo de personas que me sonríen. Mis abuelas me dicen que son los familiares de todas las familias que mantuve unidas, aquellas que he asistido para obtener su estatus migratorio en los Estados Unidos. En lo que solo puede describirse como una milésima de segundo en el cielo, en un abrir y cerrar de ojos, abrazo a cada uno de ellos. Todos me expresan su gratitud. Nunca antes había experimentado un sentimiento semejante. Noto cuán felices son todos en el cielo; todos están sonrientes.

Después veo aquello que solo puede describirse como asombroso, más allá de las palabras, un ser rodeado de una luz que ni siquiera puede describirse porque es demasiado brillante. Me imagino verle a Él con sus brazos abiertos esperándome, dispuesto a abrazarme. Quedo maravillada. Puedo sentir su presencia, y la misma se siente como cuando estaba en la tierra. En la tierra Él era tan real como lo es ahora. No tenía que esperar llegar al cielo para gozar de su presencia. Quiero arrodillarme. Quiero gritar: "Jesús, te amo".

Pero cuando me preparo para hablar, oigo: "Mi querida hija, mi querida Jessica, te conozco desde el vientre de tu madre. Caminé a tu lado cada día de tu vida terrenal. Lloré contigo en tus sufrimientos. Sequé cada lágrima de tus mejillas. Sé cuánto dolió cuando fuiste golpeada y abusada de niña. Pasé contigo cada noche que llorabas inconsolablemente por tu precioso Josh. Estuve ahí durante tus momentos de furia hacia mí. Estuve ahí durante cada uno de tus errores y una y otra vez te demostré que mis misericordias son nuevas todos los días. Te envié a Javier, un hombre que aunque no es perfecto es bueno, para que sea mi asistente y me ayudara a sanar cada una de tus heridas. Te lo envié para que pudieran aprender juntos lo que significa amar cuando tienen a Dios de su lado. No puedes negar, hija mía, que hizo un buen trabajo. Aunque vivieron muchas pruebas y momentos difíciles, te hizo reír y sonreír durante su vida juntos".

Al oír esas palabras sobre mi Javier, pienso en él de inmediato. Una visión de los cálidos ojos de mi mejor amigo, de mi compañero de vida en la tierra, aparece de repente en mi mente. Su dulce sonrisa toca mi corazón y, de algún modo en lo profundo de mi ser, sé sin lugar a dudas que va a estar bien y que algún día lo volveré a ver aquí también. Mientras mi Señor maravilloso me observa al pensar, ciertamente conoce mis pensamientos. Continúa diciendo: "Javier estará bien. Te va a extrañar, pero sabe que te volverá a ver. Reí contigo en cada una de tus ocurrencias divertidas —me dice—. Estuve justo a tu lado durante cada batalla. Fui tu fan número uno. Estuve ahí cada vez que antes de salir al aire te encomendabas a mí. Te ayudé en cada una de tus participaciones en televisión, en conferencias, en trámites difíciles con inmigración. Tus oraciones siempre las escuché. Bien hecho, hija mía, muy bien hecho". Escucho una y otra vez: "Bien hecho".

Luego noto que estaba en lo cierto cuando le decía a Josh y a JP que cada segundo de nuestras vidas se graba en una película divina. Con Dios justo a mi lado, veo cada capítulo de mi película. Me veo a mí misma en la película de mi vida, preguntando en muchas ocasiones diferentes por qué mis oraciones no eran respondidas. Veo sus respuestas divinas una y otra vez. No las respondió porque me ama tanto que me estaba protegiendo de algo, preparándome para algo mejor, o permitiendo que el tiempo y las experiencias hagan su obra para estar preparada para tal bendición. Ver la película me confirma que Dios nunca se equivoca.

Veo cuán necia fui al dudar y no tomar mi poder de la fe durante esos momentos. Con todas mis fuerzas sentía la necesidad de ofrecer una explicación. Quería pedir perdón y explicar lo dura que era la vida a veces. Trataba de agradecerle con un sentido indescriptible de gratitud. Quería hablar con desesperación, pero un sentimiento de amor inmensurable salió de Él al abrazarme, acallándome el profundo y sincero sentimiento de contentamiento en mi ser. Incluso quiero decirle cuán amoroso Él es y que mi cinturón rosado con algunas joyas alrededor de mi túnica blanca resplandeciente es tal cual me lo había imaginado. Al sentir mi hermosa túnica blanca, me doy cuenta de que es justamente lo que dice su Palabra. Dios me vistió con ropas de salvación y me cubrió con el manto de la justicia.[1]

Quiero decirle a Dios que prefiero un par de tacones rosados, en lugar de las sandalias rosadas planas que estoy usando con mi túnica blanca. Incluso quiero decirle que me gustaría comenzar a enseñar zumba o kick boxing en el cielo, pero no puedo. Es imposible hablar. El sentimiento de quietud y de paz que rodea nuestro encuentro es suficiente por ahora. El amor de Dios, la aceptación de Dios, el perdón de Dios y el abrazo de Dios son más que suficientes. Mis oídos, mi mente, mi alma y, sobre todo, mi corazón continúan oyendo y absorbiendo sus palabras: "Bien hecho, hija mía, muy bien hecho".

A pesar de lo increíblemente feliz que estoy de estar en el cielo, pienso en JP y en Josh, y los ojos de Dios me dicen que van a estar bien. Si bien siento que les extraño, no es un sentimiento de dolor; aquí no existe el dolor. El abrazo de Dios me dice que fui una madre maravillosa, y los valores que les inculqué estarán por siempre en sus corazones y en sus acciones, y se transmitirán a las generaciones venideras.

Es un lugar muy bello. A pesar de sentir que todo a mi alrededor es suficiente, no puedo evitar pedirle un favor a Dios. Le digo en voz baja que le prometí a JP y a Josh que incluso desde el cielo me aseguraría de que pudieran sentir mi presencia durante los momentos más importantes de su vida. Les he dicho que cuando vean volar una mariposa, sería un recordatorio de que su mamá está con ellos viéndolos desde el cielo. Le pido por favor que se asegure de cumplir esta promesa en los momentos cruciales en sus vidas. No tengo miedo de pedirle. De alguna manera sé que no se va a molestar conmigo.

No me responde por algunos minutos. Solo me mira y sus ojos me dicen: "¿En serio, Jessica? ¿En serio? ¿Incluso aquí en el cielo no te rindes?". No estoy asustada ni tengo miedo ni vergüenza de habérselo pedido. Después de unos segundos que parecen una eternidad, toca mi hombro, me hace girar y me muestra un jardín de ensueño, en donde veo muchísimas mariposas hermosas, incluso como las azules que vi en Costa Rica. No escucho la voz de Dios en ese instante, pero tengo la sensación de que su respuesta es *sí*.

Abro mis ojos y tengo un sentimiento cálido en mi corazón que me dice que deseo con ansias la eternidad y que mientras tanto, mientras vivo en esta tierra, continuaré aprendiendo a usar mis diez poderes a diario para enfrentar cada una de mis batallas en esta vida.

Amiga, ¿cómo será el final de la película de tu vida? Es mi oración que puedas decidir *hoy* entrar en acción para acabar con todo círculo vicioso que te mantiene atada al pasado. Oro para que decidas vivir con intención y con propósito, dejando atrás las maldiciones de las generaciones pasadas y comenzar a disfrutar nada menos que las bendiciones maravillosas que Dios ya tiene para ti y para tus futuras generaciones.

Es mi oración que cada mujer que lea este libro decida transformar su vida usando sus poderes de la fe, de su verdadera identidad, de su propósito intencional, de las ganas, de la preparación, de discernimiento al usar sus palabras, de la oración, de la conexión, de agradecimiento y de renovación para vivir a diario vidas felices y plenas.

Si alguien te mostrara la película de tu vida, ¿qué te gustaría ver en ella? ¿Mostrará la película que has sido una persona que vivió con una mentalidad de víctima porque creyó las mentiras que bombardeaban tu mente? ¿O mostrará que escogiste usar los poderes de una mujer victoriosa para vivir como tal, aunque no fuera fácil? Se te han otorgado todos los derechos de tu película, se te han entregado todas las herramientas y cuentas con el mejor director que siempre quiere lo mejor para ti y que nunca te va a decepcionar.

Créeme que no estarás sola en este camino de transformación. Somos millones en todo el mundo que a diario luchamos para vivir intencionalmente con propósito, así como una mujer victoriosa. ¿Qué tal si tú decides ahora mismo dejar de ser una estadística triste? Esa estadística que mencioné al principio, la cual refleja que dos tercios de estadounidenses "no son muy felices" y por lo tanto viven vidas insatisfechas y vacías. Hoy, ahora, desde ya decide y empieza a usar tus 10 poderes que ya te pertenecen. Vivir tu vida con tus 10 poderes te empoderará para ser miembro del club de las Mujeres Victoriosas. ¡Acompáñanos y bienvenida al club!

Entonces, ¿cuál será tu elección? Espero que decidas ser una mujer victoriosa. Pero la decisión es tuya y solo suya. ¡Acepta la oportunidad de transformar tu vida, o piérdela! Amiga, ¡*carpe diem*! ¡Aprovecha el momento!

AGRADECIMIENTOS

En el momento de agradecer a quienes hicieron que este libro fuera posible, de inmediato pienso en mi Padre celestial maravilloso. A pesar de haber atravesado por muchos momentos dolorosos y de pruebas en mi vida, estoy agradecida de que Él siempre ha estado presente. Él es el mismo ayer, hoy y siempre. Él es aquel que me regaló a mi Javier, mi esposo por ya más de treinta un años, y mis dos hijos, JP y Josh, e hizo realidad el sueño de mi niñez de formar mi propia familia. Una familia maravillosa y feliz.

Agradezco a cada persona que ha sido parte de mi vida, incluso aquellas que me ocasionaron sufrimientos. Les doy las gracias a quienes me causaron dolor porque de ellos aprendí a no hacer a otros lo que me hicieron a mí. Aprendí y continúo aprendiendo a no ser como ellos. También es por ellos que continuamente he anhelado en mi corazón no cometer los errores que cometieron. Les agradezco porque sin esas experiencias no me podría haber convertido en una mujer victoriosa. Fue a través de experiencias reales que he aprendido a saber lo que realmente quiero y no quiero de la vida. Cada experiencia ha sido una enseñanza para mí. Existe una sensación maravillosa de libertad cuando una vive sabiendo que no necesita competir con otros, que no necesitas ser como otros, que simplemente puedes ser tú misma

Es reconfortante vivir sabiendo que no soy más ni menos que nadie. Soy quien soy y eso me basta. Porque sin importar lo que suceda, el amor de Dios por mí es incondicional. Saber que es aceptable ser yo misma me permite luchar más fuerte contra mi ego negativo de manera cotidiana. La voz de mi ego negativo a veces es tan fuerte que la única manera de acallarla es estando quieta y cerrando mis ojos, para enfocarme en escuchar la voz de Dios que habla a mi alma y a mi corazón. Su voz siempre me recuerda que las recompensas temporales de una vida egocéntrica solo traen satisfacciones temporales, mientras que una vida centrada y guiada por mi alma y mi corazón trae satisfacción verdadera, realización y una recompensa eterna.

Hay tantas personas a quienes agradecer por contribuir a que este libro sea una realidad. Desde el comienzo de este proyecto hubo varias personas involucradas. Melissa Caddell, Ángela Melero y Melissa Lambarena son tres mujeres victoriosas y editoras que creyeron en mi visión desde un principio. Este libro no sería una realidad si no fuera por el regalo de Cindy Clemens a mi vida. Estoy enormemente agradecida a mi editora, Cindy Clemens, que trabajó incansablemente para leer cada palabra de este libro. Gracias por tu capacidad tenaz para cumplir los plazos con excelencia. Me ayudaste no solo a editar este libro, sino también me inspiraste en cada paso del camino. Gracias por ser la mujer victoriosa que eres y por alcanzar tus sueños sin importar cuán temibles puedan en ocasiones parecer.

Como mencioné, tener a personas que nos animen, apoyen y que realmente se preocupen por nosotras es imprescindible. Sam Rodríguez, tú has sido una de estas personas para mí. Tus muchos años de experiencia en la industria editorial fueron una luz en este nuevo camino. Hubo incontables veces en que me animaste a publicar mi primer libro. Gracias. Espero hacerte sentir orgulloso. Gracias a Aleyso Bridger y a Isaac Rosales por creer en mí lo suficiente para presentar mi libro y ayudarme a buscar una editorial para publicarlo. Ha sido una bendición tener a Lesli Masoner a mi lado cada vez que se presentaba una oferta; gracias por hacer una realidad la firma del acuerdo con la editorial. A todo el equipo de Penguin Random House Grupo Editorial, trabajar a su lado mientras nos preparábamos para dar a luz este libro al mundo ha sido una gran experiencia. Me siento privilegiada de trabajar al lado de Silvia Matute, Rita Jaramillo, Elizabeth Rodríguez, Mónica Delgado y Olivia Bravo. Un grupo de Mujeres Victoriosas en Penguin Random House Grupo Editorial que dejan el nombre de la editorial en alto.

También le estoy profundamente agradecida a Univision por abrirme las puertas para cumplir con mi misión de educar a familias inmigrantes. Pepe Barreto, gracias por ser la primera persona en los medios que creyó que yo tenía el talento para estar en televisión. También le agradezco a Robert Yanez por darme la primera oportunidad de tener un segmento semanal en la televisión local. Él creyó en el concepto de enseñarles a familias inmigrantes acerca de las leyes de inmigración a través de historias reales que representan a familias trabajadoras que se esfuerzan a diario por darles a sus hijos una vida mejor. Luz María Doria luego me dio la oportunidad de llevar este concepto a la televisión nacional en *Despierta América*, por lo que estaré por siempre agradecida. Silvia Salgado, gracias por creer en el concepto de educar a las familias inmigrantes y por la oportunidad de crear contenido digital para guiar a millones. Gracias a Yuri Cordero, por la oportunidad de compartir mi conocimiento en las leyes de inmigración con la audiencia de *Primer Impacto*.

Hay docenas de personas que trabajan detrás de las cámaras para hacer posible que pueda compartir contigo esos contenidos. A cada uno de ellos, y ustedes saben quiénes son, gracias. También quisiera agradecer a Piolín por los muchos años que me dio la oportunidad de realizar comentarios jurídicos para sus radioyentes. Gracias, Georgia Carrera, por creer en mí durante mis primeros años en los medios y por ayudarme a tocar muchas puertas en ese entonces. Tus semillas plantadas dieron un gran fruto. Gracias también a Isaac Álvarez que comparte mi comentario legal con su radio escuchas en KLUV 107.5 en Los Ángeles.

Agradezco a Negin Ghaffari, Donna Jones y Patty Gittelson por las innumerables horas que pasamos juntas estudiando en la universidad y en la Facultad de Derecho. Gracias por aceptarme a estudiar con ustedes y dejar que en ese entonces, mis pequeños hijos fueran parte de la ecuación. Gracias Jennifer Nieman por creer en mí: desde la primera vez que nos vimos me dijiste que debería escribir un libro. Muy agradecida con *People en Español* por seleccionarme como una de "Las 25 Mujeres Poderosas del 2017". Acepto ese gran privilegio con mucha responsabilidad y regocijo.

Rose Lane, a causa de tu capacitación es que me siento preparada para ir y hablar a multitudes y contar mi historia. Gracias por cada minuto que has dedicado a entrenarme y prepararme para ser la oradora que soy hoy. Robert Ackrich, mi querido profesor de contratos de la Facultad de Derecho, que ya está en el cielo, me enseñó el verdadero significado de lo que implica ser un profesor que se preocupa por sus estudiantes. Su amabilidad durante y después de mis estudios en la Facultad de Derecho estará por siempre atesorada en los corazones de mi familia. Anthony Hart, siempre serás el mejor ejemplo de lo que significa ser un abogado exitoso. Gracias por ser mi mentor por años y por alentarme a mí y a mi familia a trabajar arduamente y a no renunciar a mi sueño de convertirme en abogada. Al prepararme para emprender la gira para la presentación del libro, agradezco a todo el equipo de mi despacho de abogados por hacerlo posible.

Como leíste, soy la primera en admitir que hay mucho que desconozco. Creo que el resto de mi vida será una escuela para aprender las lecciones necesarias a fin de convertirme en una mejor persona. Sin embargo, mucho de lo que he aprendido se lo debo a pastores dedicados que han entregado sus vidas para guiar y enseñar a otros. Pastor James Tolle, ha sido una inspiración y una luz para muchos. Le estoy muy agradecida por su amor y sus sacrificios en nombre de millones de familias inmigrantes. Nosotros los latinos somos bendecidos de tener tal aliado de nuestra parte. Mi familia y yo lo admiramos, lo amamos y lo respetamos más allá de las palabras. Gracias, pastores Mike Yearley y Dave Cox. Me siento tan privilegiada de asistir a la iglesia que pastorean. Vivo agradecida a Dios, por el hecho que mi familia y yo hace más de veinticinco años hayamos puesto pies en la iglesia que ustedes pastorean. Sus enseñanzas semanales están llenas de perlas de sabiduría que guardo en mi corazón y uso para tomar las decisiones correctas, al esforzarme a diario por vivir una vida intencional y con propósito.

También te agradezco a ti, lectora de este libro —la mujer victoriosa que cada día lucha las batallas para ser una mejor persona y darle a su familia un futuro mejor—. Gracias por el honor de concederme tu valioso tiempo para conocer un poquito de mi historia. Gracias a todas ustedes que me siguen en las redes sociales y dedican tiempo para escribirme por Facebook, Instagram y Twitter. Sus palabras tocan mi alma a diario.

Para terminar, me siento privilegiada de dirigirme a mis seres amados que están presentes en mi vida 24/7. Están allí en todo momento: los importantes, los aburridos (cuando son tan amables de mirar películas románticas conmigo), los tristes, aquellos llenos de pruebas y, por sobre todo, nuestros momentos familiares eternos. Mi Javito, mi JP y mi Josh, gracias por darme el privilegio de ser esposa y madre. Es a causa de ustedes que puedo celebrar a diario que tengo mi propia familia. Nada en la vida me completa más que sentir en el fondo de mi corazón y de mi alma el amor de los tres.

Para mí, ustedes son evidencia irrefutable en mi vida de que Dios no solo existe y me ama, sino además de que soy su consentida.

Cuaderno de ejercicios
para una mujer victoriosa

Este apéndice está diseñado para que ya mismo empieces a aprender a poner en práctica los diez poderes de una mujer victoriosa, a fin de comprometerte con el llamado especial que debes cumplir. Se trata de preguntas que debes responder y ejercicios para completar que te servirán para aplicar los conceptos presentados en cada capítulo.

Piensa en una de las mejores citas romántica que hayas tenido con esa persona especial. Dedicaste tiempo a elegir tu vestido, los zapatos, tu maquillaje y hasta el perfecto perfume. ¿Qué hubiera pasado si después de haber invertido todo ese tiempo te hubieras olvidado de cepillarte los dientes o de usar desodorante? A tu pareja le hubiera encantado lo bella que te veías. Estaría asombrado por tu belleza, pero cuando se te acercara para darte un beso o abrazarte, decidiría omitir esa parte. Decepcionante, ¿verdad? Aunque invertiste tu precioso tiempo en prepararte para una ocasión tan especial, te perdiste lo más lindo de la experiencia. Te perdiste lo que se podría considerar el premio a tus esfuerzos.

Eso es más o menos lo que sucede cuando invertimos nuestro tiempo en leer un libro pero decidimos saltar la parte de poner en práctica lo aprendido. A veces por estar apuradas en terminar de leer el libro nos perdemos la recompensa que podríamos encontrar si nos tomáramos el tiempo de usar el Cuaderno de Ejercicios que incluye el libro. Te invito a no cometer ese error. Ya tienes la información, ahora no pierdas la transformación que puede llegar a tu vida al tomar la decisión de remangarte y poner los conceptos en práctica.

Aquí los ingredientes que necesitarás cuando inviertas tiempo en este cuaderno después de cada capítulo:

1. Tiempo para "mi alma". Tiempo solamente para tu alma.
2. Un lugar tranquilo donde puedas pasar tiempo completando los ejercicios y revisarlos cuando necesites fuerzas para tus batallas.
3. Un cuaderno donde puedas escribir desde tu mente, alma y corazón lo que solamente tus ojos puedan ver.

Yo sé que tomará tiempo y que tu tiempo es precioso, pero valdrá la pena. Tu trabajo en estos ejercicios hará surgir a la mujer victoriosa de tu interior y serás imparable.

Capítulo 1: El poder de la fe

Al fin y al cabo, solo tú puedes decidir levantar tu escudo de la fe. Nadie podrá hacerlo por ti. Eres la única persona que puede acostumbrarse a alzar tu escudo del poder de la fe. Del mismo modo que nuestros instintos actúan cuando nos enfrentamos a un peligro inminente (como ahogarse, ser envestida por un automóvil o ser atacada por un oso), la fe de una mujer victoriosa debe actuar cuando estás siendo bombardeada con mentiras, dudas, pensamientos negativos o cuando enfrentas tribulaciones.

A los guerreros se les entrena para reconocer a sus enemigos desde lejos y a desarrollar un plan para conquistarlos. Tú conoces tus temores y el poder que tienen sobre tu vida. Antes que puedan regresar y causarte un perjuicio grave, identifícalos y rehúsate a escucharlos. Debemos usar el poder de la fe 24/7 para detener al miedo antes de que arranque.

Ejercicio N° 1: Identifica tus miedos - Mentiras que te paralizan

- ¿Qué temor o mentira sobre Dios escuchas con frecuencia?
- ¿Cuál es la verdad que contrarresta esa mentira?

Aquí algunos ejemplos:

Miedo – Basado en la mentira	Fe - Basada en la verdad
No podré pagar mi renta este mes.	Dios siempre ha provisto, provee y proveerá.
No voy a solicitar ese empleo porque tengo miedo.	Dios no me ha dado un espíritu de miedo, sino de poder.
No soy tan bonita como otras mujeres porque no tengo ropa de marca, zapatos apropiados, etc.	La gente observa por fuera pero Dios mira mi corazón.
A diario vivo con miedo a ser deportada del país que considero mi hogar. Se me acabaría la vida.	Nuestra ciudadanía más importante es en el cielo y mi futuro es la eternidad.

Ahora que has identificado algunas de las mentiras y cómo contrarrestarlas con la verdad, como mujer victoriosa debes decidir creer y confiar en Dios a diario.

Ejercicio N° 2: Aprende a usar tu escudo de la fe

En el capítulo uno relato el momento crucial que desafió mi fe estando dentro de una ambulancia.

- ¿Has tenido alguna vez un "momento de ambulancia"? Explica.
- ¿Con qué mentira sobre ti misma o sobre Dios fuiste atacada durante tu "momento de ambulancia"?
- ¿Levantaste tu escudo de la fe?
- De ser así, ¿qué te motivó a hacerlo?
- De lo contrario, ¿qué harías diferente si enfrentaras una situación similar en el futuro?

Aprende de la experiencia que mencionas y la próxima vez que enfrentes un "momento de ambulancia" aplica lo que aprendiste.

Ejercicio N° 3: Aprende a usar tu escudo
Práctica, práctica y práctica - Remplaza las mentiras con la verdad (una y otra vez)

Como todo en la vida, la práctica hace al maestro. Si practicas, tendrás experiencia y te convertirás con el tiempo en una experta en levantar tu escudo de la fe. Piensa en la última vez que tomaste tu escudo de la fe para desviar el temor, la mentira o la preocupación. Usa lo que aprendiste de esa batalla para perfeccionar y mejorar tu acercamiento en la próxima.

Debes programar tu mente para reconocer de inmediato los misiles entrantes de mentiras, dudas y temores, y detenerlos. Por lo general, luchamos contra la misma mentira una y otra vez hasta que la conquistamos definitivamente. Toma tu diario o cuaderno y anota la mentira con la que siempre luchas. Ahora identifica la verdad que remplaza a esa mentira. Por ejemplo, supongamos que estás tratando de adelgazar con la ayuda de alguna dieta. Mientras estás a dieta, quizá te encuentres pensando: "Siempre voy a ser gorda"; "Tengo sobrepeso debido a mis genes; mi mamá y mi abuela tenían sobrepeso y así estaré yo el resto de mi vida" o "Seguiré fracasando con la dieta porque no soy disciplinada y me encanta comer".

La mentira recurrente, en este ejemplo en particular, es que has sido destinada a tener sobrepeso por el resto de tu vida o que no eres una persona disciplinada. La verdad es que existen probablemente muchas razones por las que no has alcanzado tu peso ideal, pero ser indisciplinada no es una de ellas. Los que están a dieta son las personas más disciplinadas que he conocido. Quizá hayas perdido mucho peso para alguna ocasión especial solo para volver a recuperarlo cuando dejaste de seguir tu rutina, y como consecuencia, tu metabolismo fue afectado de manera negativa. O tal vez a tu cuerpo le faltan minerales importantes que te hacen comer de más. O puede que no hayas encontrado el origen que te lleva a comer de forma excesiva. Algún día escribiré un libro y contaré mi travesía con la dieta yo-yo durante los últimos veinticuatro años y cómo finalmente dejé de hacer dieta y comencé a implementar un estilo de vida saludable que ha bendecido a toda mi familia.

Sea cual fuere el problema que estás tratando de resolver, tu plan de batalla puede ser el mismo. Dibuja una línea vertical en la mitad de una hoja de tu diario o de tu cuaderno. A la izquierda enumera las mentiras que te están impidiendo usar tu poder de la fe y alcanzar tus metas. Del otro lado, escribe las verdades que contrarrestarán esas mentiras. Recuérdate esas verdades cada día hasta que se vuelva una reacción instintiva creer la verdad por encima de la mentira. Así es como debes usar tu poder de la fe para vivir como una mujer victoriosa.

Capítulo 2: El poder de la identidad

En el capítulo dos, descubrimos el poder de conocer quiénes somos como hijas de Dios. Muchas personas depositan su valor en sus apariencias, posesiones, relaciones o posiciones. Nada de todo eso es en verdad lo que nos hace significativas. Pero no es suficiente que te lo diga. Los siguientes ejercicios te ayudarán a identificar aquello que te hace especial y cómo vencer las mentiras que te hacen creer que eres insignificante.

Considera las siguientes preguntas y escribe las respuestas en tu cuaderno privado. Algunas de estas pueden traerte recuerdos dolorosos, por tanto, quizá quieras hablar al respecto con una amiga de confianza o con una consejera profesional.

Ejercicio N° 1: Haz una lista de "Por qué soy especial para Dios"

* Escribe una lista de diez motivos que te hagan única.

Ejercicio N° 2: Líbrate del pasado

* ¿Cuál ha sido la experiencia más dolorosa que marcó tu vida?
* ¿Cómo esa experiencia te convirtió en la que eres hoy?

Ahora decide que en lugar de permitir que esa dolorosa experiencia te fuerce a vivir con una mentalidad de víctima, tomarás la decisión de usarla para empoderarte. Empoderarte a vivir una vida intencional y con propósito, como una mujer victoriosa.

Ejercicio N° 3: Reclama y apodérate de tu verdadera identidad, una y otra vez hasta que te la creas

- ¿Qué insultos has recibido en el pasado que te hicieron sentir inferior a otros?

Sé por experiencia que el pasado nos afecta, y la única manera de borrar las etiquetas dolorosas que nos dieron, o las mentiras que hemos creído, es proclamando la verdad. Elabora un cuadro como aquel que creaste en el tercer ejercicio del capítulo uno. Enumera en un lado las etiquetas o las mentiras que te dijeron en el pasado y en el otro lado contrarresta esas mentiras con la verdad y declaraciones positivas sobre ti misma. No seas tímida. Si alguien en el pasado dijo que no eras atractiva, declárate "soy hermosa". Si alguien en el pasado dijo que eras tonta, declárate "soy lista". No permitas que estos mentirosos se queden con la última palabra. Tú eres hija de Dios. Háblate a ti misma creyendo que es cierto hasta que te lo creas con toda tu mente, alma y corazón. La verdad te hará libre.

Etiquetas falsas - Mentiras	Yo soy - Verdad

- **¿Qué círculos viciosos han rodeado tu vida?**

    Mencioné que muchas parejas en mi familia eran divorciadas, separadas o tenían matrimonios infelices. A raíz de esto, sabía que yo tenía que actuar de manera diferente para romper ese círculo vicioso de mis antepasados.

    ¿Qué círculos viciosos ves en tu familia y en aquellos que te rodean? Conocer y actuar en contra de ellos te ayudarán a estar más alerta para cambiar esos círculos para ti misma y tus futuras generaciones. A veces, puede resultar difícil identificar todos los círculos viciosos que pueden afectarte. Quizá necesites buscar el apoyo externo de un consejero, pastor o terapeuta para ayudarte a identificarlos. Si lo necesitas, está bien. Tú eres una mujer victoriosa, valiente y sabia, que actúa conforme a su verdadera identidad y sabe cómo hallar la asistencia necesaria para descubrir la verdad.

- **¿Qué ataduras generacionales necesitas romper?**

    ¿Qué patrones de comportamiento procedentes de tu niñez o de generaciones pasadas de tu familia quisieras romper? Tú conoces el legado que te dejaron. ¿Es eso lo que quieres dejarles a tus hijos?

    Escribe tus respuestas en un diario o habla al respecto con una amiga de confianza. Verbalizar estas situaciones te otorga poder sobre las mentiras que crees sin siquiera darte cuenta. Pregúntate, a ti misma o a tu amiga de confianza, qué puedes hacer hoy para comenzar a cambiar esos comportamientos negativos.

Ejercicio N° 4:

Basada en las pasadas experiencias dolorosas, las falsas etiquetas, ciclos viciosos o ataduras generacionales, escribe tu declaración personal para que te recuerde diariamente que tú no eres tu pasado. Decide hoy mismo qué acciones tomarás para caminar en tu verdadera identidad como una mujer amada por Dios, diseñada con un propósito, completamente relevante y significativa. Puedes hacer esto al formular una declaración de identidad personal. He aquí algunos ejemplos:

Hoy ya no caminaré por la vida con la ira que aprendí siendo niña. No soy esa persona. Soy una mujer que está aprendiendo a ser amorosa y paciente.

Hoy dejaré de creer que necesito consumir alcohol o drogas
para aliviar mi temor y mi dolor. No soy esa persona. Soy una mujer
que busca fuerzas solo en fuentes de verdad y sanidad.

Hoy ya no voy a comer en exceso para evitar sentir mis emo-
ciones, tratar de lidiar con el estrés en mi vida o llenar un vacío
en mi corazón. No soy esa persona. Soy una mujer llena de la paz
de Dios y del conocimiento de quién soy en Él. Soy una mujer lo
suficientemente sabia para dedicar tiempo a aprender a comer
saludable a fin de alcanzar una salud óptima.

Estos son solo unos ejemplos. Tú debes crear tu propia lista, sin importar cuán larga sea. Periódicamente, vuelve a leer tu declaración de identidad personal cuando necesites reafirmar quién realmente eres como hija de Dios.

Al usar tu poder para reclamar tu verdadera identidad destruyes la mentira que eres menos que otros. Usa este poder a diario para recordarte cuánto te ama Dios, que eres única y para librarte de un pasado dañino. Es este el poder que te hará disfrutar la vida como la que verdaderamente eres, una mujer victoriosa única.

Capítulo 3: El poder del propósito

Tú tienes todo lo necesario para caminar intencionalmente y con propósito, entender tu misión en la etapa de la vida en la que te encuentras ahora y alcanzar las metas que te permitirán cumplir tu misión. ¿Pero harás algo al respecto? Revisa y responde las siguientes preguntas. Hazlo ahora. No escuches la mentira que puedes esperar. Tienes un llamado importante ahora mismo, en el lugar donde estás. Tienes una misión que solo tú puedes cumplir.

Ejercicio N° 1: Descubre quién quieres ser

- ¿Cómo te gustaría que te recuerden?
- Escribe qué palabras quisieras que escribieran en tu lápida.
- ¿Qué declaración crees que otros escribirían en tu lápida, si hoy fuera tu último día en la tierra?
- Piensa en esa declaración. ¿Te agrada?
- De lo contrario, ¿qué harás a partir de hoy para cambiar y convertirte en la persona que quieres ser?

Ejercicio N° 2: Identifica tu propósito, tu misión y metas

- Escribe cuál es tu propósito, por qué estás en esta tierra. Si te está resultando difícil descubrirlo, pregúntate: "¿Qué me motiva? ¿Qué despierta mis pasiones?" Recuerda que estás tratando de identificar por qué estás aquí, tu llamado único en este mundo. Estás contestando, determinando por qué estás en esta tierra.
- Una vez que hayas determinado tu propósito, pregúntate: ¿cuál es mi misión en este momento? Esto contesta la pregunta: "¿Qué quieres lograr en esta etapa de tu vida y a quién quieres servir?".
- Ahora, ¿qué meta basada en el método SMART puedes proponerte en los próximos treinta días para avanzar hacia el cumplimiento de esa misión? Una vez que hayas escrito tu meta, colócala en un lugar visible, a fin de que puedas leerlo al menos una vez por semana. Tengo escrita mis metas en dos lugares. Uno en un cuaderno sobre mi mesita de luz y el otro lo he guardado en mis documentos, en mi computadora personal. Configura tu alarma en tu teléfono celular para que te recuerde cada semana revisar tus metas. Sé flexible.

Ejercicio N° 3: Remueve los obstáculos que te impiden vivir intencionalmente y con propósito

- **¿Es el estar "demasiado ocupada" lo que te impide vivir con propósito?**

    Toma tu agenda y revisa las últimas semanas. ¿En dónde invertiste tu tiempo y tus recursos cada semana? Analiza las actividades y el tiempo requerido para ver si se alinean con tu propósito y tu misión. ¿Qué actividades puedes recortar de tu agenda, con miras al futuro, para liberar tiempo? ¿Qué compromisos puedes rechazar y qué "debería" se puede eliminar de tu agenda? Ten presente que "deberías hacerlo", no significa que eso vaya mano a mano con tu propósito; en tal caso, suéltalo y déjalo ir.

- **Acostúmbrate a decir no o establecer tus límites**

    A menudo recibirás asignaciones de personas que te piden: "Por favor regresar esta asignación lo más pronto posible". Asegúrate de decirles el día exacto en el que piensas terminar y entregar lo que te solicitan. Date más tiempo del necesario. Por ejemplo, si tu calendario te permite terminar la tarea asignada el martes por la mañana, diles que les mandarás lo solicitado el día laboral siguiente.

    Si al revisar tu calendario te das cuenta de que te será imposible cumplir, es mejor que digas que no podrás aceptar la responsabilidad. La gente profesional lo entenderá y hasta te respetará por ello.

- **¿Está el temor impidiéndote vivir intencionalmente y con propósito?**

    ¿Alguna vez has rechazado un compromiso para el cual creíste no estar preparada, pero que entonces se alineaba con tu propósito y tu misión en tu etapa actual en la vida? Piensa seriamente sobre esa posibilidad. ¿No era el momento oportuno para aceptar un compromiso o era una gran oportunidad? ¿Lo rechazaste por temor? ¿Está la oportunidad aún disponible? ¿Puedes exigirte hacerlo de todos modos, aunque sientas temor? Usa tu poder del escudo de la fe para pulverizar las mentiras que traen el miedo y acepta el reto. Mereces la oportunidad de vivir con propósito.

No nos mandaron a esta tierra para pasar nuestros días como robots moviéndonos de una rutina diaria a otra sin tener un impacto en este mundo. Cada una de nosotras tiene un llamado especial y el poder de nuestro propósito es lo que nos da la oportunidad de vivir una vida fabulosa, en lugar de una vida sin sentido. Descubrir quién eres realmente descubriendo tu propósito y eliminar las distracciones y obstáculos que te impiden vivir intencionalmente con tu propósito te acerca a disfrutar la vida de una mujer victoriosa.

Capítulo 4: El poder de las ganas

Tienes que cavar hondo para encontrar ganas. Tienes que dejarte llevar por las ganas. Tienes que elegir tomar este poder y permitir que transforme la motivación en la fuerza imparable que son las ganas. Recuerda, la fórmula de las *ganas* es la siguiente: determinación + dinamismo + disciplina. Estas son las tres D que verdaderamente te volverán imparable y te mantendrán alimentada espiritualmente para la victoria.

Ejercicio N° 1: ¿Qué diferencia marcará en tu vida el poder de las ganas?

- Encuentra un par de lentes que ya no uses. Encuentra líquido corrector blanco y úsalo para escribir D + D + D + en los cristales.

  Llévalos contigo todo el tiempo. Póntelos cada vez que te sientas desanimada o cansada de luchar tus batallas. Póntelos y encuentra tus ganas.

Ejercicio N° 2: Memoriza la siguiente fórmula

- Ganas + Convicción + Acción = Resultados inimaginables.

  Repítelo hasta que lo creas. Usa la fórmula todos los días.

Ejercicio N° 3: ¿Qué sucede si no encuentras tus ganas?

- Vuelve a leer el capítulo 3. Encuentra primero tu propósito y decide si es emocionante, inspirador, suficientemente impactante para darte la fuerza necesaria para sacar esas ganas que se encuentran tejidas en cada partícula de tu ser.

Con tu propio par de lentes 3D como recordatorio constante de determinación, dinamismo y disciplina que están tejidos en tu ADN, memoriza la fórmula mencionada, y asegúrate de que tienes muy claro tu propósito y llamado único; te darán el regalo de vivir una vida plena diariamente. Gracias a Dios tienes el poder de las ganas a tu disposición.

Capítulo 5: El poder de la preparación

No deberíamos conformarnos con la mediocridad en ningún aspecto. Al caminar buscando vivir intencionalmente con propósito y alcanzar nuestros sueños, siempre deberíamos procurar la excelencia. El límite es el cielo, y deberíamos brillar y reflejar la luz que Dios nos ha dado para que el resto del mundo la pueda ver.

Ejercicio N° 1: Toma el control de tu tiempo. ¡Es tu tiempo! ¡Valóralo!

- ¿Cuáles son las tres prioridades en las que inviertes tu tiempo?
- Revisa tu calendario de actividades de las pasadas cuatro semanas.
   ¿Dedicaste tiempo a esas prioridades? Si no fue así. ¿Por qué?
- ¿En qué situaciones te cuesta decir no?
- Practica frente a un espejo y dile no a esa persona o personas que demandan tu tiempo distrayéndote de vivir con propósito.

Ejercicio N° 2: Organiza tu espacio mental

- Consigue una libreta y llévala contigo todo el tiempo. Úsala para escribir tus notas cada vez que un pensamiento pase por tu mente y te distrae de lo que estés haciendo en ese preciso instante.

Cuando estás en el trabajo, de nada vale pensar en la leche que te olvidaste de comprar o en la ropa que tienes que lavar al llegar a casa. Usa esa libreta para apuntar todo lo que te venga a la mente que puedes hacer luego.

Ejercicio N° 3: Organiza tu hogar

- Escribe una fecha en el calendario en la que dispongas de 10 minutos para empezar a organizar tu hogar.
- Empieza con un cajón. ¿Qué? Sí, porque una vez que termines con ese cajón tu poder de las ganas se encargará de que quieras continuar con el proyecto poco a poco hasta que tu hogar parezca un pedacito de cielo.

Ejercicio N° 4: Organiza tu espacio laboral

- Decide y llega temprano al trabajo, regresa del almuerzo temprano, o tal vez durante tu descanso. Convierte tu espacio en algo propio. Siente orgullo por el hecho de que te ganas el pan de cada día desde ese espacio. Déjalo y mantenlo brillante.

En caso de que la tarea de organizarte se vuelva pesada, no te preocupes, existe ayuda. Busca un recurso (un *blog*, sitio *web* o libro) y comprométete a leer, a aprender para guiarte a tomar el control de tu agenda y de tu tiempo. Incluso puedes trabajar con una organizadora profesional para lograrlo.

Tu luz nunca debe estar escondida porque decides ser mediocre en lo que haces. Decide tomar acción ahora y mantén tu tiempo, tus espacios y tu vida organizados. Tu poder de preparación hará que tu luz brille sin cesar como la mujer victoriosa y única que Dios creó.

Capítulo 6: El poder del discernimiento al usar nuestras palabras

Una mujer con discernimiento sabe que sus palabras tienen poder para bendecir y maldecir. La belleza de una mujer victoriosa, una mujer de discernimiento, es que ella también sabe que, al quedarse callada, muchas veces puede generar un mayor impacto que cuando habla de más.

Ejercicio N° 1: Usa tus palabras siempre para dar vida

- Practica llamarte la atención cada vez que te digas algo que te falte el respeto y remplaza esos pensamientos con palabras que te edifiquen.
- Siempre lleva contigo una bolsita de té. Llévala en tu bolsa, ponla en el cajón de tu escritorio, en tu bolsa de maquillaje, donde sea pero asegúrate siempre de tenerla a mano. Úsala para recordarte la importancia de: Respetar**te**, cuidar**te**, querer**te**, relajar**te** y valorar**te**.

 Cuando veas a tu esposo, a tus hijos, a cualquier ser querido haciendo algo bueno, asegúrate de decírselos. Expresa tu admiración por ellos.
- Anímalos con palabras sabias.
- Memoriza una frase que les puedas repetir cada vez que ellos digan algo negativo acerca de sí mismos, de sus proyectos o su futuro. La mía es: "No digas eso. Recuerda el poder de tus palabras".
- Bendice a otros con palabras de ánimo.

 Permíteme mostrarte lo sencillo que es. No hace mucho, un lunes por la mañana, fui al control médico anual. Vi a mi doctora y le dije cuán bien lucía. Me contó que después de las vacaciones había subido de peso y que no estaba muy contenta al respecto.

Le pregunté: "Doctora, ¿por qué nosotras las mujeres siempre tendemos a enfocarnos en lo negativo? La miro y veo a una profesional exitosa. Sé que es una madre grandiosa y que trabaja duro en su consultorio para ayudar a muchas personas. Ha logrado tanto en la vida. No es para nada fácil ir a la Facultad de Medicina y obtener una licencia para ejercer su profesión. También bendice a muchas mujeres a diario".

Me agradeció y me dijo: "¡Tendré que traerte aquí a diario para que me motives!".

Ejercicio N° 2: Utiliza la sabiduría del discernimiento para tratar con las "enfermedades de la boca"

- NO hables mal de otros cuando ellos no estén presentes. Si tienes algo que decirles, hazlo personalmente, de frente. No seas cobarde hablando a sus espaldas. Sé valiente, y di lo que piensas cara a cara. No será fácil, pero vale la pena.

- ¿Qué harás la próxima vez que un grupo de personas chismeen a tu alrededor?

  Tal vez eres ya lo suficientemente sabia como para pedirles que no hablen de otros a sus espaldas. Si no es así, retírate para usar el baño o para lavar los platos. El sentimiento de paz que esta acción te dará no se puede medir en palabras.

- Si tienes problemas con el chisme, no te preocupes. Todas somos humanas. Escribe en una tarjeta un recordatorio a la chismosa dentro de ti para tener presente lo dañino que es hablar mal de otros a sus espaldas. Por ejemplo, puedes escribir:

"Hola chismosa, tal vez te estás divirtiendo hablando mal de otros, pero ¿sabes qué? Cuando estés viejita, o mucho antes, te sentirás tristemente sola y si nadie a tu alrededor que valga la pena. No tendrás ninguna verdadera amiga porque las personas sabias no se rodean de chismosas". Coloca esta tarjeta en el espejo de tu baño y léela todos los días, hasta que memorices las palabras y el mensaje quede impreso en tu mente, alma, y corazón.

- Revisa las "enfermedades de la boca" que mencioné en el capítulo 6 y trabaja arduamente para prevenir que sufras de una de esas enfermedades. Tu vida cambiará para mejor.

El poder del discernimiento en el uso de nuestras palabras es lo que nos permite bendecir a personas a nuestro alrededor. Al no chismear, al alejarte de situaciones de chismes y evitar sufrir de "enfermedades de la boca" te otorga una libertad espiritual que solamente el poder de discernimiento nos puede regalar. Este recurso nos empodera a bendecir a otros con nuestro vocabulario y en muchas ocasiones con el solo hecho de discernir que no debemos decir siquiera una palabra.

Capítulo 7: El poder de la oración

Es agotador vivir creyendo erróneamente que somos autosuficientes. Pensar que podemos hacerlo todo por sí solas es agotador. La herramienta para destruir esa mentira es el poder de la oración.

Hace algunas semanas, mi nueva amiga Nitzia me estaba llevando en su auto a un lugar que yo debía acudir. Noté una Biblia con una hermosa portada en su auto. Me contó que se había bautizado la semana anterior y que su novio le dio como obsequio esa hermosa Biblia. Luego me preguntó cuál sería la mejor manera de comenzar a orar y estudiar la Palabra.

Al igual que Nitzia, hay millones de mujeres a quienes les gustaría comenzar a incorporar un tiempo de oración y quieren saber cómo hacerlo. El consejo que le di fue dar un primer paso. Creo que pasar tiempo leyendo la palabra de Dios es una buena forma de orar por las mañanas. Le di el mismo consejo que recibí hace muchos años de mi pastor, Michael Yearley, de comenzar con cinco minutos por día. Eso es todo. No tienes que pasar horas leyendo y orando si no dispones de tiempo. Le recomendé que comenzara leyendo un capítulo del libro de Proverbios al día. De ese modo, terminaría de leerlo en un mes. Tener un tiempo de oración a diario no debería ser complicado. Solo es cuestión de ponerlo en marcha.

Ejercicio N° 1: Haz de la oración un hábito

- Asigna un momento del día en tu calendario para hablarle a Dios y escucharlo. Protege ese precioso tiempo, entre tú y Dios, con todas tus fuerzas. No caigas en el engaño de que no tienes tiempo. En mi experiencia, cuando dedico tiempo para empezar mis mañanas con Dios, obtengo muchos más logros, y termino más proyectos que cuando no lo hago.

Ejercicio N° 2: Encuentra tu propio espacio para pasar tiempo con nuestro Dios viviente

Como ya mencioné, puedes orar desde cualquier lugar. Aquí me refiero a encontrar un lugar en tu hogar que asignes para tus momentos a solas con Dios para escucharlo. Recuerda, *shema*, escucharlo para así aprender a obedecer y poner en práctica lo que Él te diga.

- Encuentra un lugar específico donde pasar tiempo a solas y escuchar a tu Padre celestial. Puede ser un lugar en tu sala, tu recámara, tu cocina, etc. Crea tu propio "Cuarto de guerra".

Ejercicio N° 3: Colecciona evidencia

- Consigue una libreta para tu diario de oración. Empieza escribiendo la fecha y luego tus peticiones de oración. Recuerda agradecer por lo que ya tienes y espera el milagro de la multiplicación.

- Revisa tu diario de oración a menudo y prepárate para ser felizmente sorprendida por la manera en que Dios contesta cada una de tus oraciones de acuerdo a su perfecta voluntad y a su agenda divina.

Incorporar la oración diaria, asignar un espacio para pasar tiempo a solas con Dios para escucharlo, escucharlo y ser diligente manteniendo pruebas de cómo y cuándo Él contesta nuestras oraciones, nos animará a vivir vidas más significativas y con propósito

Capítulo 8: El poder de la conexión

Imagina llegar al final de tus días. ¿Piensas que te arrepentirás de no haber dedicado tiempo a crear verdaderas conexiones? ¿Te arrepentirás de no pasar suficiente tiempo con tu familia y tus verdaderos amigos? ¿Qué puedes hacer ya para asegurar que esto no te suceda? Elige con quién pasar tu tiempo sabiamente.

Ejercicio N° 1: Revisa tu calendario

Revisa tu calendario y mira con quiénes has pasado tiempo en los últimos meses. ¿Vale la pena invertir tu precioso tiempo en esas personas? ¿Te brindan un sentido de satisfacción y plenitud? ¿Serían ellos capaces de acudir a tu auxilio a las 2:00 de la mañana, si así fuera necesario? De lo contrario, es hora de cambiar tu dirección. Invierte ese tiempo en personas que te aporten algo positivo.

Ejercicio N° 2: Conéctate con tu familia

- Establece un día (o noche) de la familia para disfrutar entre todos. Comienza con una vez por mes o inténtalo por algunas horas, pero sé constante.

  Escribe la fecha de tu primer día de la familia en tu calendario y no la canceles.

Mujer victoriosa, tendrás que encontrar ese tiempo y defenderlo ferozmente para tu familia. Hoy en el mundo vemos a muchas familias separadas y destrozadas por creer que necesitamos hacer más y tener más. Vale la pena luchar contra la corriente para preservar a nuestras familias. Es lo más precioso que tenemos en la vida. Nada ni nadie puede darnos la satisfacción de una familia feliz. Me encanta recordar lo que una vez escuché decir al Dr. José Luis Pérez Albela: "Ningún éxito profesional puede remplazar el fracaso familiar". ¡Auch, hasta duele decirlo en voz alta!

- Idea algo para conectarte con tus hijos y/o con tu esposo.

Cuando mis hijos eran pequeños, cada noche, antes de orar con ellos para ir a dormir, solía mirarlos a los ojos, decirles cuánto mamá y papá los amaban y les recordaba lo que habían logrado ese día, incluso cuando era algo pequeño. Esos breves momentos estaban llenos de palabras amorosas y amables. Si tienes hijos en casa, te animo a adoptar un hábito similar. Encuentra el tiempo para decirles a tus hijos que los amas y diles algo positivo. Si tus hijos ya están grandes, aún puedes adoptar el hábito de encontrar una manera de animarlos a diario. Puedes enviarles un mensaje de texto o un correo electrónico, llamarlos. O incluso mandarles una tarjeta por correo regular. El mismo hábito funcionará de maravilla en tu matrimonio. Halaga a tu marido. Dile cuánto lo amas y menciona algo que aprecias que haya hecho. No te tomará mucho tiempo, pero la conexión que esto logrará durará por siempre y valdrá la pena el tiempo invertido.

Ejercicio N° 3: Conéctate con tus amigos

- ¿Tienes *cheerleaders*, amigas animadoras?

Es fácil determinar quiénes son porque estás emocionada de llamarlas cuando recibes buenas noticias y son las primeras a las que quieres llamar si recibes malas noticias porque sabes que estarán a tu lado, sin importar lo que ocurra. Asegúrate de encontrar tiempo para pasar con ellas y también para estar presente cuando ellas necesitan que tú las animes o que celebres alguno de sus logros.

Detecta las garrapatas en tu vida

Me refiero a una persona que solamente sustrae algo de ti. Alguien que, si la eliminaras de tu vida, serías de hecho más feliz. La decisión acerca de qué hacer con ellas es tuya. Mi experiencia me ha enseñado que cuando me deshago de las garrapatas, encuentro más tiempo para pasar con personas que añaden algo positivo a mi vida.

Ejercicio N° 4: Conéctate con personas sabias

- Encuentra una mentora y reúnete con ella regularmente.

  Ponte en contacto con ella ya mismo. Si ella no puede, no te desanimes y sigue tocando puertas. Dios tiene la persona perfecta para ti. Reúnanse para un té o un almuerzo. Pregúntale acerca de su jornada de fe. Cuéntense las pruebas que atraviesan. Busca su consejo. Aprende a ser cada día más sabia para que tú también puedas ser más adelante la mentora de otras mujeres victoriosas.

  El deber y misión de las mujeres victoriosas es apoyarse unas a otras para ayudarse a luchar las batallas de la vida.

- Crea tu propia junta de directoras que te empoderen.

  Reúne un pequeño grupo de mujeres con las que puedas progresar. Busca sus consejos y sabiduría a menudo.

Tú puedes ser una mujer victoriosa que pisotea todas las mentiras de aislamiento y desconexión usando tu poder de conexión. Conectarte con familia y amigos verdaderos te garantizará que no te arrepientas en el futuro de haber desperdiciado precioso tiempo persiguiendo lo que te deja finalmente vacía o incompleta.

Capítulo 9: El poder de la gratitud

La gratitud es una gema multifacética. Nos conduce al contentamiento, el cual posteriormente nos permite dar total y completamente a otros, porque sabemos cuán satisfechas estamos.

Ejercicio N° 1: ¡Sé intencionalmente agradecida 24-7!

- Apenas despiertes haz una oración de gratitud. Da gracias a Dios por tu cama, por tu habitación cálida o fresca, por el agua corriente y por todo lo que te rodea.
- La próxima vez que sientas pena por ti misma, detente y piensa en todas las bendiciones que ya tienes. Si cuentas con el tiempo, escribe cada una de tus bendiciones. Quedarás asombrada al darte cuenta de cuánto tienes que agradecer.
- Antes de acostarte, da gracias. Dile a Dios todos los motivos por los que estás agradecida. Agradece que mañana será un nuevo día.

Ejercicio N° 2: Borra de tu vocabulario las palabras "me falta" o "Dios dame más"

- Remplaza las palabras *me falta esto o aquello* por las palabras: "Gracias por lo que ya tengo". "Es bastante lo que tengo. Le doy la bienvenida a todo lo demás que vendrá".

  Existe un gran poder en dar gracias por lo que ya tenemos, en lugar de pensar, actuar y hablar sobre lo que nos falta. Ser agradecidas con lo que tenemos nos abre las puertas a la bendición de la multiplicación.

Ejercicio N° 3: Se vale tener momentos tristes

Quiero hacer énfasis en que ser una mujer victoriosa no significa estar felices todo el tiempo. Al contrario, es saber que estaremos llenas de pruebas. Lo que nos hace diferentes es saber que nosotras no luchamos nuestras batallas para obtener victorias, sino que nuestro Dios es quien ya obtuvo la victoria; nosotras luchamos desde un lugar de victoria.

- Date el permiso para una fiesta de autocompasión de vez en cuando, pero establece algunos límites. No deberías invertir más de treinta y seis horas de tu valiosa vida en sentir lástima de ti misma.

  Muchas de mis queridas amigas me han contado sus momentos difíciles —tristes, embarazosos y dolorosos—. En muchas ocasiones, les he hecho saber que es algo bueno que hayan experimentado esas tribulaciones. Les he explicado que pueden usar las lecciones aprendidas para evitar caer en la misma situación o alimentar sus ganas de esforzarse por salir de determinadas situaciones. Podemos aprender incluso de las pruebas más difíciles. Así que ten tu fiesta de autocompasión por no más de 36 horas y luego sigue adelante.

- Lee, estudia, ve videos en YouTube y aprende acerca de momentos difíciles que puedes anticipar.

  Debido a que nuestros cuerpos han sido maravillosamente creados, cada una de nosotras experimentamos nuestras hormonas femeninas de diferentes maneras. Todas podemos llegar a sentirnos cansadas, débiles y hasta tristes.

  Aprende a escuchar tu cuerpo, apunta fechas y prepárate por adelantado para esos días, sabiendo que te traerán sentimientos de desgana y hasta de tristeza. Vale la pena la inversión. Estudia porque hoy es tu día.

- Elabora un archivo que te ayude a combatir un corazón ingrato.

    Haz un archivo y etiquétalo como tu "Archivo de gratitud". A lo largo del año, coloca allí todas las tarjetas de cumpleaños, de Navidad y de agradecimientos que recibas. Cuando te sientas triste, lee cada tarjeta y la nota que te escribieron aquellos que te aprecian. Da gracias a Dios por esas personas y por sus palabras. El sentimiento que lograrás no puede expresarse con palabras. Tu alma se colmará de gratitud y será imposible entonces tener un corazón ingrato.

Ejercicio N° 4: Da con un corazón agradecido

- ¿Quieres sentirte inmediatamente feliz? Da algo.

    Da tu tiempo, da de tus pertenencias, da una palabra de aliento. Haz un acto de bondad. Da de corazón y serás bendecida de maneras que ni te imaginas.

    Asegúrate de poner una fecha a esta intención o será fácil olvidar que, aunque tuviste el deseo de dar, no sucedió.

Una vez que te hayas ocupado de tu plan de acción, debes decidir ya mismo fomentar tu actitud de ser agradecida. El poder de gratitud es la garantía del contentamiento. Dar gracias a Dios en las circunstancias más difíciles es un gran reto. Pero hacerlo nos acerca más a Él y nos enseña a confiar en los planes perfectos y el tiempo perfecto de su agenda divina. Busca las bendiciones y regalos por los cuales tu corazón está agradecido. Promete que desde este momento —sí, desde este momento en adelante—, sí desde ahora mismo, cambiarás tu actitud de "pobrecita yo" a una de "wow, tengo tanto", a una actitud de gratitud. Al lograrlo gozarás de una vida llena de abundancia, con la copa y el plato que sostiene la copa rebalsando de bendiciones.

Capítulo 10: El poder de la renovación

Existe una fórmula comprobada para lograr tu renovación. ¿Estás preparada? Es muy sencilla. ¡Renuévate a ti misma dando *un paso a la vez*! No tiene que ser algo abrumador. Dar un paso a la vez hacia la renovación traerá resultados transformadores. Recuerda, cada maratón comienza con un paso.

Ejercicio N° 1: Renueva tus pensamientos

- Encuentra tiempo para meditar en la palabra de Dios. Al hacerlo recibirás una lluvia de promesas llenas de verdad que te ayudarán a destruir pensamientos negativos llenos de mentiras que invaden tu mente.

En mi vida, para poder eliminar los ruidos de este mundo y oír la voz suave y apacible de Dios, necesito pasar tiempo a solas con Él cada día. Estar tranquila y meditar en el amor de Dios es la única manera que puedo oír su voz. No es una tarea fácil, pero puede lograrse por medio de la oración. Durante tus oraciones diarias, pídele a Dios que te ayude con tu esfuerzo. No existe ninguna otra herramienta en mi vida más poderosa que estar en comunión con Dios. Allí es cuando hablo con Dios. Le agradezco. Me quejo. Le hablo como si estuviera hablando con mi mejor amigo, porque Él me conoce en cada aspecto. Incluso le entrego todo pensamiento negativo que cruza por mi mente y le pido su ayuda para pelear las batallas que enfrento.

Ejercicio N° 2: Rodéate de personas optimistas

- Rodearse de personas positivas, alegres y optimistas te energizará y empoderará.

Creo que hay mucho peligro en juntarse con personas negativas. He aprendido a evitar pasar tiempo con gente negativa. No las juzgo, pero he tomado la decisión consciente de no dejar que me consuman emocionalmente. Soy incluso lo suficientemente valiente como para decirles que no puedo, en este punto de mi vida, permitir que otros sean negativos en mi entorno porque no es bueno para mi bienestar. No puedo explicarte con palabras las expresiones en sus rostros cuando me escuchan decir esto, pero sí puedo afirmar cuán libre me siento desde que establecí este límite.

Ejercicio N° 3: Reconéctate con la naturaleza y los tuyos y desconéctate de tus electrónicos

- Quítate los zapatos y camina descalza por tu patio o por el parque.

   Observa los árboles alrededor de tu casa o las plantas en tu entorno laboral. Obsérvalos y disfruta de ellos. Utiliza tu teléfono celular para algo más que tomarte *selfies*. Toma una foto de un arcoíris, una nube bonita, la luna o un atardecer. Admira la naturaleza creada por Dios. Acalla tu mente y absorbe su belleza. La paz que recibirás a cambio hará valer cada minuto invertido.

- Ama tu vida y a tu familia lo suficiente como para establecer una hora de apagar el teléfono y la computadora.

No fuimos creadas para usar cada minuto nuestros aparatos electrónicos. No existe ningún teléfono, computadora, tuit, Instagram o comentario de Facebook que puedan remplazar un abrazo. Ningún aparato electrónico podrá darte la sensación de un abrazo. Dedica tiempo para jugar con tu esposo o con tus hijos a encontrar formas en las nubes, así como te conté que lo hago yo con mi esposo. O juega otros juegos en familia. Sé lo suficientemente sabia para invertir tu precioso tiempo en lo que valga la pena. No te justifiques diciendo que, porque eres ejecutiva en una posición importante, debes estar pegada a tu computadora o a tu celular todo el tiempo. No habrá suficiente dinero en el mundo para cuando te enfermes por no haberle dado a tu cuerpo el descanso necesario. O peor aún, no hay cargo o posición en el mundo, ni suficiente dinero que te haga sentir completa cuando te arrepientas de haber pasado más tiempo de calidad con tus electrónicos que con tus seres queridos. No permitas que tu teléfono inteligente sea el único inteligente aquí. Sé inteligente por el bien de tu salud y de tus seres queridos y desenchúfate de tus electrónicos para brindarle paz y tranquilidad a tu mente, alma y cuerpo.

- Aprende a reconocer la tensión de tu cuerpo. Lleva siempre contigo una pelota de tenis y, cuando te sientas estresada, párate contra la pared y coloca la pelota debajo del pie. Rueda la pelota de atrás hacia adelante, del talón a los dedos. Mientras lo haces, cierra los ojos y respira profundo. Inhala y exhala aire profundo. En solo unos minutos te darás cuenta de la diferencia que sienten tu mente y cuerpo.

Ejercicio N° 4: Tienes que saber dónde estás, a dónde vas y disfrutar el proceso

• Fija un día para revaluar tu vida.

Tienes tiempo para tus hijos, tu cónyuge, tu jefa y tus amigas. ¿Cuándo tendrás tiempo para revisar dónde estás parada y hacia dónde te estás dirigiendo? Si te mantienes a la deriva tus demandas diarias te llevarán hacia todas partes excepto hacia donde quieres estar, porque no te habrás detenido a evaluar si te encontrabas en el camino correcto. Abre tu agenda ahora mismo y programa una fecha para revaluar tu vida. ¡No pierdas esta cita! Del mismo modo, como no te perderías una cita con ese alguien especial, deberías hacer una cita contigo misma y planificar tu vida.

Ejercicio N° 5: Agenda tiempo para gozar la vida

• Sonríe y baila.

Así es, sonríe a lo largo del día. Una sonrisa puede ser el mejor regalo que le puedes dar a los demás cada día. Una sonrisa envía mensajes a tu cerebro que afirman: "Todo está bien".[1] Y cuando nadie te esté mirando, baila. Baila como si estuvieras sola. Te lo mereces; tú eres un regalo para este mundo. Celebra y baila. Cuando bailas, no hay espacio para los pensamientos negativos, porque la pasas tan bien y te ríes de ti misma al hacer algunos movimientos raros. (No sé tú, pero cuando yo bailo como si nadie me mirara, invento algunos movimientos raros y me río mucho).

Cuando dejas de bailar, el efecto de las endorfinas liberadas en el cerebro te hará sentir más feliz y eliminará todo pensamiento negativo que se haya cruzado por tu mente. Si no puedes bailar por problemas de salud, no te preocupes. Haz como solía hacer mi abuelita cuando estaba en silla de ruedas a causa de una lesión en su rodilla. Mueve los brazos y manos, sacude los hombros, mueve la cabeza de derecha a izquierda. No hay excusas. Inventa tu propio baile y obtendrás los mismos beneficios que los bailarines con una coreografía profesional.

Mi querida mujer victoriosa, si te parece abrumador completar cada uno de los ejercicios en este apéndice empieza por completar uno. La clave es empezar, aunque sea con uno de ellos. ¡*Haz algo*! Intentar mejorar tu vida es bueno. Pero si no llevas a cabo siquiera una acción, en un año estarás en el mismo lugar que hoy, sin crecimiento personal, sin una verdadera transformación. Tú eres una mujer victoriosa, pero para reclamar tu verdadera identidad tienes que usar el poder de tu verdadera identidad y dar los pasos necesarios. Tu vida vale la pena. Tu poder de renovación te ayudará a gozar la vida en plenitud para la cual fuiste creada.

Como he mencionado a lo largo de este libro, requiere esfuerzo vivir una vida con propósito, plena y de tal manera que le dejes a las generaciones futuras un legado maravilloso. Para vivir como mujeres victoriosas debemos realizar un plan de batalla. Es por ello que te he mostrado cómo comenzar a usar a diario los diez poderes de una mujer victoriosa.

Los poderes de la fe, de la identidad, del propósito intencional, de las ganas, de la preparación, del discernimiento de cómo usar nuestras palabras, de la oración, de la conexión, de la gratitud y de la renovación diaria, todos tienen algo en común: cada uno de ellos ya te pertenecen. Son regalos de Dios para nosotras. Usemos estos presentes maravillosos en nuestro presente. No mañana. No pasado mañana. Usemos nuestros poderes hoy, ahora, en el presente y así viviremos vidas en las cuales nos sintamos completas, realizadas y satisfechas.

Acepta este desafío y comienza hoy a vivir la vida plena que mereces.

¡Vamos, mujer victoriosa!

Un día en la vida de una mujer victoriosa y su siguiente generación

Día de elecciones presidenciales en Estados Unidos

El 8 de noviembre de 2016 comenzó como cualquier otro, excepto que yo me encontraba en Miami. Univision había invitado a mi hijo JP a participar en la cobertura de las elecciones presidenciales del 2016, como comentarista político. Si bien ya había grabado videos acerca del tema en el pasado, esta era la primera vez que estaría actuando como comentarista para la televisión en vivo. Tan pronto recibió el correo electrónico unos días atrás, me dijo que tendría que ir con él. Ni siquiera me lo preguntó. Expresó aquello que su corazón y su mente estaban sintiendo. Pude notar por el tono de su voz que sabía que podía contar conmigo. Esta sería una gran oportunidad para él, y necesitaba mi apoyo. (JP usó el poder de la conexión para acercarse a mí.)

Desde hace muchos años, JP ha estado a mi lado durante mis viajes a Miami cuando me desempeño como comentarista jurídica. Él no solo me ha acompañado en esas ocasiones importantes, también es el director creativo y genio detrás de todos nuestros logros en las redes sociales. En la industria se le conoce en broma como mi *sonager*, mi hijo/mánager, y una productora incluso nos llama el "dúo dinámico". No pensé dos veces en ir con él. Modifiqué mi

agenda a fin de poder estar en Miami con mi hijo para ese aconte-
cimiento especial en su vida profesional.

Así que allí estábamos en Miami. Comencé mi día pasando
tiempo con Dios, leyendo mi devocional y orando. Especialmente
le agradecí a Dios por bendecir a mi hijo y por fortalecerlo para dar
lo mejor de sí durante su aparición en la televisión. (Estaba tan feliz
de poder usar mis poderes de la oración y de la renovación.) JP y yo
desayunamos liviano. Nos tomamos un momento para revisar los
temas que podría llegar a abordar esa noche (usando el poder de
la preparación). Fuimos al gimnasio para atender nuestros físicos
(no olvidando renovar y cuidar de nuestros cuerpos). Luego regresamos a la habitación para que JP pudiera continuar preparándose
para su rol en la televisión.

Se nos solicitó estar en el estudio a las 5:00 p.m., lo cual nos
permitió disfrutar de un muy buen almuerzo. Mientras comíamos,
le recordaba a JP que él estaba preparado para esta gran oportunidad. No dejaba de reafirmárselo para animarlo (asegurándome
de usar mi poder del discernimiento de mis palabras para bendecir y animar a JP). Después me llevó al salón de belleza para que
me arreglaran el cabello. De camino allí, con solo algunas horas
antes de su entrada, le dije que contaba con dos opciones: podía
exponer su comentario político por su cuenta, con un sentido de
autosuficiencia, o podía hacerlo por medio del poder que solo Dios
puede dar. Le dije que era su elección. Mirando en retrospectiva
mis muchos años como comentarista jurídica en televisión, hubiera deseado que alguien me hubiera indicado esas opciones cuando recién comenzaba.

Le expliqué que durante años me creí autosuficiente, y quedé
exhausta al tratar de hacer todo en mis propias fuerzas. Cuando
aprendí la importancia de tratar de entregarle cada situación a

Dios, cuando busqué su asistencia para fortalecerme a fin de hacer lo que hago ahora, fui renovada con una fuerza indescriptible y un sentimiento liberador pues no necesitaba hacerlo todo yo sola al saber que podía lograr todo con Él.

Sabía que JP regresaría a la habitación del hotel para seguir preparándose. Le di la siguiente recomendación: "Cuando entres en tu habitación, arrodíllate y ora al Dios de Israel. Pídele que tome el control y te dé poder. Eres su hijo, y Él solo quiere lo mejor para ti". Eso fue todo lo que tenía para decir. (Me sentí honrada de usar el poder de la identidad para ayudar a JP a enfocarse en su verdadera identidad.)

Llegamos al estudio unos minutos antes de las 5:00 p.m. Nos llevaron a una habitación en donde JP conoció a otras personas de influencia en los medios de comunicación, y observé que estaba modestamente seguro de sí mismo. Todavía recuerdo cada una de sus entrevistas y sus respuestas. Estaba tan feliz por él, tan agradecida y tan orgullosa. Causó una gran impresión. Incluso la persona que sostenía una postura opuesta sobre tópicos muy importantes lo trató con respeto.

A medida que pasaban las horas, me aseguré de ser la mejor asistente, tal como él había sido para mí en el pasado. Le llevaba agua, le ofrecía un refrigerio, le preguntaba cómo estaba y lo alentaba siempre que salía al aire. Cada vez que lo llamaban a tomar asiento para una próxima entrevista, lo cubría en oración. Le decía: "Tú puedes, hijo. Échale ganas".

Fue un largo día. Alrededor de la 1:00 a.m. me dijeron que debía hacer un comentario jurídico en televisión en vivo y grabar un video para informar a las familias inmigrantes. Estaba usando ropa informal y zapatos planos. Comencé a preocuparme. JP inmediatamente me llamó la atención y me recordó que lo que importaba era el mensaje que las familias necesitaban oír en ese momento. (Fue un gran recordatorio para acceder a mi poder del propósito intencional y luchar contra mi ego negativo que empezaba a preocuparse por mi apariencia.) Cuando me estaban maquillando, JP literalmente corrió al auto, en compañía de Yvanna, una productora que en ese momento fue un ángel para nosotros, para ir por una chaqueta y un par de zapatos de taco alto que afortunadamente había dejado allí el día anterior.

A lo largo de toda la noche, Javier y yo nos habíamos estado comunicando por mensajes de texto. Javier me enviaba mensajes para ayudar a JP, dándole sugerencias y comentando sobre el aporte de nuestro hijo y sobre los resultados de las elecciones en todo el país. Cuando le conté a Javier que iba a salir al aire, a las 1:48 a.m., recibí un mensaje de su parte diciéndome que mantuviera una actitud positiva ya que la comunidad hispana estaba realmente asustada y necesitaban una voz que los ayudara a ser optimistas, una voz de apoyo, una voz de aliento. Era un mensaje que necesitaba tanto en esos momentos. Mi corazón y alma estaban tan tristes, incluso había llorado al sentir en lo más profundo de mi alma el miedo que mi comunidad estaba sintiendo en esos momentos. (Soy increíblemente bendecida de estar conectada con una familia tan maravillosa.)

A esas horas de la madrugada salí al aire en una entrevista con Jorge Ramos. Aunque fueron momentos muy difíciles para todos por la realidad que afrontamos con los resultados de las elecciones, nuestra misión debía continuar. Realicé mi comentario legal y aproveché entonces para animar a mi comunidad. Al salir del aire, recibí un sinnúmero de mensajes de persona agradecidas, no solamente por la información, sino también por el hecho de alentarlas en un momento que tanto lo necesitaban.

Los medios de comunicación estaban inundados de mensajes de desesperación y miedo por parte de familias inmigrantes. Miles de personas estaban usando las redes sociales para expresar sus temores. La mayoría de los mensajes que leía eran de padres preocupados y con miedo a que los separaran de sus hijos. Algunos padres mencionaron que sus hijos lloraban y tenían miedo de que se llevaran a sus padres. Esto era solo el comienzo; al pasar los días escucharíamos muchas historias similares. Mientras el día transcurría, supimos de niños que no iban a la escuela porque tenían miedo de regresar a un hogar vacío. Había muchos mensajes sobre niños que expresaban cuán temerosos estaban. Allí mismo oí claramente una voz que me decía: "Te van a necesitar más que nunca. Tienes que ser una voz para ayudar a tranquilizar a los padres. No solo va a ser requerida tu experiencia como abogada, sino que deberás alentarlos, guiarlos, recordarles que tienen que seguir luchando para mantener sus familias unidas, y que no están solos. Yo todavía sigo en control".

Ya sabía que, en función de los resultados electorales, tendría que informar, más que nunca, a millones de familias sobre sus derechos legales. Sin embargo, esto era diferente. Fue una especie de orden para salir de mi zona de confort y abordar un área distinta. He aprendido que cuando Dios me habla, no puedo desperdiciar tiempo preguntándole: "¿Estás seguro? ¿Estoy realmente preparada para esto? ¿Qué puedo decir en verdad acerca de este o ese otro tema?". Esta vez no hice preguntas. (Mi poder de la fe me permitió ver con claridad que Dios me estaba llamando a entrar en acción, a salir de mi zona de confort.) Ese momento en la madrugada fue una confirmación de que debía hacer realidad este libro.

Esta vez estaba preparada para asumir el reto. Fui desafiada a dar mi conocimiento en diferentes áreas de vida, y eso haría. No importaba cuán cansada estaba. Fue muy evidente para mí que no ignoraría este llamado. (Me di cuenta de que mi poder del propósito intencional se había activado, el mismo de mantener a familias unidas con una nueva misión para esta etapa de mi vida.) De hecho, recibí y acepté el reto de hablar al mundo sobre diferentes áreas de mi vida y mis próximos proyectos seguirán enfocándose en animar a familias a siempre luchar por mantenerse unidas. Tal vez en un futuro te contaré acerca de mis éxitos en la vida, del éxito en el matrimonio, del éxito como madre, del éxito profesional, del éxito empresarial, o del éxito en la parte económica. Sin importar el tema te puedo asegurar que mi propósito de mantener familias unidas siempre estará entretejido en cada tema que aborde contigo en el futuro.

Partimos del estudio a las 3:30 a.m. Debido a que me pidieron participar en un programa de noticias especial sobre los resultados de la elección presidencial, teníamos que regresar al estudio a las 6:00 a.m. Tan pronto como nos subimos al auto, JP me dijo que teníamos que orar. Sostuvo mi mano y le agradeció a Dios por haberlo ayudado con los comentarios electorales. También le pidió a Él que protegiera y bendijera a los millones de familias inmigrantes que experimentaban tanto temor en todo el país. (Fue muy poderoso en ese momento usar nuestro poder de la oración juntos.) JP también me dijo que necesitábamos trabajar más duro que antes, para crear contenidos para nuestra comunidad que les proporcionen una guía en medio de la incertidumbre reinante. Dormimos por casi dos horas. Cuando sonó la alarma, sentía como si hubiera cerrado mis ojos hacía apenas unos minutos. Solo logré levantarme de la cama a causa de mis ganas, mi sentido de vocación y el saber con todo mi ser que necesitaba informar a millones de familias inmigrantes. (Usar el poder de las ganas es sumamente energizante.) Cuando JP y yo llegamos al estudio, me sentía increíblemente revitalizada.

Después de ofrecer los respectivos comentarios, JP y yo fuimos a *Despierta América*, en donde participé de un segmento de inmigración e informé a millones de familias. Posteriormente, respondí preguntas en Facebook en tiempo real. Entre segmentos fuimos bendecidos por una amiga que sabía que habíamos estado trabajando sin parar y que se aseguró de que nos dieran desayuno. Las tortillas de huevo y queso que JP y yo comimos esa mañana estaban realmente deliciosas, no solo porque yo no había comido desde el almuerzo del día anterior, sino porque no imaginábamos que no tendríamos otra oportunidad de comer hasta después de las 6:30 de la tarde.

¿Cómo es posible? ¿Cómo puede alguien hacer esto? Parece casi sobrehumano. Sí, tienes razón, es sobrehumano. Pero a la hora de la verdad es cuando nuestros poderes del propósito intencional y de las ganas y de conocer quiénes en verdad somos entran en juego. Cuando sabemos que Dios está siempre de nuestro lado, nos damos cuenta de que nada es imposible. Y Él siempre envía ángeles para ayudarnos. Esa amiga que nos trajo el desayuno, a pesar de estar extremadamente ocupada, fue un ángel que se tomó el tiempo para conectarse conmigo y asegurarse de que comiéramos algo. (Esto reafirma mi poder de la fe, sabiendo que Dios siempre cuida de mí, y me recuerda siempre ser agradecida.)

Después de terminar con mis segmentos televisivos, nos fuimos a descansar porque JP debía regresar al estudio al mediodía para participar en las noticias digitales. Dormimos una hora, regresamos al estudio al mediodía y nos fuimos a las 2:00 p.m. Partimos de allí y dormimos una hora más. Teníamos que regresar al estudio a las 4:30 p.m. para participar en un segmento de *Primer Impacto* y realizar otro programa esa tarde en directo por Facebook. Como podrás imaginarte, mi cuerpo y mi mente estaban sintiendo los efectos de un día agotador. Dentro de mi ser, sabía que Dios estaba en control. Sabía que millones de familias inmigrantes necesitaban información. Mi propósito de mantener a las familias unidas, mi misión de educar a las familias acerca de sus derechos en los Estados Unidos, mis ganas y mi deseo de proporcionarle a ellos la información que necesitaban me dieron las fuerzas para seguir adelante. Orar con nuestro Padre celestial y pedirle que nos fortalezca nos dio el combustible que necesitábamos para lograr todo lo que hicimos. Partimos a las 6:30 p.m. para ir a cenar con dos de nuestras amigas. Fue maravilloso tomarnos el tiempo para conectar con ellas. Regresamos al hotel muy cansados para empacar pues teníamos que estar en el aeropuerto a las 6:00 de la mañana siguiente para tomar nuestro vuelo de regreso a Los Ángeles. Cuando a mi hijo y a mí se nos acababan las fuerzas nos aferramos a la fuerza de nuestro Dios viviente.

No te preocupes. Después de regresar a casa, pudimos descansar y recobrar energías. (Ambos tenemos muy claro el poder de la renovación y cuán importante es para adquirir la fortaleza para seguir avanzando.) Todo esto fue posible porque usamos cada uno de los poderes que mencioné en este libro. Cada uno de nuestros diez poderes estuvieron presentes en este muy largo día. ¿Valió la pena? ¡Absolutamente! Millones de personas fueron guiadas, motivadas e inspiradas no solo por nuestra información sino, y más importante aún, por nuestra actitud positiva en medio de tanta confusión. Como verás, en los momentos de oscuridad es cuando Dios nos da la oportunidad de brillar con la luz que Él nos ha dado a cada una de nosotras. Con la ayuda de Dios todo es posible, porque no existe nada imposible para los propósitos de Dios. Para mí lo más bonito de esta historia no es solamente el haber logrado tanto. Lo que me llena el alma es haber visto a mi hijo en acción usando los diez poderes que en este libro comparto contigo. Lo que me hace sentir completa, realizada y satisfecha es que ya dejé huellas en mi próxima generación. Huellas que sin duda perdurarán en mis próximas generaciones que incluirán mujeres victoriosas que a diario lucharán para vivir vidas de plenitud sintiéndose completas, realizadas, y satisfechas.

NOTAS

Introducción

[1] Tanya Lewis, "Two-Thirds of Americans Not 'Very Happy', Poll Shows", *Live Science*, 30 de mayo de 2013, <http://www.livescience.com/36977-one-third-americans-are-happy.html>.

[2] *Quote Investigator*, "Be Kind; Everyone You Meet is Fighting a Hard Battle", <http://quoteinvestigator.com/2010/06/29/be-kind/>.

[3] *Merriam-Webster's Learner's Dictionary*, s.v. "victorious" (victorioso), <http://www.merriam-webster.com/dictionary/victorious>.

[4] Ver Sofonías 3:17.

Capítulo 1: El poder de la fe

[1] Ver Hebreos 11:1.

[2] Ver 1 Juan 1:9 y 1.

[3] Ver Salmo 139:13-14 y Gálatas 3:26.

[4] Ver Sofonías 3:17.

[5] Ver Salmo 86:15.

[6] Ver Jeremías 29:11.

[7] Ver Romanos 8:28.

[8] Ver Deuteronomio 31:6 y Hebreos 13:5.

[9] "Military Training", *Illustrated History of the Roman Empire*, <http://www.roman-empire.net/army/training.html>.

Capítulo 2: El poder de la verdadera identidad

[1] Ver Efesios 1:5, NTV.

[2] Ver Salmo 139; Isaías 43:4; Romanos 8; 2 Corintios 5:17; y 1 Pedro 1:18.

[3] Ver Lucas 12:6-7.

[4] Ver Proverbios 18:12.

[5] Ver Mateo 22:36-40 y Marcos 12:30-31.

[6] Ver Lucas 12:7.

Capítulo 3: El poder del propósito intencional

[1] Ver 2 Pedro 1:3.

[2] Ver Salmo 46:10.

[3] Esta frase se suele atribuir a la difunta Phyllis Wallace, pero su origen es desconocido.

[4] Duncan Haughey, "A Brief History of SMART Goals", *Project Smart*, 13 de diciembre de 2014, <https://www.projectsmart.co.uk/brief-history-of-smart-goals.php>.

Capítulo 5: El poder de la preparación

[1] William Morris, "The Beauty of Life" (lecture, Birmingham Society of Arts and School of Design, Birmingham, UK, 19 de febrero de 1880), publicado en *Hopes and Fears for Art: Five Lectures Delivered in Birmingham, London, and Nottingham, 1878-1881*. London: Ellis & White, 1882.

Capítulo 6: El poder del discernimiento

[1] *Encyclopædia Britannica Online*, s.v. "Franco-German War", <https://www.britannica.com/event/Franco-German-War>.

[2] *Wikipedia*, s.v. "Discernment" (discernimiento), <https://en.wikipedia.org/wiki/Discernment>.

[3] Ver Santiago 1:19.

[4] Ver Mateo 7:1-5.

[5] Ver Mateo 7:1-5.

[6] Rabbi Shraga Simmons, "The Power of Speech", *Aish.com*, <http://www.aish.com/jl/i/s/84939897.html>.

[7] Ver Romanos 8:31.

[8] Larry Winget, *It's Called Work for a Reason!* New York, NY: Gotham Books, 2007. Ver p. 168.

[9] Ver Romanos 8:31.

[10] Ver Romanos 8:31.

[11] Ver Proverbios 11:28.

Capítulo 7: El poder de la oración

[1] Bill Hybels, tal como se cita en *Facedown*, Matt Redman, Bloomington, MN: Bethany House Publishers, 2004. Ver p. 85.

[2] Página de Facebook de Jessica Domínguez, comentarios publicados el 26 de agosto de 2015, <https://www.facebook.com/AbogadaLatina>.

[3] Ver Juan 15:5.

[4] Ver Juan 10:4, 27.

[5] Ver Jeremías 29:11.

[6] Alex Kendrick y Stephen Kendrick, *War Room* (*Cuarto de guerra*), dirigida por Alex Kendrick, Culver City, CA, Sony Pictures Home Entertainment, 2015), DVD.

Capítulo 8: El poder de la conexión

[1] Neel Burton, MD, "Our Hierarchy of Needs" ["Jerarquía de las necesidades"]. *Psychology Today*, 23 de mayo de 2012, <https://www.psychologytoday.com/blog/hide-and-seek/201205/our-hierarchy-needs>.

[2] Naomi I. Eisenberger, "The pain of social disconnection: examining the shared neural underpinnings of physical and social pain", *Nature Reviews Neuroscience* 13, junio de 2012: 421-434, doi: 10.1038/nrn3231.

[3] Ver Proverbios 11:14.

[4] Brad Edmondson, "All the Lonely People", *AARP The Magazine*, noviembre/diciembre 2010, <http://www.aarp.org/personal-growth/transitions/info-09-2010/all_the_lonely_people.html>.

[5] Janice Shaw Crouse, "The Loneliness of American Society", *The American Spectator*, 18 de mayo, 2014, <http://spectator.org/59230_loneliness-american-society/>.

[6] Ver Proverbios 11:14.

[7] Bronnie Ware, "Top 5 Regrets of the Dying" ["Los cinco grandes arrepentimientos de los moribundos"], *Huffington Post*, actualizado el 2 de marzo de 2013, <http://www.huffingtonpost.com/bronnie-ware/top-5-regrets-of-the-dyin_b_1220965.html>.

Capítulo 9: El poder de la gratitud

[1] Steve Taylor, "Elation: The Amazing Effect of Witnessing Acts of Kindness" ["Euforia: El efecto asombroso de presenciar actos de bondad"], *Psychology Today*, 15 de noviembre de 2013, <https://www.psychologytoday.com/blog/out-the-darkness/201311/elation-the-amazing-effect-witnessing-acts-kindness-0>.

Capítulo 10: El poder de la renovación

[1] Ver Marcos 12:30-31.

Conclusión

[1] Ver Isaías 61:10.

Apéndice A

[1] Sarah Stevenson, "There's Magic in Your Smile", *Psychology Today*, 25 de junio de 2012, <https://www.psychologytoday.com/blog/cutting-edge-leadership/201206/there-s-magic-in-your-smile>.

JESSICA DOMÍNGUEZ

Es una reconocida abogada de inmigración, autora y oradora. Colabora semanalmente en los programas de televisión *Despierta América* y *Primer Impacto* de Univision y cuenta con más de un millón de seguidores en redes sociales. La revista *People en Español* la nombró una de "Las 25 mujeres más poderosas" del 2017 por su trabajo en defensa de las familias inmigrantes. Jessica reside en Los Ángeles, California, con su esposo y dos hijos.

www.JessicaDominguez.com
   @AbogadaLatina
JessicaDominguezTV